中国电子商务协会出版教育分会官方指导用书

U0725883

全网电商实操教程

电商网店 推广实操

佟国金◎著

电子工业出版社
Publishing House of Electronics Industry
北京·BEIJING

内 容 简 介

《电商网店推广实操》是一本推广书籍。本书以一个推广新人的视角进行推广知识的罗列展现，内容涵盖追求流量知识、商品优化知识、追求转化的推广知识。通过本书循序渐进的引导，力求让读者弄懂推广的真正目的，从而学会推广。

图书在版编目（CIP）数据

电商网店推广实操 / 佟国金著. —北京：电子工业出版社，2016.5
（全网电商实操教程）
ISBN 978-7-121-28460-1

Ⅰ. ①电… Ⅱ. ①佟… Ⅲ. ①电子商务—商业经营 Ⅳ. ①F713.36

中国版本图书馆 CIP 数据核字(2016)第 059767 号

策划编辑：林瑞和
责任编辑：徐津平
印　　刷：北京七彩京通数码快印有限公司
装　　订：北京七彩京通数码快印有限公司
出版发行：电子工业出版社
　　　　　北京市海淀区万寿路 173 信箱　邮编 100036
开　　本：787×1092　1/16　印张：19　字数：391 千字
版　　次：2016 年 5 月第 1 版
印　　次：2025 年 7 月第 8 次印刷
定　　价：59.00 元

凡所购买电子工业出版社图书有缺损问题，请向购买书店调换。若书店售缺，请与本社发行部联系，联系及邮购电话：(010) 88254888，88258888。

质量投诉请发邮件至 zlts@phei.com.cn，盗版侵权举报请发邮件至 dbqq@phei.com.cn。
本书咨询联系方式：010-51260888-819，faq@phei.com.cn。

前　言

关于本书：

其实一直以来很想把推广书籍写成一本品牌优化书籍。之所以有这样的想法，是因为推广技巧真的已经非常透明了。你甚至可以在全网的任何搜索引擎搜索到各大平台的推广技法。

不得不说，这是一个开放的时代，分享是这个时代每个人的必备技能。所以，不要去盲目崇拜，更不要盲目地去相信有什么推广技法可以解除所有的瓶颈。这种心态就如同有些人相信路边包治百病的"小广告"一般。

其实推广技巧的重要性随着 DT 时代的到来，已经逐步弱化了。商品同质化的同时也是商家的"同质化"。竞争对手彼此间的推广正在被各个平台尝试着开放。比如现在"生意参谋"的数据作战室，已经可以看到竞品的收藏及加购情况等。相信有一天，我们还有可能看到竞品的站内引流渠道。

所以说，推广不再神秘。那么在此情形下，推广本身在营销中的权重将会有所下降。"野蛮"推广将慢慢回归于品牌自身运营能力的比拼。同样的推广渠道会向所有的商家打开，决胜的关键则为品牌或商品自身的吸引力。

这种吸引力包含很多，除需求外，更多的是一种客户体验。而支撑这种客户体验的则是一个品牌自身的运营体系。一系列体验的驱动，带来更高的转化率，更合理的推广成本，而推广问题也将迎刃而解。

但需要注意的是，我说的是推广技能的权重在弱化，并非是推广知识和技法完全不重要，更不是说你不需要推广知识的补充。

推广知识是推广的基础。当你对推广模式不够了解时，你没有办法对推广渠道有个全面的评估。任何一款产品都有适合自己独特的推广方法。而帮助商品和品牌寻找到最适合的推广渠道就是你的工作重点。

本书是一本推广"自助餐"，你可以分别去尝试各种推广办法，直到找到适合自己的。你也许会觉得本书的内容过于简单。没错，这不是一本复杂的书籍，但是，你需要知道的是任何技能的基础都不难，难的是可以沉下心来踏踏实实地把这些基础真正的夯实。

本书在设计之初，希望将全网所有平台的推广尽收其中。然而，在真正执行中，笔者觉得所有的推广皆大同小异，实在不应再占篇幅赘述。最终选择了以淘宝网、天猫网的推广为主进行阐述。学会此平台的推广，其他推广你便可以触类旁通。

拿京东平台推广举例，主要包括促销活动及京东快车。

1. 促销活动的推广要点，对于京东的商家来讲，一般为两点：

一要遵循京东规则。

二要学会与京东类目负责人保持好联系，及时申报活动。

2. 京东快车的操作，与淘宝直通车也是大同小异。

重要的依然是 SEO 优化、关键词的选择、价格的定位、自身商品的优化等。

此类推广模式是各大平台的主要推广模式，平台间皆大同小异。

致歉：

因为互联网知识的快速更迭，也许当本书从印刷到出版期间，知识便已有了些许变化。所以，此时也许你看到的知识已有些许变化，但请不要灰心，因为知识的变化大多为升级，本书依然可以帮你补充好你所需要的推广知识。

此外，你还可以随时关注电子工业出版社为您提供的联系方式。在此平台，我们将会为您实时更新相关升级知识。

感谢：

最后，还是要感谢电子工业出版社的林瑞和等编辑，没有他们的耕耘，就不会有本书的顺利出版。与此同时，还要感谢我的家人、朋友及团队，没有他们的支持，我想我无法专心完成这本书的编写。

　　更重要的是，我要感谢您！感谢您能够购买此本拙作。有了您的支持，我才能走得更远！祝愿您事事顺意！

目 录

第 1 章

淘宝（天猫）直通车

1.1 直通车简介

1.1.1 淘宝（天猫）直通车概述

淘宝（天猫）直通车（以下简称为直通车）是一款帮助淘宝（天猫）商家推广商品/店铺的营销工具。通过对买家搜索的关键词或是淘内/外的展现位置出价，从而将宝贝展现在高流量的直通车展位上，你也可自行选择在哪些买家眼前展现，让宝贝在众多商品中脱颖而出并找到它的买家。

1.1.2 你所知道的直通车

大部分卖家对于淘宝（天猫）直通车（以下内容将其简称为直通车）的认知多来源于帮派、论坛，以及身边一些商家的讲述（如图 1-1 所示）。

事实上，无论你所得到的信息来自于哪里，内容本身并不存在正确与否，关键在于你对内容的甄别，取其精华，切不可因为一条信息的好恶便对一个工具进行全盘判定。

图 1-1

认知对直通车使用的影响一般可以分为 4 类：

1. 积极相信。积极相信直通车有效，你在操作直通车上便会有很好的意识引导，你会始终坚信直通车可以为你带来效果，即便出现问题，你也会把其当成短暂问题，而采取积极的态度去解决。因为你相信，所以你会不断的调整和改进，久而久之也许就真的有效了（需要注意的是，有的时候，问题并不是出在工具或者使用技巧上，而是出在商品本身上，所以，在解决问题时，一定要全局思考问题，切勿只关注某一点）。

2. 错误判断。错误判断会使直通车操盘结果偏向另外一面：对于使用效果的过度苛求。

过度苛求的结果往往是当你在使用直通车时，已经有了很好的效果，但是不要盲目地相信某些信息传递的直通车效果，比如"0.3 元点击单价"。事实上，有的卖家，当自己无论如何优化却无法达到预期时，便对自己的能力产生了怀疑，最终因会失去信心而放弃直通车。

不同类目的产品，因为其客单价、竞争程度不同，必然会有其独有的点击单价。所以，具体问题一定要具体分析，切不可把工具的学习固化。

3. 消极否认。对于那些消极否认直通车效果的人，只要在操作上稍微遇到点困难（例如某一天的点击量巨大，然而销量很低，投入产出比失衡），就会立即想要放弃，因为他从始至终都没有相信过直通车可以为其带来收益，所以他根本无法更好地使用直通车。

4. 相信事实。相信事实的人，往往会在操作上取得进步，因为不管接收到任何信息，他的第一反应就是实验和验证，只有不断验证的结果才是最具说服力的。往往这类人会将直通车运用的得心应手。

我们必须要明白的一个道理是直通车只是一种推广工具，并非是什么需要秘笈才能开启流量大门的利器。所以它的好坏完全取决于使用者。不同的人会有不同的使用方法，所以，我们要学会一边实践一边去总结自己的方法，这样才会有所收获。

以上内容不仅适用于直通车，也适用于其他推广工具。事实上，越是有效的工具，争议就会越大，关键在于你如何去运用。

1.1.3 直通车推广模型

1. 直通车的推广原理模型（如图 1-2 所示）

（1）投放：淘宝（天猫）开发直通车工具平台，提供专属产品展示位置。

（2）投入：卖家通过关键词竞价，将自己的产品展现在相应位置上。

（3）点击：买家通过点击相应产品进入购买页面，选择是否购买。

（4）收入：只要买家点击，无论是否购买，卖家投入，直通车平台获利；买家点击后购买，卖家有收入。

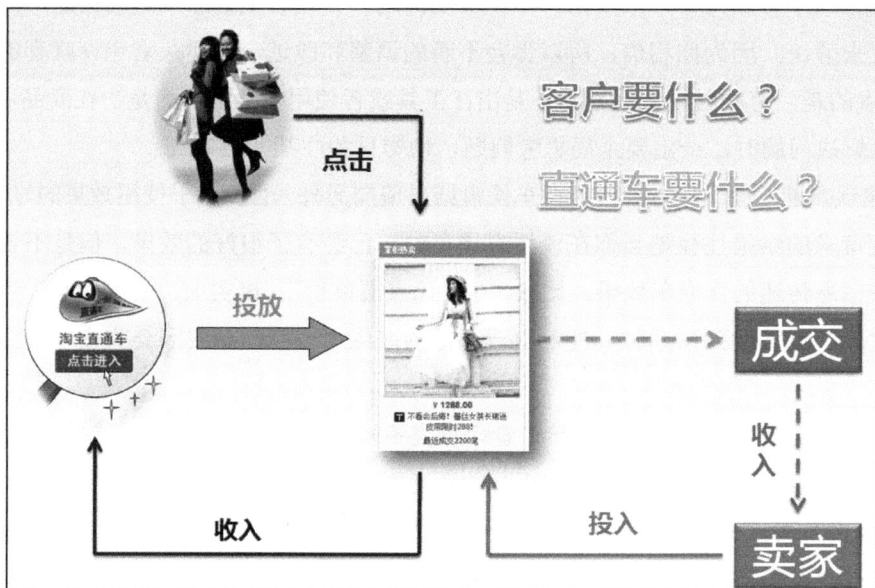

图 1-2

通过这个模型，我们不难看出，直通车是一种盈利工具，是淘宝/天猫的，也是卖家的。

所以不可否认的是，不管是淘宝（天猫）还是卖家都想通过这个工具产生利润。那么产生利润的关键点，也就是我们优化的重点。

2. 降低我们直通车投入的重点

降低直通车投入的重点的减少点击费用，加大成交利润。

可分解为两个重点：

如何减少点击费用？

摸清平台规律，从而更好地适应平台。

如何加大成交利润？

摸清客户规律，从而更好地服务客户。

作为卖家，我们既受制于淘宝（天猫），也受制于消费者，所以想要做好直通车，先要搞清楚，平台要什么？客户要什么？

先来思考直通车平台。想要弄懂它，就要先了解它，我们先来看下直通车的变化历程（如图 1-3 所示）。

（1）直通车平台建立，采用"关键词"竞价收费模式，只要出家高就可以排在前面。

当时客户很少，出现很多开户优惠政策。

（2）出现类目竞价模式，类目出家高低决定位置，一段时间内类目推广要优于关键词推广。客户开始增多，开始规范直通车市场。

（3）出现质量得分模式，展位增加，强调产品匹配。出价已无法完全决定排名位置，关键词出价及类目出价价格开始上涨。客户很多，备受关注，不断调整市场规范。

（4）出现"精准词匹配"、"中心词匹配"、"广泛词匹配"规则，关键词出价越来越高，直通车市场竞争激烈。

（5）出现"店铺推广"、"定向推广"，展位调整和增加。直通车竞争白热化，几乎没有任何优惠政策，市场规范适时改变。

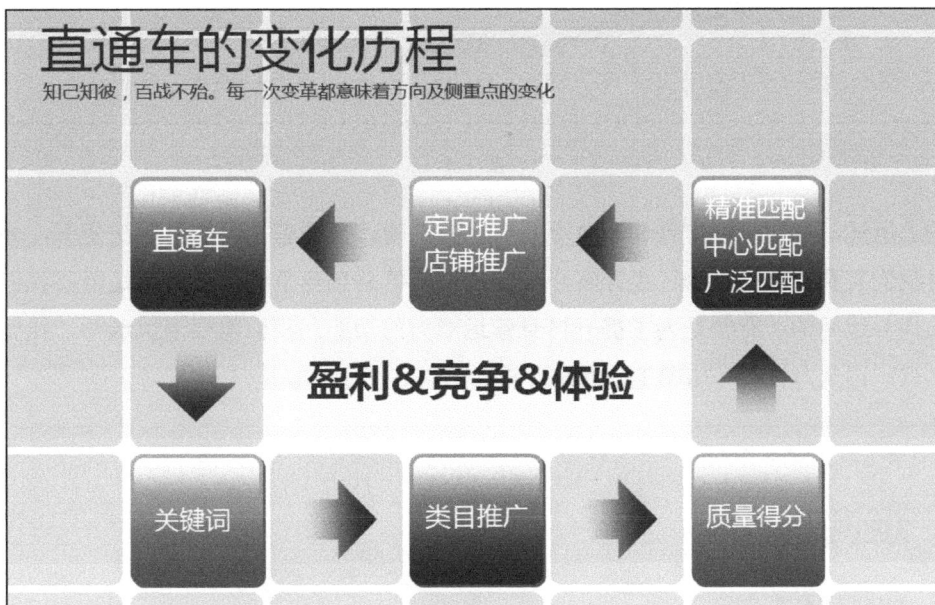

图 1-3

3．总结（如图 1-4 所示）

（1）直通车是一种盈利工具。

（2）直通车平台的盈利基础是提升买家购物体验点，从而服务好买家，让更多的买家去点击直通车展位产品，为卖家带来交易机会，也为自己带来利润。

（3）直通车平台的目标：不断提升营运能力。通过服务更多的卖家，带来好的口碑，从而创收。

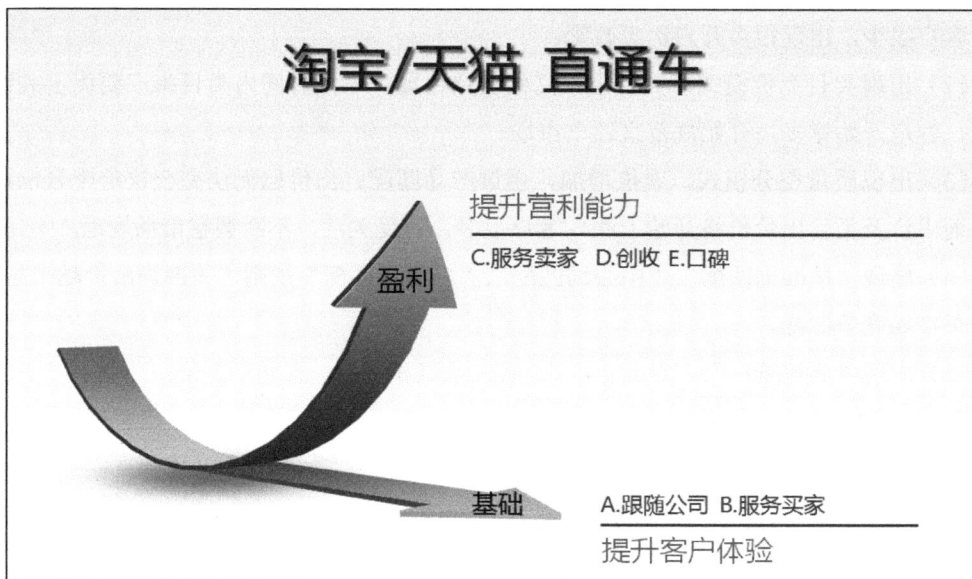

图 1-4

综上所述，我们在运作直通车时不要盲目的跟随，直通车推出的每一次变革，并非完全都对我们有利。有些是为了提升客户体验点，降低恶意竞争的，那么这是需要我们义无反顾选择并运用的；有些是为了提升自身营运能力的功能，我们需要谨慎选择，找到合理的优化点，再全力投入（如图 1-5 所示）。

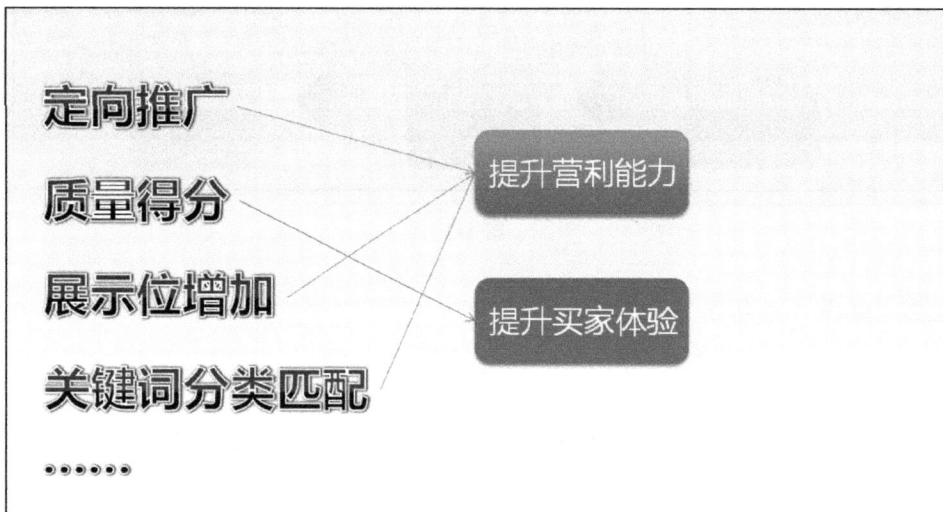

图 1-5

1.1.4　正确看待直通车推广的优缺点

1. 直通车的推广优势

（1）精准流量

直通车的主要投放方式是根据买家的"关键词"搜索来进行的。而买家一般只会在有潜在需求时才会进行商品搜索。直通车的推广模式是需要搜索和定向才会有所展现，所以相较其他传统的广告投放来说，直通车的引流比较精准。

（2）计费合理

直通车的计费方式是展现免费，点击付费。

（3）准入门槛低

①店铺信用在 2 心以上且 DSR 各项评分在 4.4 以上。

②首次充值 500 元即可开始设置推广。

（4）对商家自身的要求并不是很高

钻石展位等广告投放类推广对商家的视觉能力要求很高，就拿钻石展位来说，如果你拿不出好的创意素材，就很难有好的收效。但是对于直通车来说，要求相对就要简单很多，只要你有宝贝你就可以推广，商品主图并不要求过多的创意，一样可以很好的竞价展现。

2. 直通车推广劣势

（1）推广效果有一定的延迟性

直通车优化需要养词，养词则需要时间的积累，所以直通车很难在非常短的时间内有很大的收效。

（2）直通车的流量有一定的瓶颈

直通车属于类目局限性推广工具，也就是商家只能通过关键词或定向推广在自身所属的行业中进行推广。既然展现范围有限，那么流量自然有限。

（3）互联网中直通车的运用存在过多欺骗

可以说在互联网上没有一款工具的经验分享比淘宝直通车的使用技巧更多的了。使用技巧多，本身是件好事，但是因为直通车的运营已经公司化运作了，也就意味着，很多的技巧目的并不纯，这样的结果就会是真假消息混杂，对于很多新手商家来说很难分辨。一不小心就会有惨重的损失。

（4）直通车的成本在持续增高

原因很简单，有限的流量，越来越多的商家在争抢，那么成本增高是必然趋势。

1.1.5 直通车的"坑位"

做直通车最忌讳的就是盲目出价。现在整个电商行业都讲究精准营销。直通车也不例外。精准营销的前提是了解客户，而不同平台的客户具有不同的特点，所以想要做好直通车，前提必须要掌握直通车的展现位置（如图1-6所示），同时对各种展位进行分析，总结客户特点，以便用最少的投入换来最精准的客户，从而带来更多的利润。

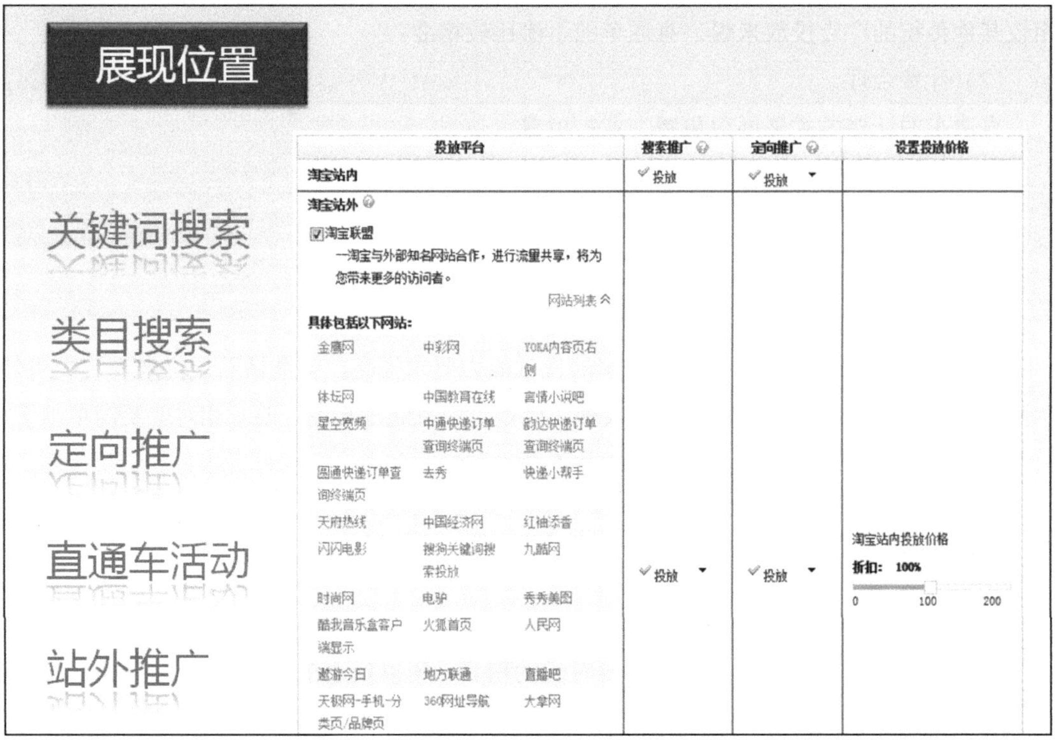

图 1-6

直通车目前的展现位主要有：

（1）宝贝关键词搜索结果页面（如图1-7、图1-8所示，淘宝网右侧8个，底部5个，天猫只有底部5个）。

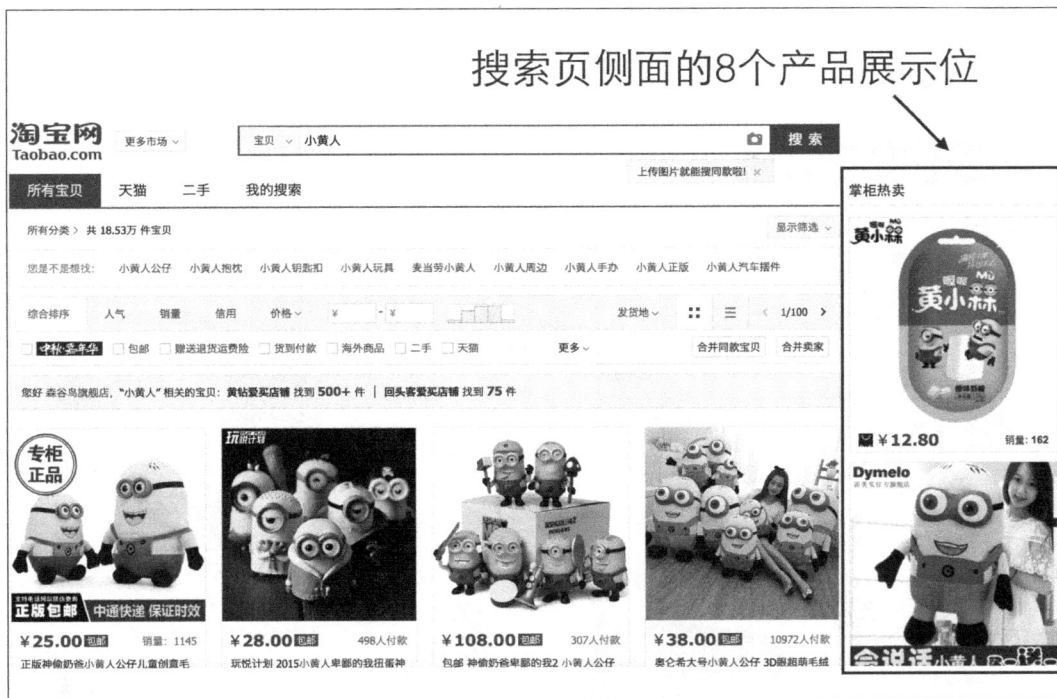

图 1-7

图 1-8

（2）类目搜索结果页面（展现位与关键词搜索相同）。

（3）定向推广展示页面（如图 1-9、1-10、1-11 所示，每日焦点、已买到的宝贝页面等）。

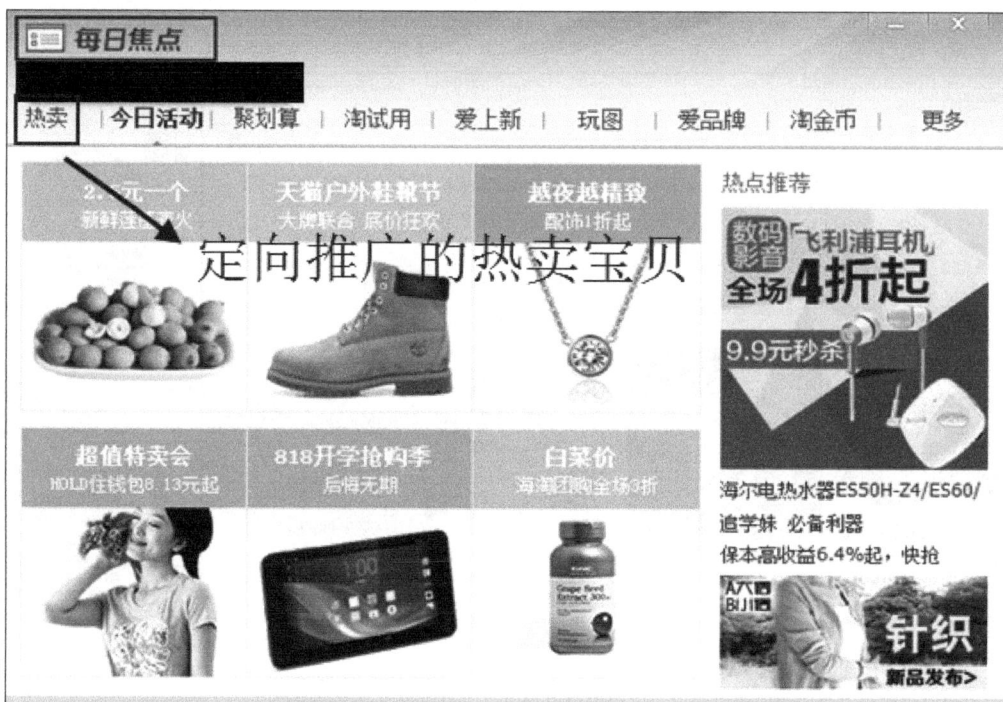

图 1-9

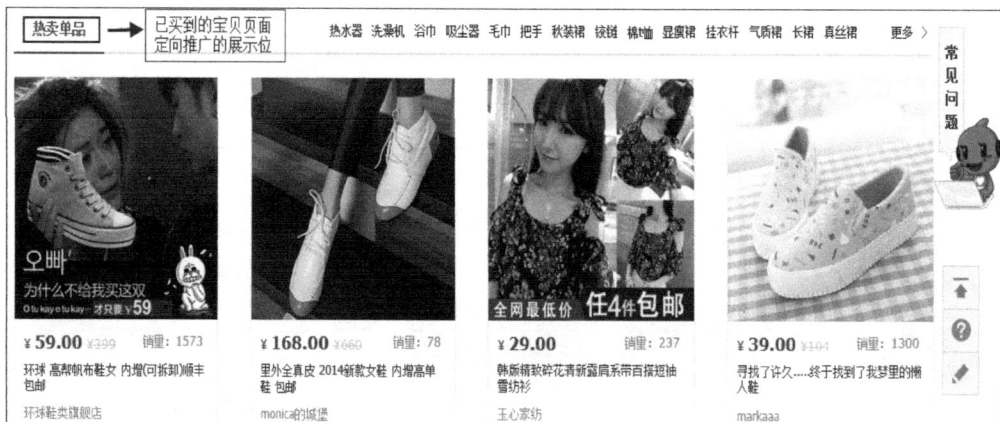

图 1-10

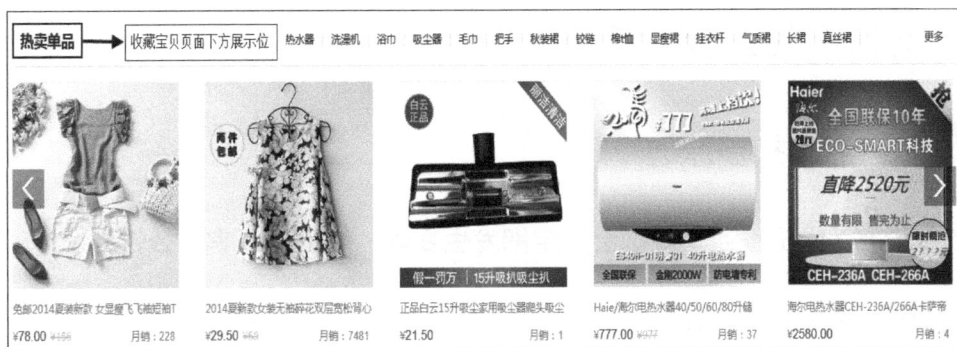

图 1-11

（4）直通车活动展示页（目前正在迁移中，未来可能会并入到定向推广中，如图 1-12 所示）。

图 1-12

（5）站外合作网站展示页（如图 1-13 所示）。

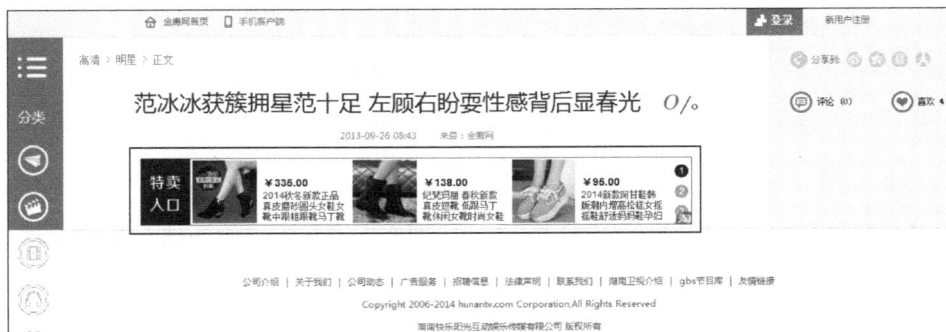

图 1-13

1.2 直通车的扣费形式

1.2.1 直通车扣费原理

1. 扣费标准（由于直通车规则会不定期发生变动，所以请以官方公告为主）

直通车的扣费主要分为：

（1）关键词搜索竞价扣费

直通车的扣费公式：您的实际扣费=下一名出价×下一名质量得分/您的质量得分 + 0.01 元

（2）定向推广扣费

定向推广扣费=某一定向下你所设置的单独出价金额

如果你设置了分段折扣出价，最终出价还需乘以当时的折扣比。

（3）直通车活动扣费

直通车首页活动（如图 1-14 所示）：按出价扣费。即出价多少扣费多少。

图 1-14

直通车其他频道活动：下一名出价+0.01 元。即在下一名出价的基础上加 0.01 元。

1.2.2 如何衡量直通车推广的盈亏

做了直通车，到底什么才是适合的盈利衡量标准？

这里给到大家一个盈亏指标公式以供参考（如图 1-15 所示）。

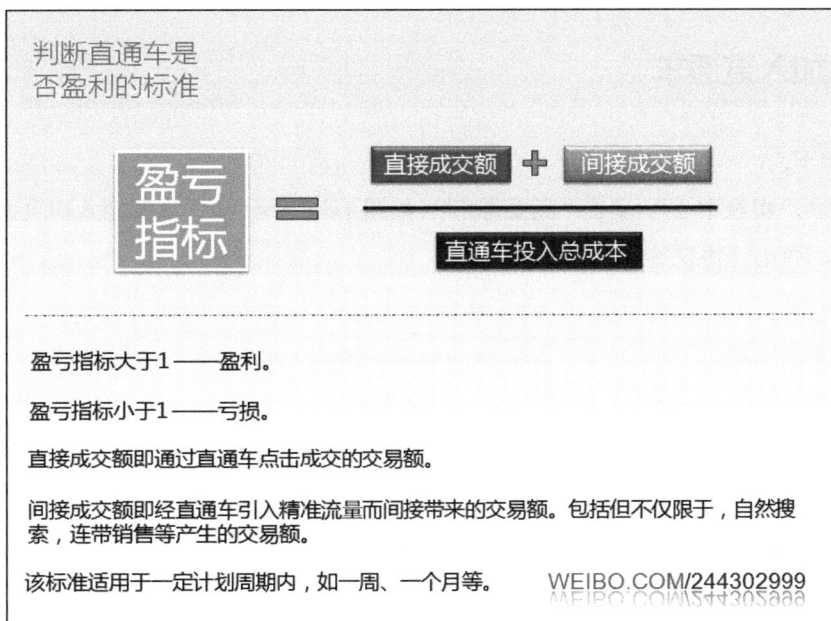

图 1-15

很多时候，我们只看到直通车的直接盈利，实际上直通车还会给我们带来很多间接收入。比如收藏带来的成交、关联销售、打造爆款从而自然排名靠前而产生的成交等。

很多人都以为自己已经懂了，而实际上未必如此。这个指标公式可以为我们解决很多问题，比如为什么有些人的产品看起来利润很低，关键词出价却很高，怎么算也觉得对方是亏的。原因就是我们忽略了它的间接利润、自然搜索利润等。

所以在一定周期内经常使用盈亏指标去衡量直通车的效果至关重要。

懂得了直通车的盈亏判断标准后，我们需要了解的是直通车的盈利模式。如果运作直通车，只懂得以直通车带来的直接交易为判断标准，那么直通车的盈利将会非常有限，直通车的运营也很难渐入佳境。

其实，目前直通车的盈利模式主要有（随着直通车的发展还会衍生出其他盈利模式）：

1．直接成交：即通过点击转化而带来的成交。

2．自然搜索成交：即通过打造爆款，将自己的产品做到自然搜索靠前，从而产生更多的自然搜索成交。

3．连带成交：即在主推产品中加入更多的其他产品进行辅推，从而产生关联成交。

4．潜在成交：即当时未购买，通过收藏或者其他手段产生的延迟交易。

1.3 如何设置推广计划

1.3.1 加入直通车

步骤如下：

（1）进入"卖家中心"，单击"我要推广"（如图 1-16 所示），进入营销入口页面单击"天猫直通车"，弹出"协议签署"页面。

图 1-16

（2）单击"同意"协议（如图 1-17 所示）。

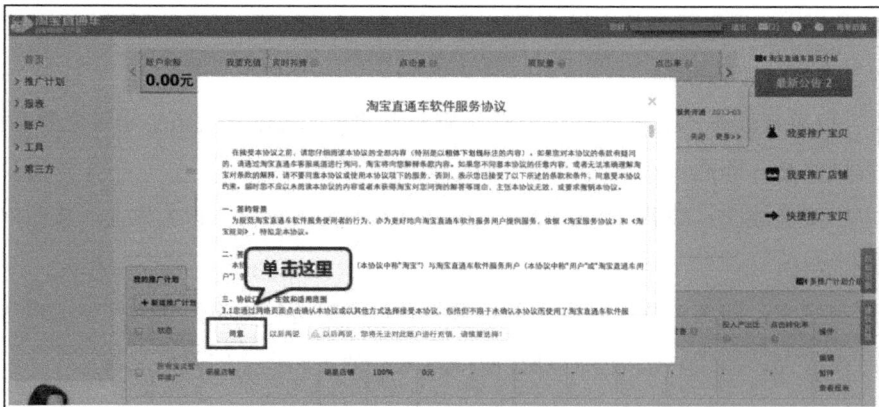

图 1-17

（3）账户充值，开始推广（如图 1-18）。

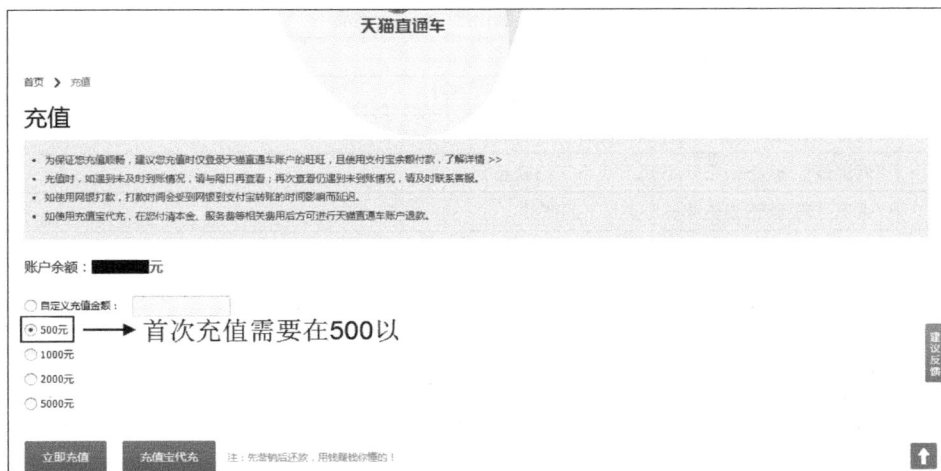

图 1-18

1.3.2　禁推商品简介

1．天猫直通车禁止推广下述类目下的商品，如下表所示。

序　号	禁止推广的类目商品
1	"服务商品"、"服务市场"类目下的商品
2	"成人用品/避孕/计生用品"类目下的商品
3	"电子凭证"类目下的商品
4	"国货精品数码"类目的二级类目"国货精品笔记本"、"国货精品手机"下的商品
5	"个人护理/保健/按摩器材"类目的二级类目"其他个人护理"下的商品
6	"孕妇装/孕产妇用品/营养"类目的二级类目"早孕检测"下的商品
7	"玩具/模型/动漫/早教/益智"类目的二级类目"早教/音乐/智能玩具"的三级类目"早教 VCD/DVD/CD"下的商品
8	"网游装备/游戏币/账号/代练"类目的二级类目"游戏装备"的三级类目"C-穿越火线装备"下的商品
9	"洗护清洁剂/卫生巾/纸/香薰"下的二级类目"洗发沐浴/个人清洁"下的三级类目"其他洗护清洁用品"，及三级类目"身体护理"下的四级类目"身体乳液"、"护足霜"、"浴足剂"、"足部磨砂膏"、"足浴盐"，及三级类目"身体清洁"下的四级类目"私处洗液"下的商品
10	"古董/邮币/字画/收藏"类目下的二级类目"宗教收藏品"、二级类目"其他收藏品"下的商品，及二级类目"宗教用品"下三级类目"宗教服务及其用品"下的商品

2. 淘宝直通车禁止推广商品目录，如下表所示。

序　号	禁止推广的类目商品
1	"音乐/影视/明星/音像"类目下的商品
2	"书籍/杂志/报纸"类目下的商品
3	"闪存卡/U 盘/存储/移动硬盘"类目下的商品
4	"网游装备/游戏币/账号/代练"类目下的商品
5	"手机号码/套餐/增值业务"类目下的商品
6	"教育培训"类目下的商品
7	"本地化生活服务"类目下的商品
8	"网店/网络服务/软件"类目下的商品
9	"服务商品"、"服务市场"类目下的商品
10	"成人用品/避孕/计生用品"类目下的商品
11	"电子凭证"类目下的商品
12	"景点门票/度假线路/旅游服务"下二级类目"旅游度假线路"下的商品
13	"国货精品数码"类目的二级类目"国货精品笔记本"和"国货精品手机"下的商品
14	"电玩/配件/游戏/攻略"类目下二级类目"游戏软件"下的商品
15	"大家电"类目的二级类目"电视机"的三级类目"3D 电视"、"等离子电视"、"LCD 液晶电视"、"LED 电视"下，品牌属性为"其他"的商品
16	"个性定制/设计服务/DIY"类目下的二级类目"其他定制"，及二级类目"设计服务"下三级类目"设计素材\源文件"、"其他设计服务"下的商品
17	"古董/邮币/字画/收藏"类目下的二级类目"宗教收藏品"，二级类目"其他收藏品"下的商品，及二级类目"宗教用品"下三级类目"宗教服务及其用品"下的商品
18	"个人护理/保健/按摩器材"类目的二级类目"其他个人护理"下的商品
19	"孕妇装/孕产妇用品/营养"类目下的二级类目"早孕检测"下的商品
20	"玩具/模型/动漫/早教/益智"类目的二级类目"早教/音乐/智能玩具"的三级类目"早教 VCD/DVD/CD"下的商品
21	"洗护清洁剂/卫生巾/纸/香薰"下的二级类目"洗发沐浴/个人清洁"下的三级类目"其他洗护清洁用品"，及三级类目"身体护理"下的四级类目"身体乳液"、"护足霜"、"浴足剂"、"足部磨砂膏"、"足浴盐"，及三级类目"身体清洁"下的四级类目"私处洗液"下的商品

1.3.3 建立推广计划

直通车推广计划中共有三类推广计划，分别是标准推广、快捷推广、活动专区（如图 1-19 所示）。

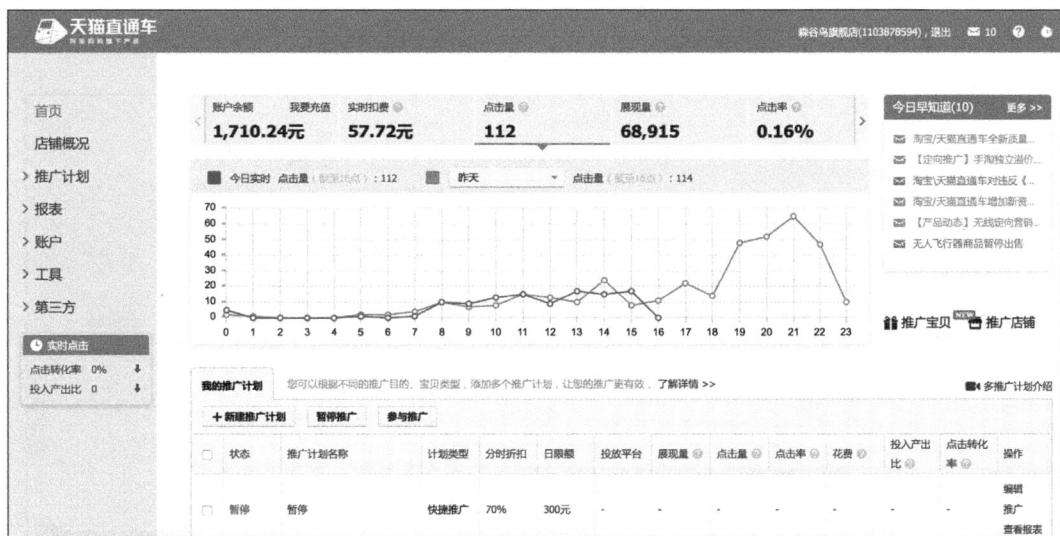

图 1-19

1. 标准推广

标准推广是直通车推广方式中最普遍的方式，该种推广方式通过新建推广计划、选择推广宝贝、设置关键词、出价等步骤完成宝贝的推广。

标准推广设置步骤：

（1）在直通车后台，单击"新建推广计划"，进入推广计划的建立页面（如图 1-20 所示）。

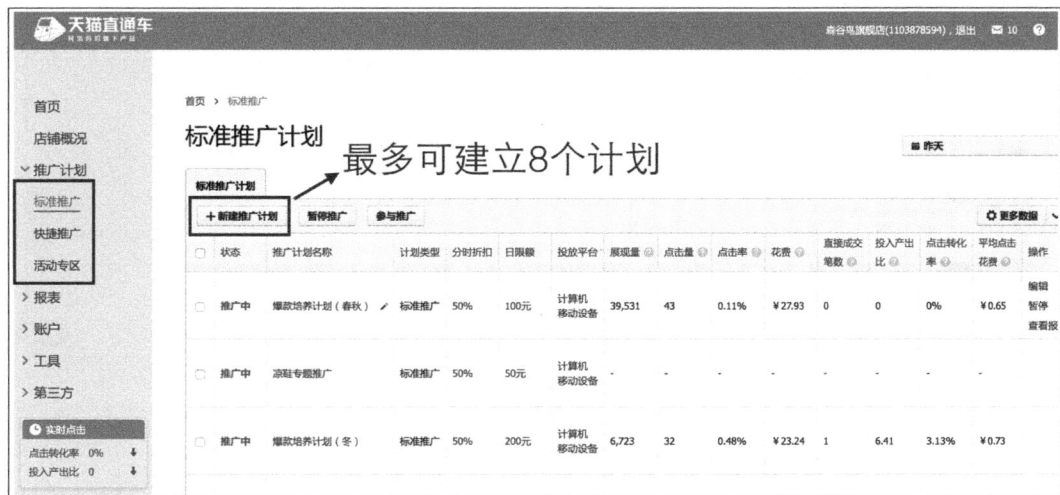

图 1-20

（2）输入新建的计划名称。单击"提交"计划建立成功。

（3）在新建的计划中单击"新建宝贝推广"添加要推广的推广宝贝（如图1-21所示）。

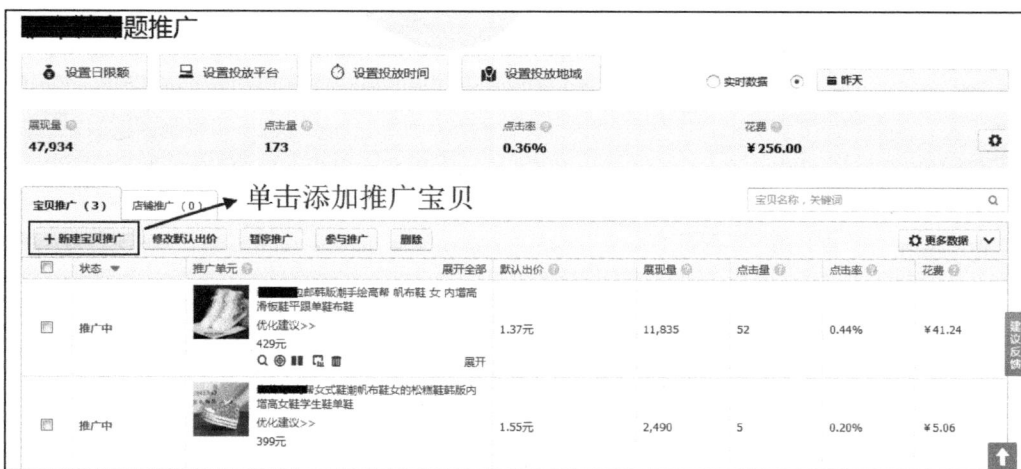

图 1-21

（4）通过"优选宝贝"功能可以对推广的宝贝进行筛选，从而选出最适合推广的宝贝（如图1-22所示）。

图 1-22

① 什么是优选宝贝功能？

优选宝贝功能是指系统提供宝贝数据来帮助商家选择合适的宝贝进行直通车推广。

② 为什么要做优选宝贝功能？

经常有商家不知道选什么样的宝贝来做直通车，之前是全部都推广，然后通过测试的数据来决定哪一款重点推广。这样做有很大的不确定性和资源浪费。因此需要系统能够推荐一些宝贝或提供一些参数来帮助选择，选出来的宝贝推广直通车会有比较好的表现。

③ 优选宝贝功能介绍？

a．优选宝贝：根据该宝贝历史数据预测为适合推广的宝贝。

b．优选流量：根据该宝贝历史数据预测为在引流方面有潜力的宝贝。

c．优选转化：根据该宝贝历史数据预测为在转化方面有潜力的宝贝。

因为优选宝贝是综合"优选流量"和"优选转化"的宝贝。所以建议大家在初期选择的时候先去参照"优选宝贝"来进行选择宝贝推广的依据。

（5）选定宝贝，单击"推广"进入添加创意页面，进行创意图片选择和上传（手机淘宝，如图 1-23 所示）。

图 1-23

（6）编写好 40 个字符内的标题，单击"下一步"。

（7）进入关键词选择页面，进行关键词选择，同时设置关键词的出价（如图 1-24 所示）。

图 1-24

每一款宝贝关键词最上方都会有"智能匹配"。

智能匹配是指根据推广宝贝的特点,系统将智能选择你未添加且适合该宝贝的关键词。

对于部分宝贝,我们无法穷尽其所有关键词,尤其是长尾词,所以当你开启"只能匹配"时,系统会根据消费者习惯及产品本身特点进行自动匹配。

① 词包类型:

a. 均衡包:提供与宝贝匹配且兼顾展现与转化潜力的关键词。

b. 流量包:提供与宝贝匹配且有较高展现潜力的关键词。

c. 转化包:提供与宝贝匹配且有较高转化潜力的关键词。

d. 移动包:提供与宝贝匹配且具有在移动端展现机会的关键词。

e. 类目包:推广宝贝所属类目的热门词。

② 匹配方式:

a. 广泛匹配:当买家搜索词包含了所设关键词或与其相关时,推广宝贝就有机会展现。搜索展现范围最广。广泛匹配的关键词,在此表中,没有符号。

b. 中心词匹配:买家搜索词包含了所设关键词时,推广宝贝就有机会展现。启用中心词匹配的关键词在此表中用"''"展现。举个例子,如果"足球"这个关键词用的是中心词匹配,则关键词列表中此关键词的表示为:'足球'。

c. 精确匹配:买家搜索词与所设关键词完全相同(或是同义词)时,推广宝贝才有机会展现。搜索展现范围最精准也最小。关键词表示方式用"[ ]"(如图 1-25 所示)。

图 1-25

③ 智能匹配的含义：是指根据推广宝贝的特点，系统将智能选择您未添加且适合该宝贝的关键词。

④ 启用宝贝定向的含义：通过数据分析和多维度人群定向技术，锁定目标客户，将推广的内容展现在目标客户浏览的网页上，实现精准营销。即定向推广。

⑤ 关键词后的"热"的含义：展现指数较高的关键词。

⑥ 关键词后的"优"的含义：点击转化率或投入产出比较高的关键词。

⑦ 关键词后的"锦"的含义：展现在无线端自然搜索排序中推荐的关键词。

⑧ 关键词后的"潜"的含义：有一定展现量且市场平均出价或竞争指数较低的关键词。

（8）宝贝推广成功，单击"设置和管理宝贝推广"对宝贝进行下一步编辑（如图 1-26 所示）。

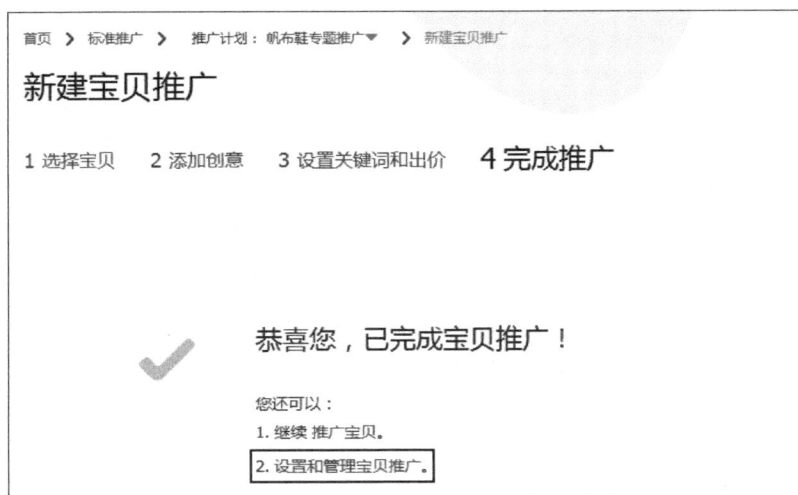

图 1-26

（9）对宝贝的关键词进行相关的编辑和设置（如图 1-27 所示）。

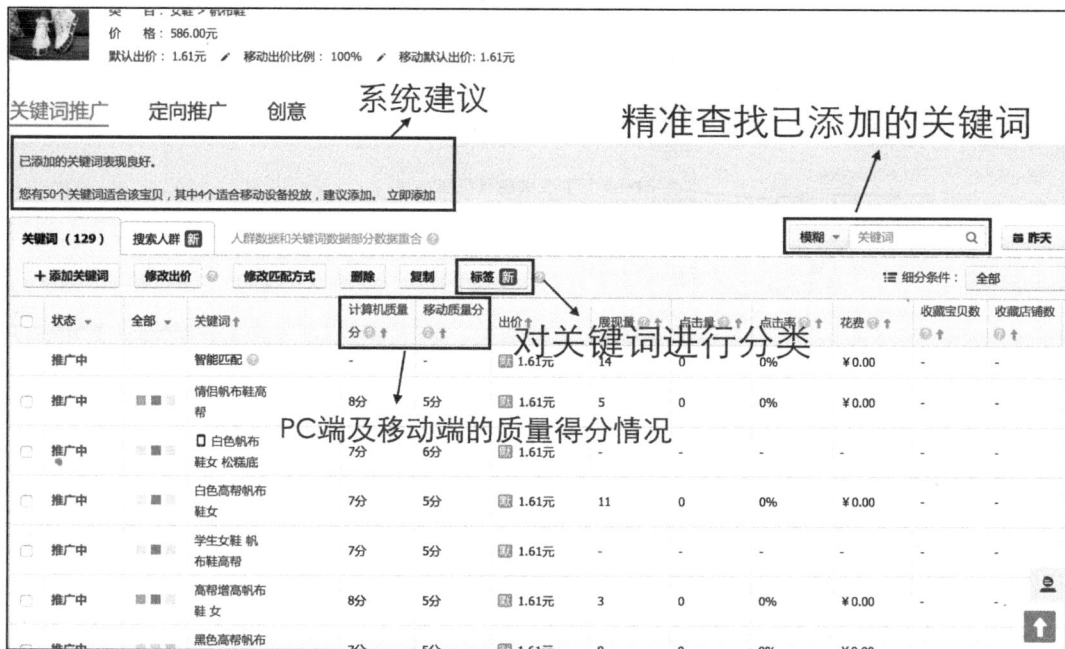

图 1-27

将鼠标移动到关键词质量得分时，我们可以看到关键词在无线端的表现情况（如图 1-28 所示）。

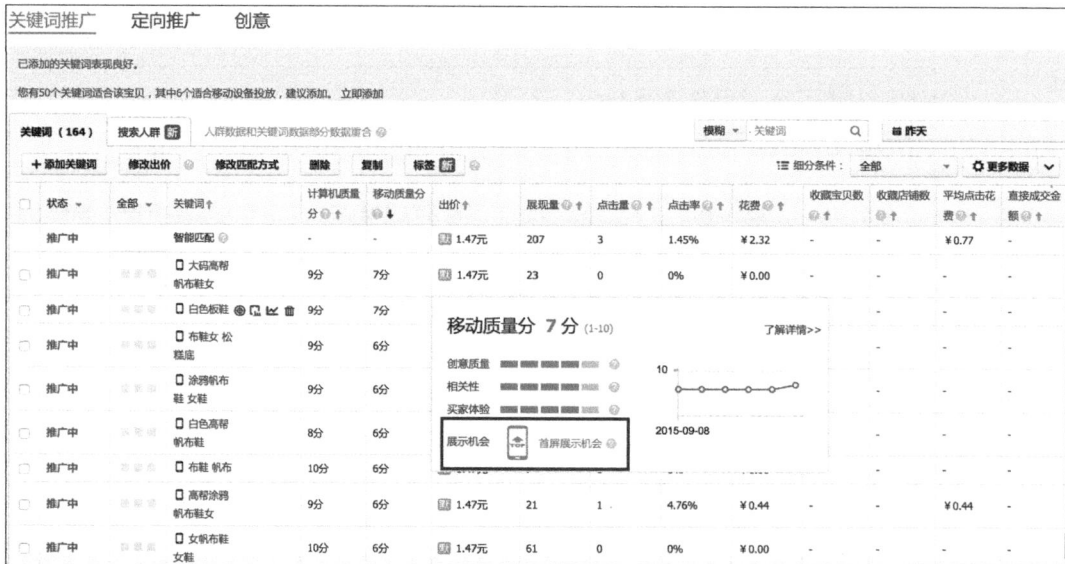

图 1-28

质量得分处无线端标示名词解释（如图 1-29 所示）。

图 1-29

首屏展示机会：是指有机会在手机淘宝网和淘宝客户端搜索结果第一屏展示（如图 1-30 所示）。

图 1-30

有展示机会：有机会在手机淘宝网和淘宝客户端搜索结果中展示，一般为混排位置展示（如图 1-31 所示）。

图 1-31

直通车移动端混排规则，如下表所示。

移动设备型号	直通车无线展示位	含　义
iOS	1+10+1+10+1…	每隔 10 个宝贝有我们的 1 个展示位
Android	1+10+1+10+1…	每隔 10 个宝贝有我们的 1 个展示位
iPAD	1+20+2+20+2…	每隔 20 个宝贝有我们的 2 个展示位
WAP	1+20+2+20+2…	每隔 20 个宝贝有我们的 2 个展示位

无展示机会：暂时没有机会在手机淘宝网和淘宝客户端搜索结果中展示。

需要注意的是，关键词是否有机会展示并非一成不变的，同样跟 PC 端一样，同样需要优化和维护。

（10）设置"搜索人群"。

搜索人群主要分为优质访客人群、自定义人群及天气人群（如图 1-32 所示）。

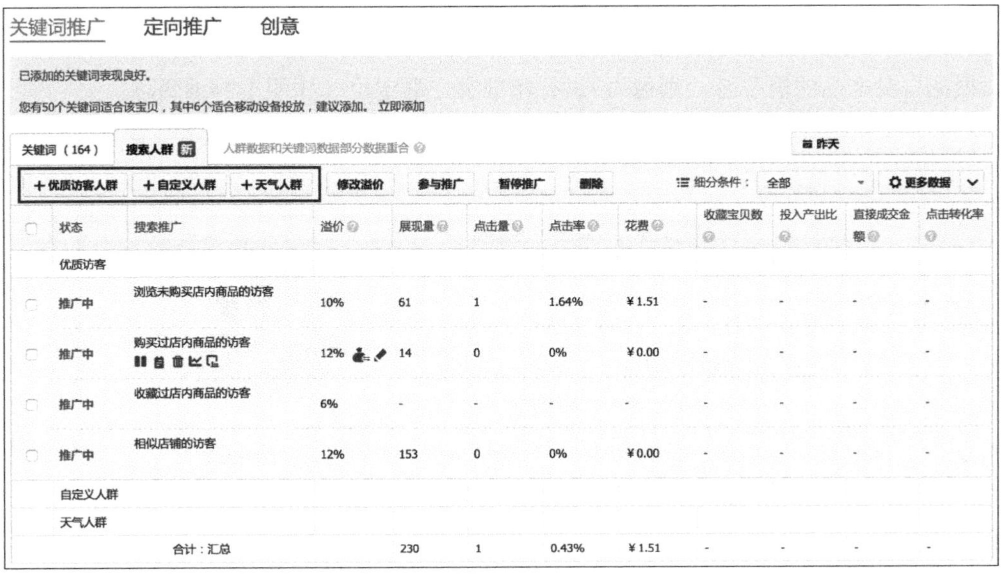

图 1-32

① 优质访客人群的设置。

通过定向，对特定人群进行溢价定向推广（如图 1-33 所示）。

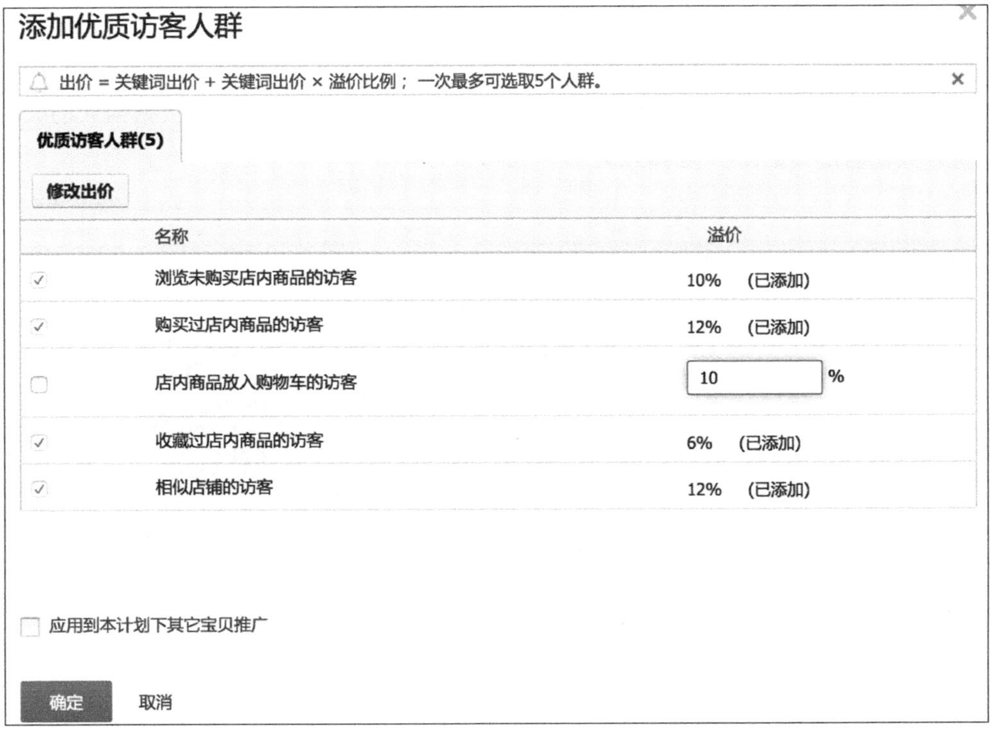

图 1-33

② 添加自定义人群。

根据自身产品的消费者"画像",进行精准客户群定位(如图 1-34 所示)。

图 1-34

③ 添加天气人群。

天气人群的筛选条件,均为当天特定情况,即在你选定后,系统会根据当天的天气情况,进行人群圈定(如图 1-35 所示)。

图 1-35

溢价是指人群出价中的溢价比例。最终出价按比例加价。例：关键词出价 1.00 元，溢价比例 50%，人群出价=1×（1+50%）=1.5 元。

（11）设置定向推广。

定向推广的设定主要包括"投放人群"定向及"展示位置"定向。投放人群中主要包含访客和购物意图定向。展示位置定向则为特定位置的定向（如图 1-36 所示）。

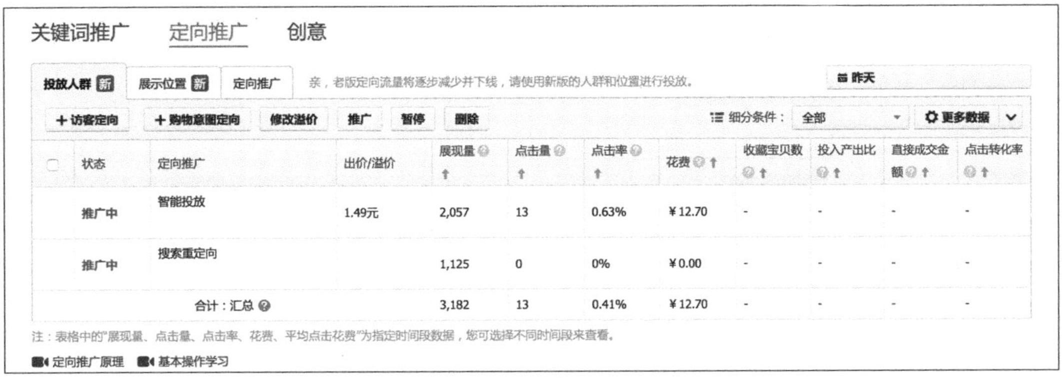

图 1-36

定向推广，简单来说，即直通车系统根据你商品的特点，筛选出有可能购买的特定人群，将商品展现在这些特定人群眼前。

不同的定向可以进行不同的溢价（出价），访客定向可采取直接出价。展示位置的溢价与"搜索人群"的溢价原理相同，此处便不再赘述。

2. 快捷推广

（1）什么是快捷推广？

快捷推广是在原有的直通车推广方式基础上，创新推出的一种全新推广方式。它打破了逐个选宝贝、买词、写创意的常规操作逻辑。

（2）快捷推广的展示原理。

只需要排除不想参与推广的宝贝，确定选择好店铺中全部参与推广的宝贝，同时提交感兴趣的关键词，并设定一个出价即可，系统就会自动筛选匹配出与关键词对应的优质宝贝展现在买家面前。展现的位置和标准推广的位置相同，排序规则以及扣费规则都和标准推广相同。

（3）如何设置快捷推广：

① 单击"快捷推广"进入快捷推广设置（如图 1-37 所示）。

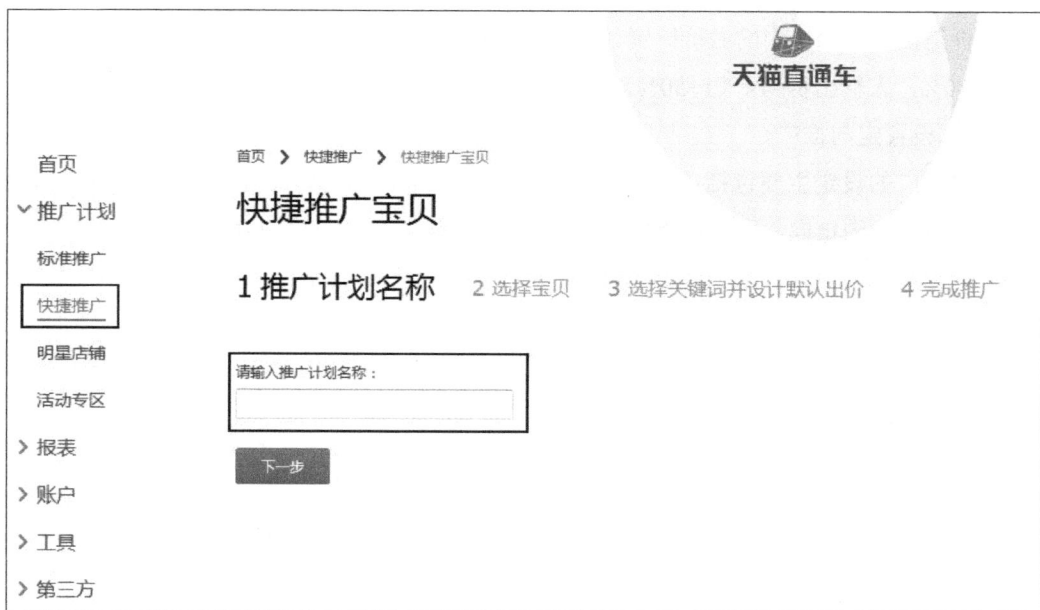

图 1-37

② 选择推广宝贝，可以选择全店宝贝，也可以选择特定的商品（如图1-38所示）。

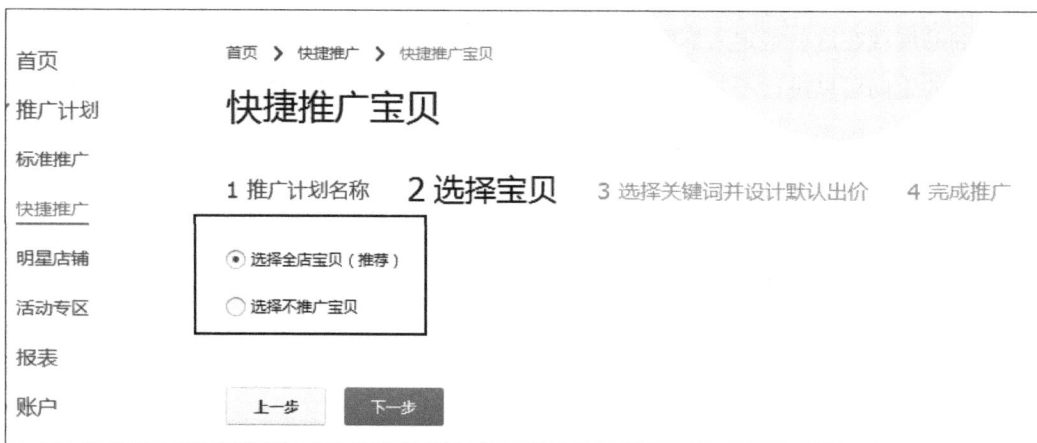

图 1-38

③ 通过类目词查询添加推广关键词（如图1-39所示）。

图 1-39

④ 单击"下一步"，推广成功。

需要注意的是，截止到目前，快捷推广新增关键词的匹配成功率将大幅降低，此类推广模式，直通车后续会以新功能进行取代。

3. 活动专区

目前活动专区已关闭报名。替代其的"精品库"产品也于 2015 年 7 月底下线。原来的首页热卖位置将合并入定向通投位置。活动专区的最新变化，请以直通车后台通知为准。

4. 店铺推广

① 单击直通车首页的"我要推广店铺"进行店铺推广设置（如图 1-40 所示）。

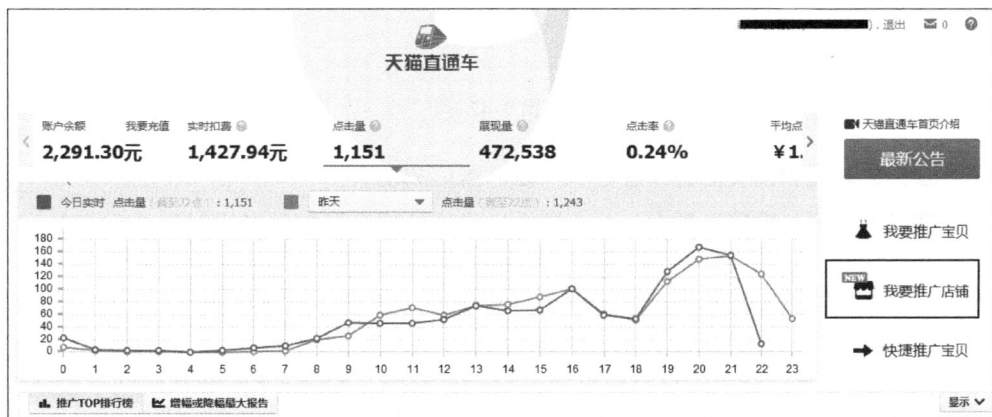

图 1-40

② 选择或新建一个推广计划，从而在推广计划中进行店铺推广。

③ 选择要推广的店铺页面，包括无线端的页面（如图 1-41 所示）。

图 1-41

④ 根据页面尺寸来选择上传要推广的平台创意（如图 1-42 所示）。

图 1-42

⑤ 添加关键词和设置出价。进行下一步，推广成功。

⑥ 可以再次回到推广计划中，对店铺推广进行编辑，添加更多的创意进行推广。

5. 推广计划的投放限制

直通车的每个推广计划均可设置单独的投放日限额、投放平台、投放时间、投放地域（如图 1-43 所示）。

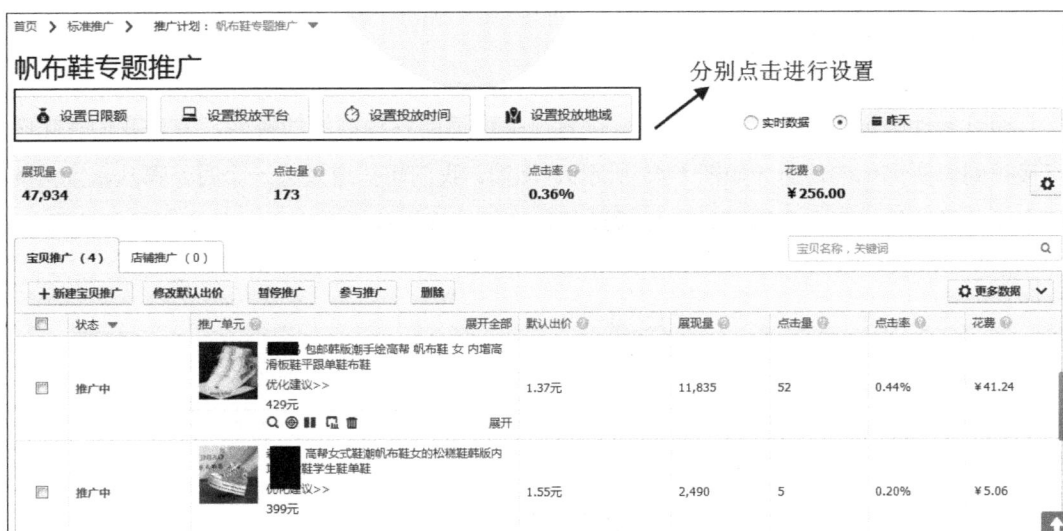

图 1-43

1.4　直通车的数据报表

1.4.1　首页数据报表

进入直通车后台，便可以看到直通车首页的数据报表（如图 1-44 所示）。

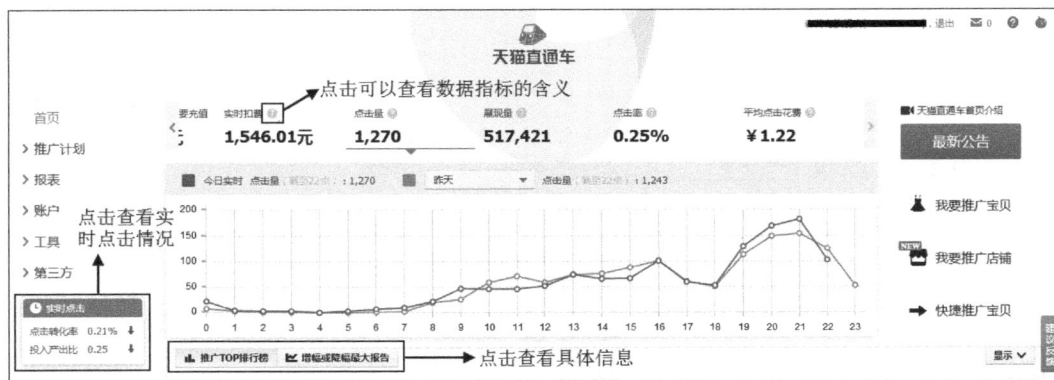

图 1-44

1. 点击趋势

通过趋势图来对比，今日跟昨日的实时点击情况。

2. 推广 TOP 排行榜

通过条件筛选可以直接查看宝贝、创意、关键词的各种维度的排名，方便我们优化时直接找到想要优化的信息（如图 1-45 所示）。比如，我们想知道过去一个月，哪几款宝贝的点击量是最差的，那么我们可以直接通过条件进行筛选，找出点击最差的宝贝排行情况。

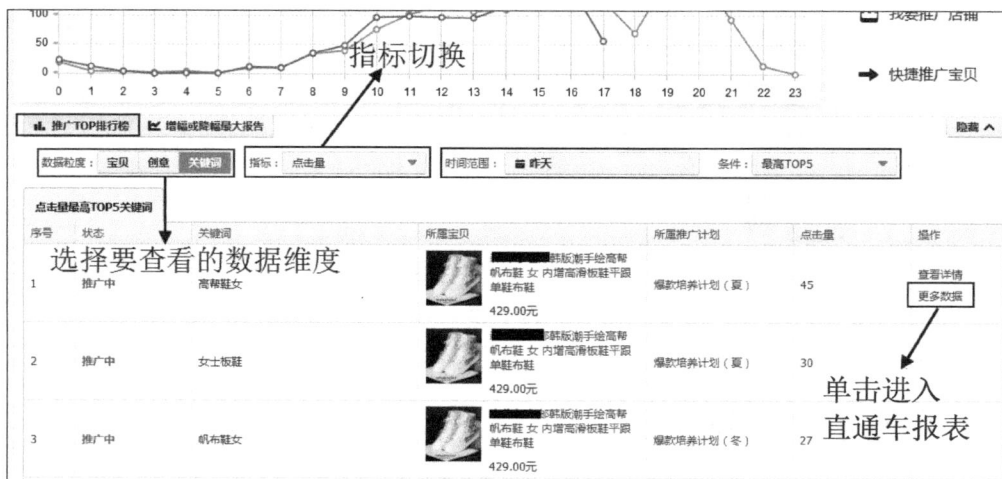

图 1-45

3. 增幅或降幅最大报告

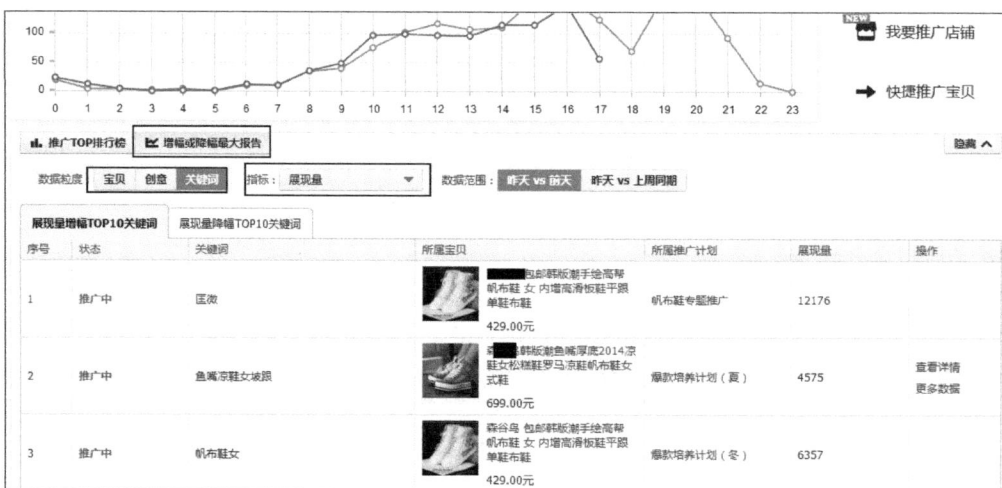

图 1-46

通过"增幅或降幅最大报告"，查看推广宝贝近期的变化情况，及时发现问题并作出相应调整（如图 1-46 所示）。

1.4.2　直通车后台的各项报表

1. 直通车报表

单击直通车后台侧栏中"报表"下的"直通车报表"，进入直通车报表页面（如图1-47）。

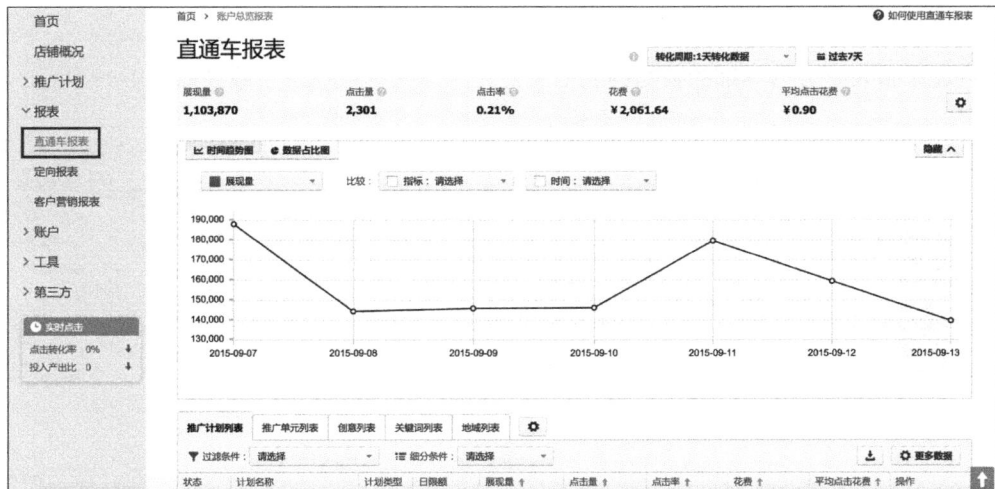

图 1-47

直通车报表，主要用于展现直通车在一段推广周期内的数据总览（如图1-48所示）。为商家数据分析提供充足的数据依据。

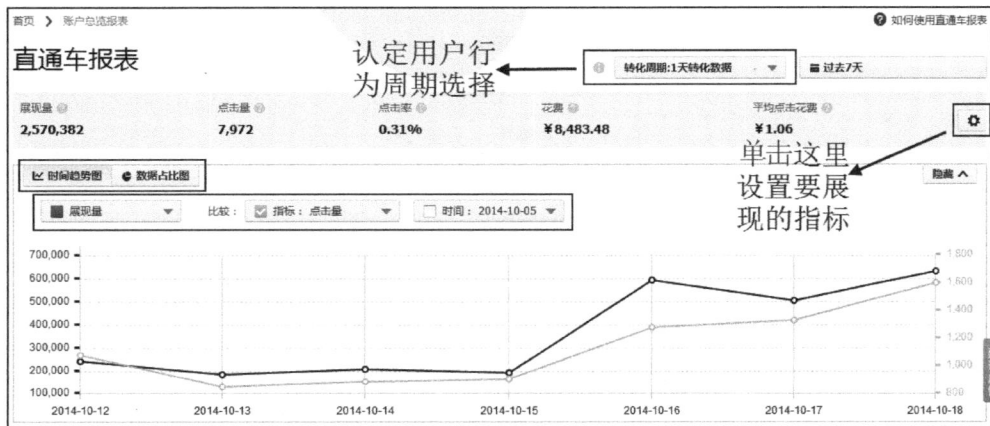

图 1-48

转化周期：从用户点击直通车链接开始，跟踪并统计该用户的浏览、购买、收藏等后续行为，称之为"直通车转化数据"。链接点击发生当天产生的收藏、购买等数据，归类为当天转化数据；链接点击发生当天开始 3 日内产生的购买、收藏等数据，归类为 3 天转化数据，以此类推。目前，我们的直通车转化数据提供直通车链接点击后 1 天，3 天，7 天，15 天内的购买、收藏等数据，你可以根据自己店铺的推广情况选择适合自己店铺的转化周期。15 天累计数据是旧的逻辑，即每天连续累加变动，最多统计 15 天效果数据。通过直通车转化数据，可以直观地查看不同的宝贝、推广计划、关键词在投放后的行为数据。对这些数据进行分析和挖掘，并结合店铺自身情况，找到需要改进的问题，持续优化，提升投放效率。

直通车报表下方为详细的数据列表信息，并为商家提供免费下载（如图 1-49 所示）。

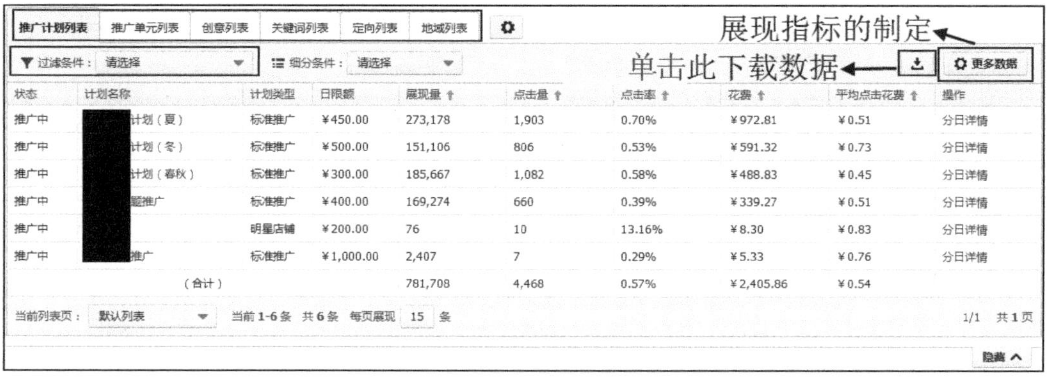

图 1-49

单击"过滤条件"可以自行设置筛选条件（如图 1-50 所示）。

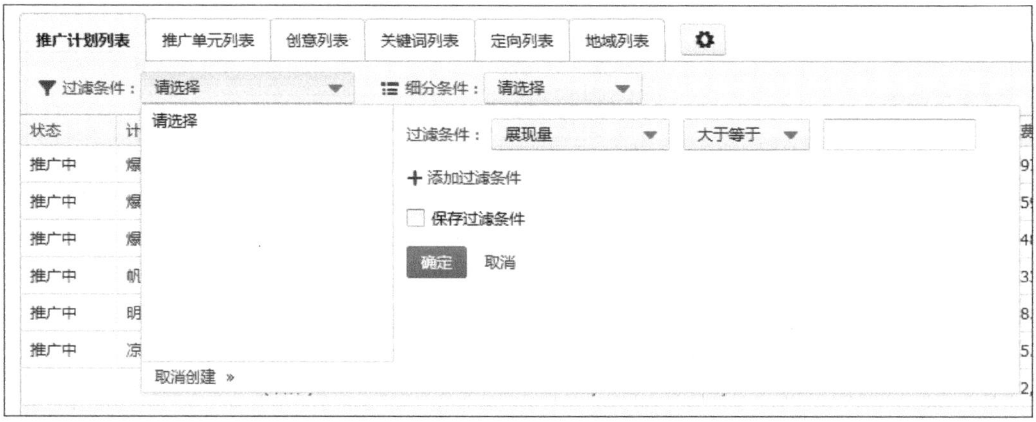

图 1-50

2. 定向报表

定向报表主要用于展现宝贝（店铺）的定向推广情况（如图 1-51 所示）。

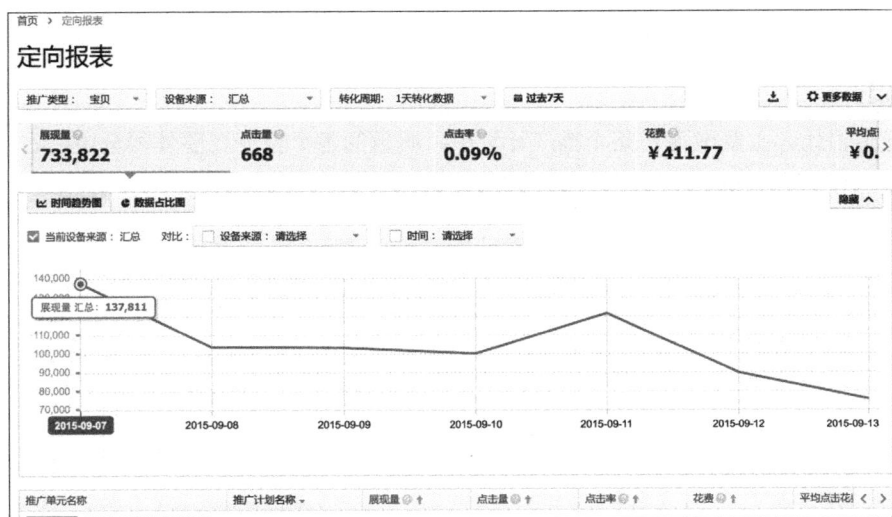

图 1-51

3. 客户营销报表

客户营销报表主要用于展现店铺定向推广的各项数据。

1.4.3　工具

直通车的"优化中心"在直通车后台侧栏"工具"的下方（如图 1-52 所示）。

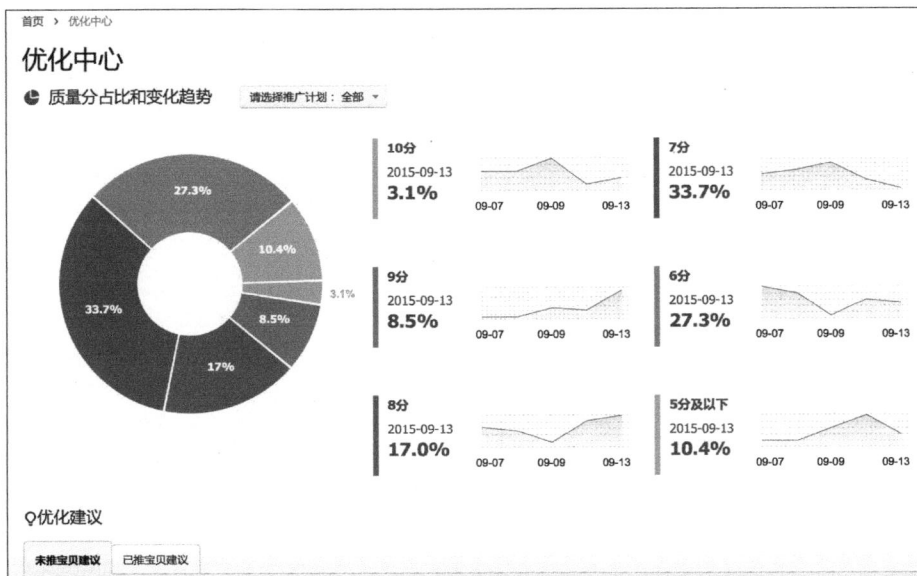

图 1-52

优化中心主要用于展现直通车推广中需要优化的内容。主要分为两个内容：质量分占比以及优化建议。

质量分占比，主要展现在某个推广计划中，质量的各个得分在整体得分中的占比情况。

优化建议，是对每款宝贝的关键词删减和添加的建议（如图 1-53 所示）。

图 1-53

1.4.4 流量解析

流量解析主要用于对关键词的分析，通过流量解析，我们可以查看到关键词的市场数据分析、推广词表下载、数据透视、线上推广排名情况（如图 1-54 所示）。

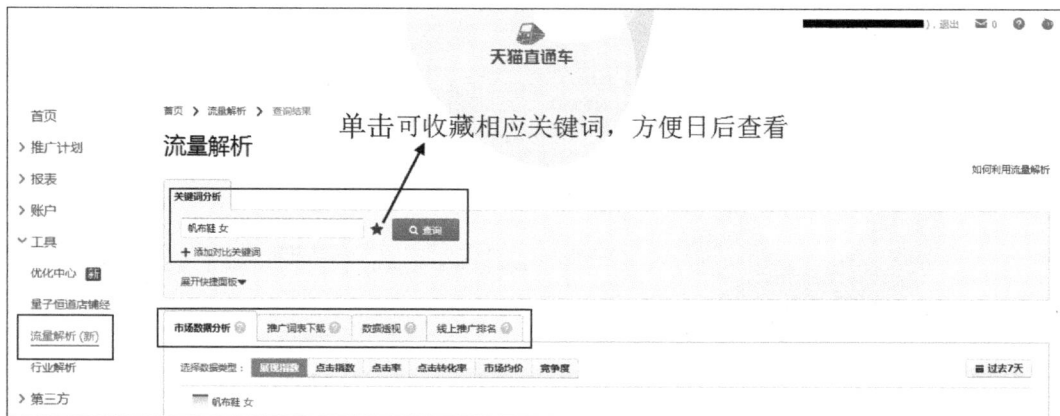

图 1-54

1. 市场数据分析

市场数据分析主要用于展现搜索关键词在所选时间范围内的市场数据（如图 1-55 所示）。

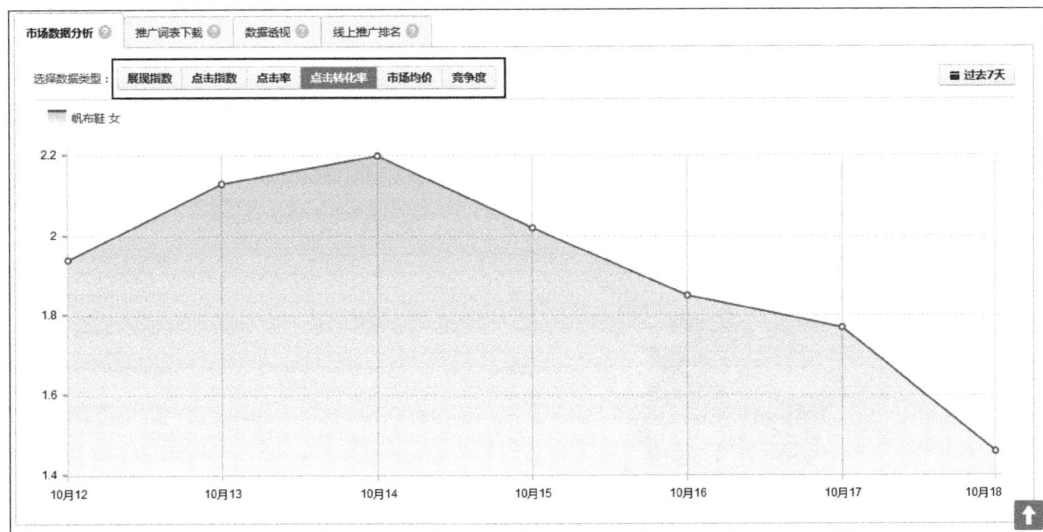

图 1-55

2. 推广词表下载

推广词表下载主要用于查询关键词匹配出来的相关词在昨天、前天及上周同期的展现指数等数据，并提供免费下载服务（如图 1-56 所示）。

	关键词（相关度↓）	展现指数↑	点击指数↑	点击率↑	点击转化率↑	市场均价↑	竞争度↑
35	帆布 女	25,457	188	0.67%	0.47%	¥0.51	825
36	女生帆布鞋	92,109	839	0.82%	1.45%	¥0.51	1391
37	双星帆布鞋 女款	3,875	23	0.54%	0%	¥0.37	187
38	迷彩帆布鞋女	7,330	112	1.39%	0.81%	¥0.33	284
39	帆布鞋女n	364	5	1.21%	0%	¥0.43	63
40	帆布松糕鞋 女	15,062	174	1.05%	2.07%	¥0.5	957
41	手绘帆布鞋 女	41,026	327	0.72%	0.27%	¥0.41	783
42	高帮帆布鞋	639,259	6,492	0.92%	1.58%	¥0.67	3186
43	远波帆布鞋女	4,816	55	1.04%	5%	¥0.27	153
44	帆布鞋女人本	2,680	10	0.31%	0%	¥1.41	153

可免费下载或打印

图 1-56

3. 数据透视

数据透视主要用于呈现该关键词在各地域、各投放平台及各价格点上的数据表现。

数据透视中，主要包含：

（1）地域透视（如图 1-57 所示）

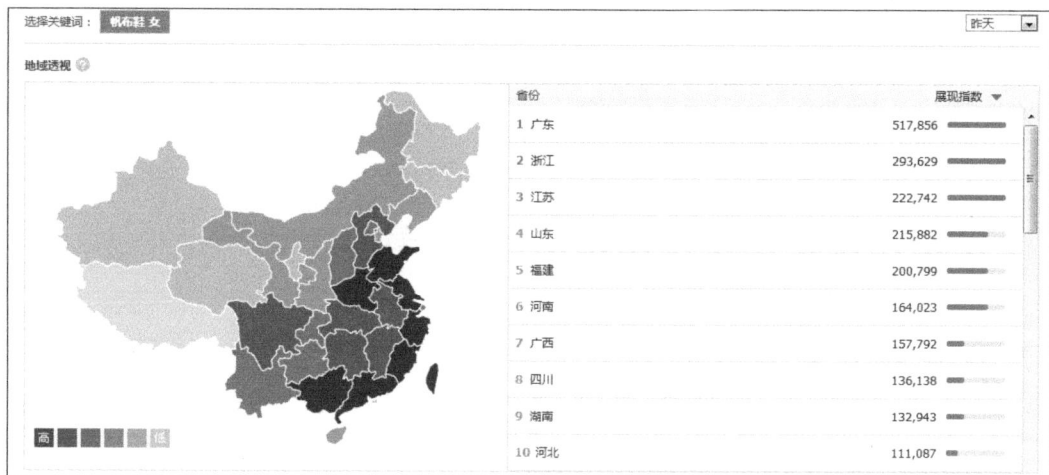

图 1-57

（2）流量透视（如图 1-58 所示）

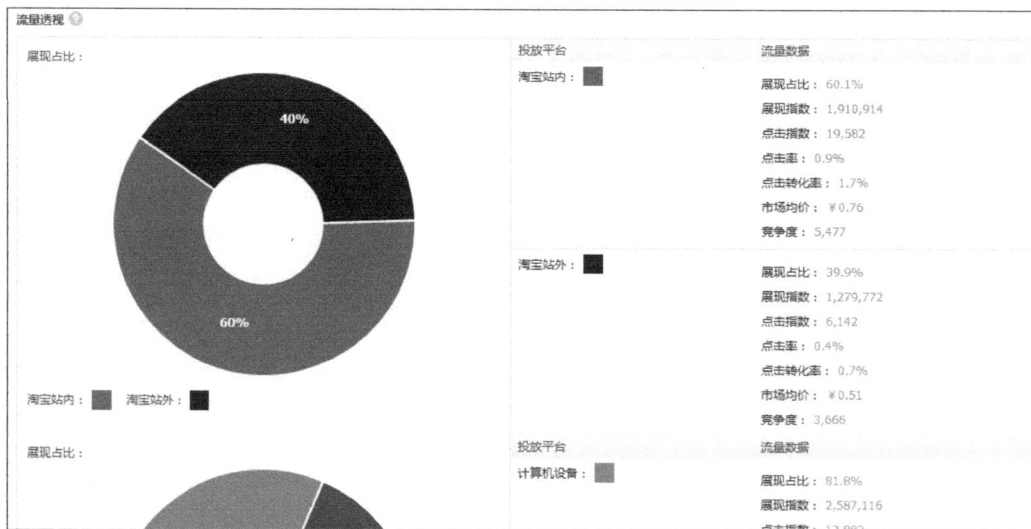

图 1-58

（3）竞争透视（如图 1-59 所示）

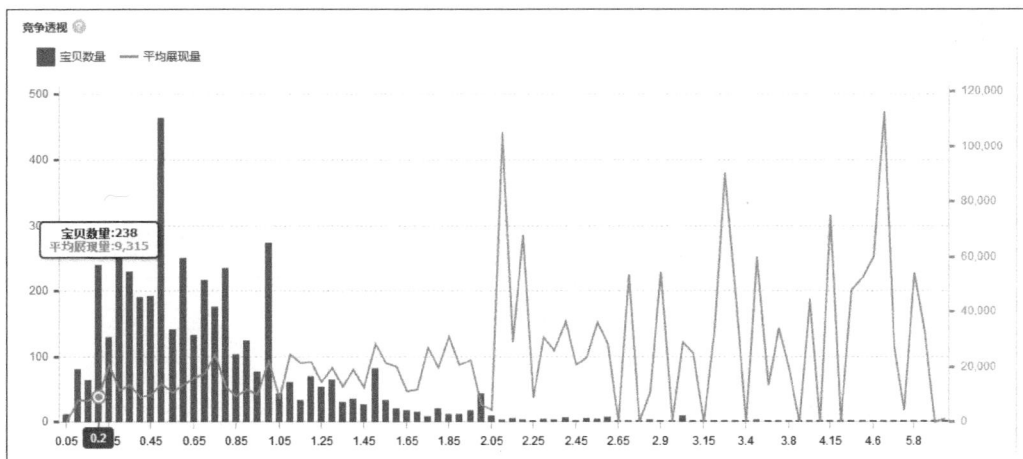

图 1-59

4．线上推广排名

线上推广排名主要用于展现关键词在展现环境下的直通车推广内容排名列表，用于查询线上环境下的推广情况（如图 1-60 所示）。

图 1-60

流量解析，还提供了关键词对比功能，通过关键词的对比，来分析不同关键词之间的数据差别，从而为商家提供更直接的数据展示（如图 1-61 所示）。一次对比的关键词数量不超过三个。

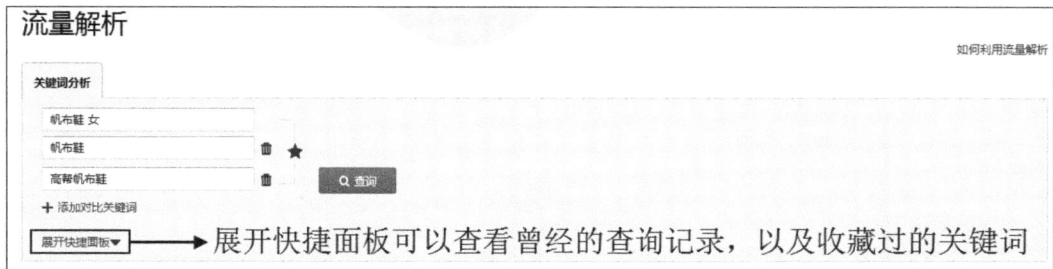

图 1-61

1.4.5 行业解析

行业解析，主要用于展现同行业下，选择的特定商家的直通车推广指标均值，同时也提供相应的对比情况展示（如图 1-62 所示）。方便商家及时掌握自身的推广水平与行业均值的差距。

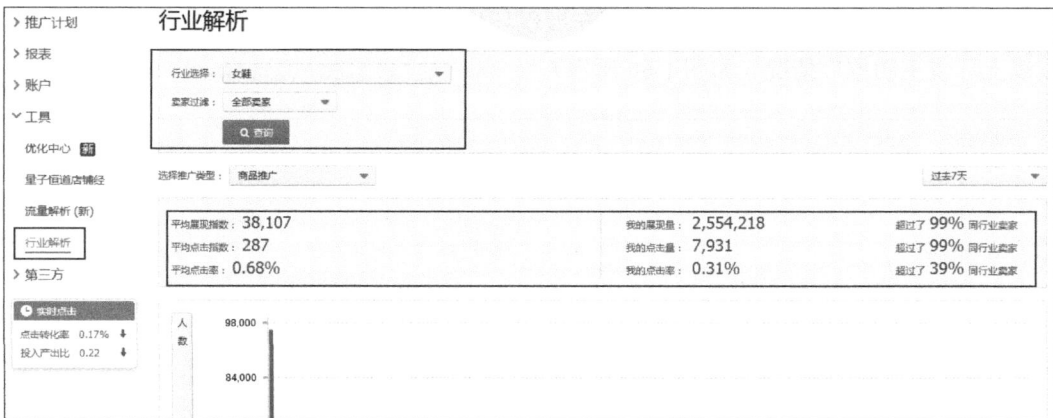

图 1-62

1.5 直通车的优化思路

1.5.1 推广商品的选择技巧

直通车的打造关键并不只在于直通车本身，是否选择得当的产品直接决定着直通车的成败。

　　直通车的选品并不要求所有的产品都要经过严格的筛选，但是备选爆款必须要经过严格的筛选才行。直通车的爆款打造一般要选 2-3 款作为备选。而这 2-3 款产品在主推前必须要经过严格的逐级筛选。

1. 产品的初级筛选

　　想要选择出适合的产品，必须要先思考直通车的一些特点：

　　（1）使用直通车打造爆款需要时间的积累。

　　这点则要求备选产品需要有较长的生命周期以及强大的库存。否则辛辛苦苦把产品培养出来，结果却过季或者没货了，那么所有前期的投入都要被浪费掉了。

　　（2）直通车是按点击数计费的。

　　这点则要求产品的点击转化率要高。想要做到这一点，除了产品的"标题"、"图片"、"描述"要做好外，产品本身也要具备一定的市场优势，即要有较高的性价比。同时，产品需要有一定的利润空间，如果利润空间很低，直通车相关的关键词竞价又很高，那么产品不适合做直通车推广。

　　（3）直通车推广，竞争越大成本越高。

　　这点则要求在选款的时候，尽量选择偏类目产品、冷门产品，因为这样，可以有比较小的竞争力。但前提要注意，偏类目和冷门不代表没有市场，只是市场相对较小而已，如果选择的产品没有市场，即便竞争再小意义也不大。

　　这些条件是参加直通车产品的基础条件，也就是必备条件，如果备选的爆款产品连这些条件都不符合的话，主推的意义也就不太大了。

　　那么，初级筛选后产品需要具备如下条件：

　　① 销售周期长，库存充足。

　　② 具有一定利润空间。

　　③ 竞争相对小一点的。

2. 产品的中级筛选

　　有了前面的基础筛选之后，就要对产品进行第二轮的筛选。

　　这轮产品筛选的出发点是客户。一款产品直通车推广的成功与否与产品最终是否被购买有着直接的关系。所以中级筛选的出发点，是客户会点击并购买什么产品？

　　先来分析下，客户的消费点击模型（如图 1-63 所示）。

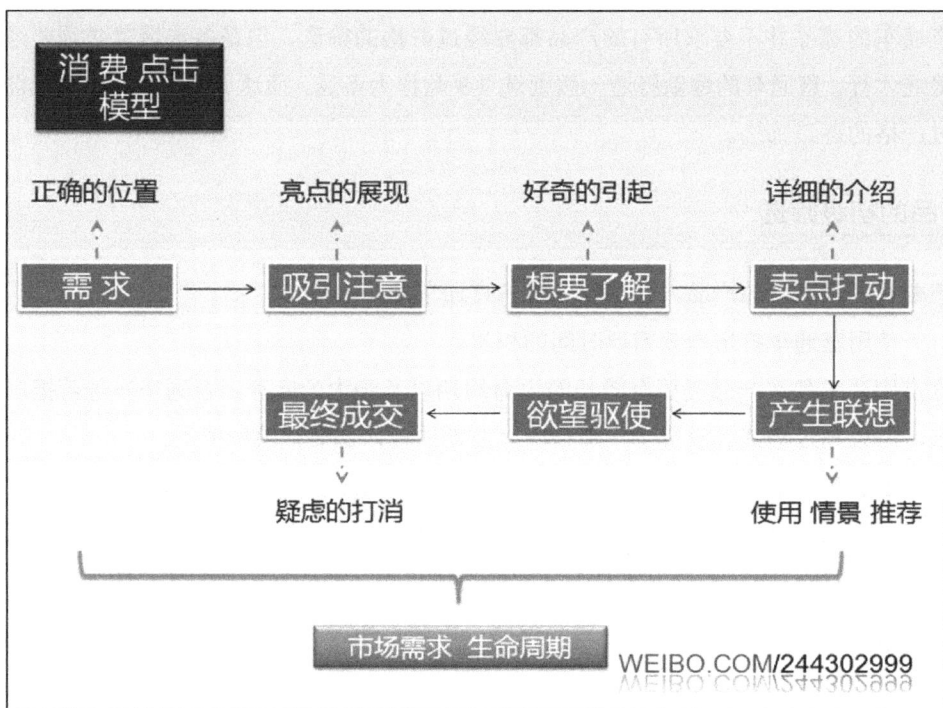

图 1-63

（1）客户什么情况下才会去寻找产品？

有需求的时候。

（2）客户会到哪里去寻找产品？

首页、搜索页、类目搜索页、其他广告页。

（3）客户会注意什么产品？

吸引到他的产品。

（4）客户为什么会点击产品？

产生了好奇，想要进一步了解。

（5）客户在什么情况下有想要购买的冲动？

对产品产生了好奇，产品的某个特征吸引了客户，客户对产品有了占有的欲望。

（6）客户在什么情况下决定购买？

想要占有产品且没有任何疑虑。

总结下：

通过消费点击模型筛选出的产品应具备以下特点：

① 能够很好地满足消费者某一时段的需求。

② 卖点明显，容易引起消费者的好奇心。

③ 通过图片、描述等内容可以很快让消费者产生联想。

④ 短时间内能激起消费者的占有欲望。

⑤ 容易用店铺快速打消消费者对其的疑虑。

3. 产品的终极筛选

有了前两级的筛选，接下来就要对直通车的备选产品进行测试（如图 1-64 所示），从而选出最优质的爆款备选产品进行推广。

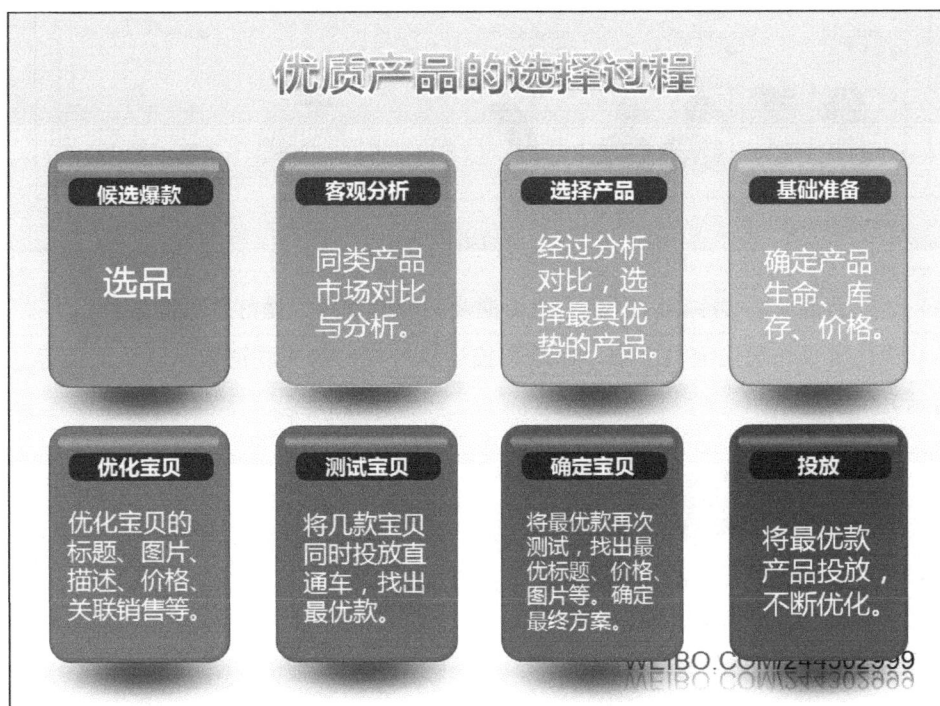

图 1-64

（1）候选爆款。通过初、中级筛选后，选择出几款产品作为备选。这几款产品的选择依据是，店内的点击量、转化率等基础数据排名。

（2）客观分析。客观分析淘宝上同类产品的特点，从而用备选产品与其对比。

（3）选择产品。通过店内及淘宝市场的对比选择出最具优势的 4-6 款产品（如图 1-65 所示）。

图 1-65

（4）基础准备。核实库存、产品生命周期及利润空间等，做好基础准备。

（5）优化宝贝。优化宝贝主图、标题和描述以及相应的关联销售、联合促销等（如图 1-66 所示）。

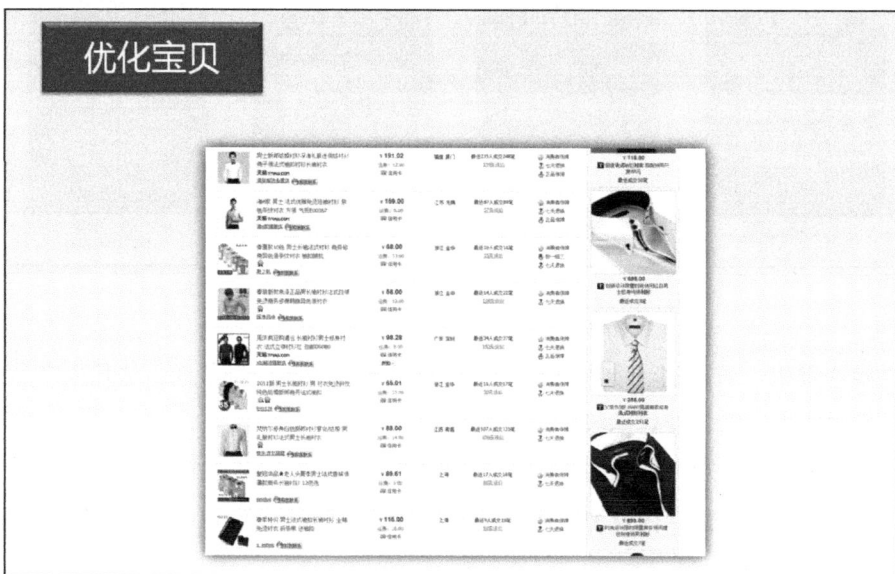

图 1-66

（6）测试宝贝。将几款候选宝贝同时放入直通车进行初推。以测试出最佳的 2～3 款宝贝。

（7）确定宝贝。将最佳的 2-3 款宝贝进行再次优化测试。测试内容主要为图片及推广标题（如图 1-67 所示），选择出点击量最高的主图和标题。

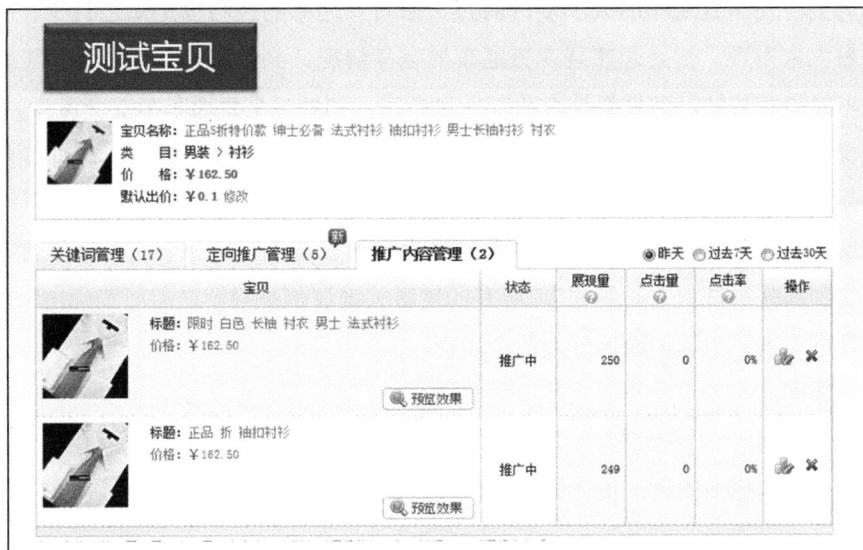

图 1-67

（8）长期投放。将选择出的最优质宝贝（包括标题、主图、描述等）放入直通车进行投放。

当宝贝投放后，要不断地对投放宝贝进行优化。要知道市场的变化决定着宝贝的生命力。即便是经过严格筛选出来的宝贝，也难敌市场的变动。所以一定要学会拥抱变化。当发现选择出来的宝贝已经不适合推广的时候要及时更换其他宝贝进行主推，当然，这个工作应该在宝贝不适合推广的前一个月就要开始准备。而如何预判宝贝是否还适合主推，就要由自己的市场经验和对市场的判断为依据了。所以掌握消费者的购物习惯至关重要。

以上的选品计划，针对的是中小卖家，在没有一定客户积累的情况下的产品选择方案，相对烦琐一些。如果你的店铺目前已经有了一定的客户积累，每次上新都会有大量的客户涌入，那么选品就变得更加简单了，你只需要用自己店铺日常的成交来判断哪款产品的潜力就可以了。

1.5.2　商品关键词的选择

选词一直是直通车优化的热门话题。很多"高手"一提到直通车就会谈及选词的各种技巧，然而，直通车的选词真的如他们所说的有那么多神秘的技巧吗？

很多人一直在强调寻找"冷门词"、"长尾词"等高流量低投入的词。然而这种词真有那么多吗？究竟是大家的技巧不够，还是这种词几乎就不存在？

想想看，如果说前两年的直通车，不会找词技巧而忽略了一些优质词的这种情况会有发生，因为当时使用直通车的人不多，而且大家对直通车的技巧也是知之甚少。所以会有很多词不被大家发现。但是想想现在直通车的竞争情况，到处都是直通车优化工具，到处都是直通车经验宣传帖，到处都是直通车外包商家，到处都是直通车车友交流会。试想下，在这种情况下，还有什么词会被漏掉？更别说那些便宜且又流量大的词了。即便使用直通车的人不会找，但只要使用一些工具，依然可以一网打尽。

所以现在直通车的选词并不像很多人所鼓吹的那么神奇。选词要有一颗平常心，不要一味地想找到那些神奇的"长尾词"，所有的优质关键词都是网罗之后而优化出来的。

所以直通车真正的选词应该分为两个步骤：

第一，选词。

第二，优化词。

选词，是找到更多的词；优化词，是优化出适合自己的词。

1．选词

选词阶段的目的只有一个，就是利用一切方法，尽可能地搜集跟自己产品相关的全部关键词，在这一阶段属于寻找"备选词"阶段，所以，在这一阶段不需要对词有太多的主观判断，只要是符合产品特征的词就要选择。

目前，选词的方法主要有：

（1）淘宝首页搜索选词。主要包括搜索栏下侧的热门关键词，以及输入一个关键词而出现的引导搜索关键词（如图1-68、图1-69所示）。

图 1-68

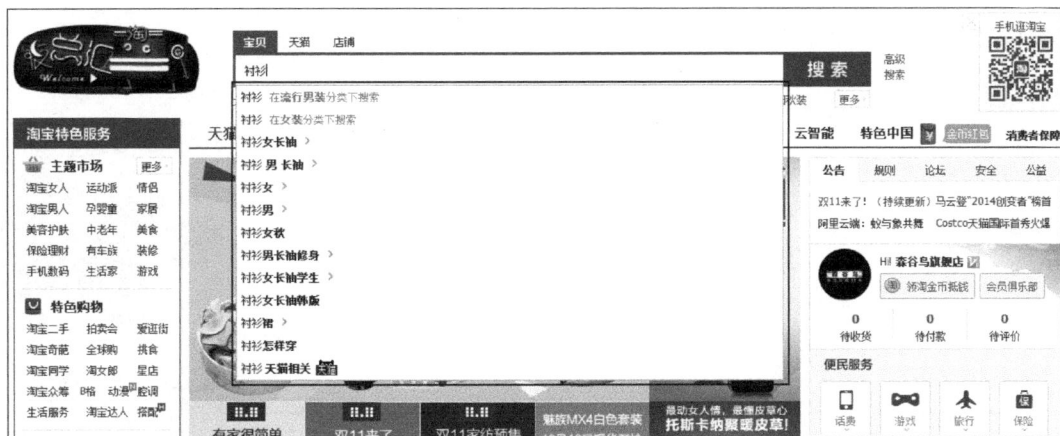

图 1-69

（2）标题拆分选词。拆分同类产品的宝贝标题作为自己的关键词（如图 1-70 所示）。

图 1-70

（3）搜索属性词。搜索一个关键词，收集在搜索结果页面所罗列出的属性关键词（如图 1-71 所示）。

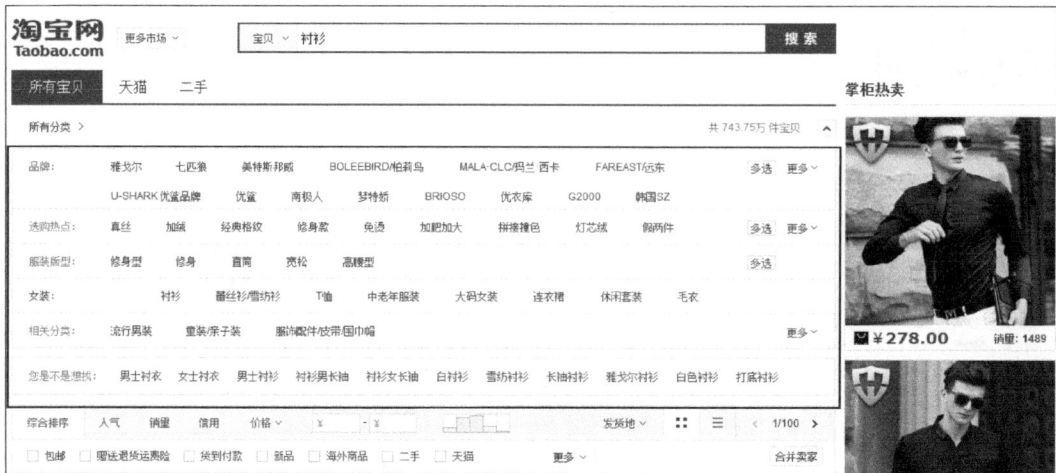

图 1-71

（4）类目关键词。淘宝首页类目区域所罗列的各种产品类别关键词（如图 1-72 所示）。

图 1-72

（5）淘宝购物排行榜关键词，淘宝购物排行频道的各种关键词（网址：http://top. taobao.com，如图 1-73 所示）。

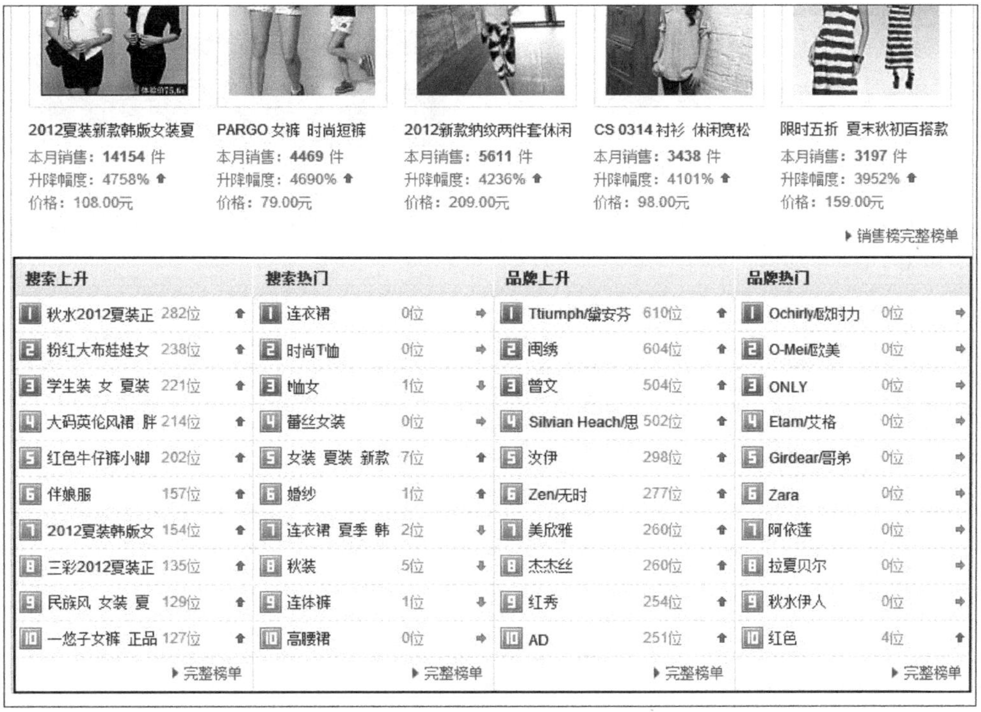

图 1-73

（6）直通车后台推荐关键词。

2. 关键词优化

（1）关键词的初级筛选

把所有的关键词集合起来，用 Excel 表格整理好。此时进入关键词第一个步骤，借助直通车关键词优化工具进行"去重"，去掉相同的关键词（直通车优化工具，可以到淘宝网去搜索购买，名字不一定就叫"直通车优化工具"，可根据自己需要选择，价格从几元到几百元不等，初级选择几元的即可。有些通过百度也能搜索到免费版）。同时，可以使用工具（如图 1-74 所示）对关键词做进一步的拓展，总体数量不限，原则上，越多越好。

图 1-74

将关键词进行"去重"后，进行二次筛选，再将一些与产品没有任何关系的词去掉，整理出一份优质的备选关键词表格。

（2）关键词分类整理

将整理好的关键词进行分类。分类原则没有限制，根据自己的需要进行分类就好。主要目的是为了方便关键词管理和优化。

目前一般的分类方法是：

① 促销词

② 品牌词

③ 属性词

④ 重点词

（3）出价测试

将所有整理好的关键词添加到直通车后台进行试推广。按照关键词的分类建立相应的推广计划。首先设置关键词的默认出价为关键词的行业平均出价。之后，再手动将一些低于平均价就能排名靠前的关键词进行调低出价。原则关键词出价要保持在搜索页面的前10页以内，一些非热门词，关键词出价竞争相对弱一些的，可以将宝贝排名提到前3页。

需要注意的是，直通车推广的关键词在不同时间段的竞价情况不同，所以要及时对关键词的出价进行微调。

在关键词出价测试阶段，所有词可均采用"精准匹配"模式。如果发现一些词，在一段时间内没有任何展现量，可进行匹配模式调整，调整为"广泛匹配"或"中心词匹配"模式。

在出价测试期间，原则就是尽可能地测试各个"关键词"的展现量、点击率及转化率。所有的操作均以方便测试为主。

每一测试周期不少于7天，一周期最好为"7"的倍数，最短周期为7天。7天也是淘宝的一个默认周期，如果少于7天进行测试则很难测试出准确的结果。

（4）删减关键词

一个测试周期结束后，开始对关键词进行适当的删减。

① 对于展现量为0、质量得分低的关键词，进行删除处理。

② 对于展现量低但质量得分高的关键词进行保留，同时试着提高出价，将排名位置靠前，再观察一到两个周期。

③ 对于展现量高、质量得分高的词归类为重点培养词。

④ 对于展现量高、质量得分低的词，先进行判断，判断下质量得分低的原因是因为宝贝的相关性差，还是因为关键词为热词。不同的原因对应不同的处理办法：

宝贝相关性差：优化宝贝。

关键词为热词：做重点培养，慢慢优化。

⑤ 根据关键词的转化情况决定关键词的删减。

关键词的转化情况主要由关键词带来的宝贝单件成交的成本来决定。

经过一个周期的测试，关键词会有相应的数据，主要观察数据，即"关键词的平均点击花费"和"点击转化率"。

而宝贝的单件成交的成本=关键词的平均点击花费/关键词的点击转化率

假设一个关键词的点击花费为1.16元，而关键词的点击转化率为20.8%，那么，此关键词宝贝的单件成交成本=1.16元/20.8%=5.58元（四舍五入）。如果宝贝单件利润超过此数值则关键词可用，如果没超过则待考虑。

需要注意的是任何关键词都是需要一定优化时间的，此项判断标准只作为众多判断标准中的一项，切勿以此为依据，一概而论，不能只要低于成本就立刻删除。

（5）优化质量得分

经过一周期的测试，各个关键词的质量得分都会有相应的变化。接下来，就需要根据关键词去优化宝贝。宝贝的优化重点主要是宝贝与关键词的相关性。

之前我们选词的流程是根据宝贝选择相应的关键词，但一款宝贝不可能跟所有的关键词都具备非常好的相关性。所以接下来我们需要反其道而行，根据好的关键词来优化关键词与产品之间的相关性，从而提高关键词的质量得分。

优化流程：

① 弄清相关性的关键点：宝贝相关性及点击转化。

宝贝的相关性与淘宝 SEO 自然搜索的优化思路相同。

② 做好基础相关性优化（即 SEO 搜索中所提到的基础权重和关键权重）后，优化产品的标题相关性与类目相关性。接下来：

a. 在宝贝标题及推广标题中加入重点关键词。

b. 在宝贝描述中加入类目中的各项属性（注意要输入而不是用图片）。

c. 经过一天，第二天看下关键词质量得分是否有变化，如果没有任何变化，而关键词本身又是热门关键词，那说明接下来关键词质量得分的提高只能依靠点击转化率了。

③ 提高宝贝的点击转化率。点击转化包括点击购买、点击收藏。想要提高宝贝的点击转化率则需要做足店铺和产品的"内功"，多做具有诱惑力的店铺活动，让每个进店的客户都要多浏览，同时在店铺及产品描述中加入鼓励收藏性的文案和活动。

（6）找到 20% 的重点关键词

直通车关键词的优化同样适用于"80/20"法则，即 20% 的关键词带来 80% 的成交。而关键词优化的最终目的就是找到那关键的 20% 的关键词。

经过几个周期的优化和筛选，找出 20% 的优质关键词，而这些词就是直通车决胜的关键。

1.5.3 直通车推广的日常优化

1. 关键词的优化

关键词的优化目的是让宝贝能够占据合理的展示位置，而展示条件优化的目的是让推广更加精准。

关键词优化的内容主要有：

（1）根据质量得分考量关键词的精准性。质量得分越高，关键词的精准性就越强。

（2）根据关键词的展现量与转化率决定关键词的出价。展现量与转化率高，出价就可以做出相应的提高。

（3）根据位置的调整，调整关键词的出价。

（4）对关键词进行合理的删减。

2. 展示条件的优化

展示条件优化的内容主要有：

（1）展示地域的优化（如图 1-75 所示）

图 1-75

（2）展示时间的优化（如图 1-76 所示）

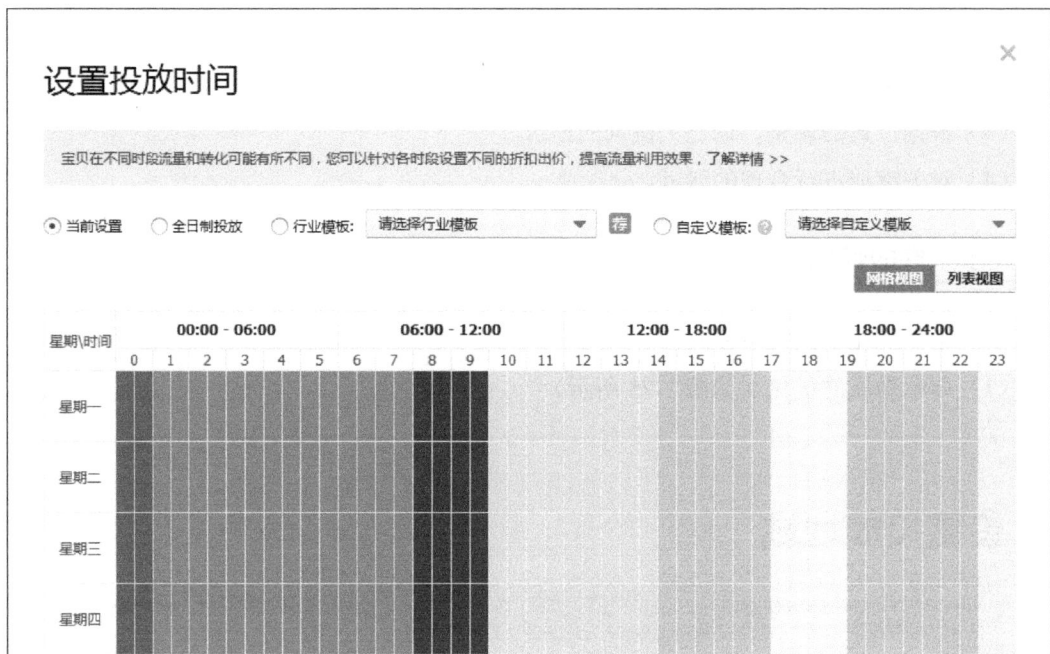

图 1-76

（3）展示人群的优化（如图 1-77 所示）

图 1-77

展示条件优化的目标是增加推广的精准性，从而提高质量得分，以降低产品的出价。举个例子，质量得分的培养，关键在于点击转化率。那么最初，我们产品没有一定的销量和竞争力，所以需要将产品送到成交几率高的人群面前展示。那么，此时就需要对人群进行筛选，首先选择成交量大的地域，其次选择成交量高的时间段加价主推，最后选择购买力高的人群进行限制。自己在做些店铺活动以促进产品的成交。这样就会提升点击转化率，从而降低投入。

　　直通车的每一步都应该做到量化、数据化，以便更加精准地对直通车变化作出预判。而对于个人运作的直通车运营方式来说，系统化主要集中在表格化，在日常运作过程中，绘制各种表格，记录自己对直通车的每一步维护，方便日后对直通车运营的总结。再出现问题后也可以及时地查找表格，找出问题所在。同时建立表格也是对直通车优化的一种约束。

　　直通车平台本身处在不断变化调整中，而位置的有限、竞争对手的增多，必然会导致直通车的竞争越来越激烈，从而会不断涌现出更多的直通车高手，这些高手定会间接地影响到直通车的运营策略。直通车自身调整加上运营策略的不断变化导致了直通车问题的不断出现，所以不能盲目地认为哪一种方法是一劳永逸的。所以常优化就是要求直通车的运营人员根据变化去优化直通车，以便维持直通车的长久效果。

第 2 章

淘宝试用

淘宝试用又名试用中心（如图 2-1 所示），是一种比较开放的推广活动。商家可以在平台中按需推广自己的试用商品。买家则通过对商品的试用，总结心得，编写试用报告，以供其他买家对商品进行参考借鉴。

淘宝试用主要是以免费的形式来换取口碑及流量。一般参加试用产品，在试用的前三天会为店铺带来大量的流量。但一般报名后的审核时间较长，所以，参加活动前要对配合淘宝试用的店铺活动时间进行提前规划，以免错失流量高峰期。

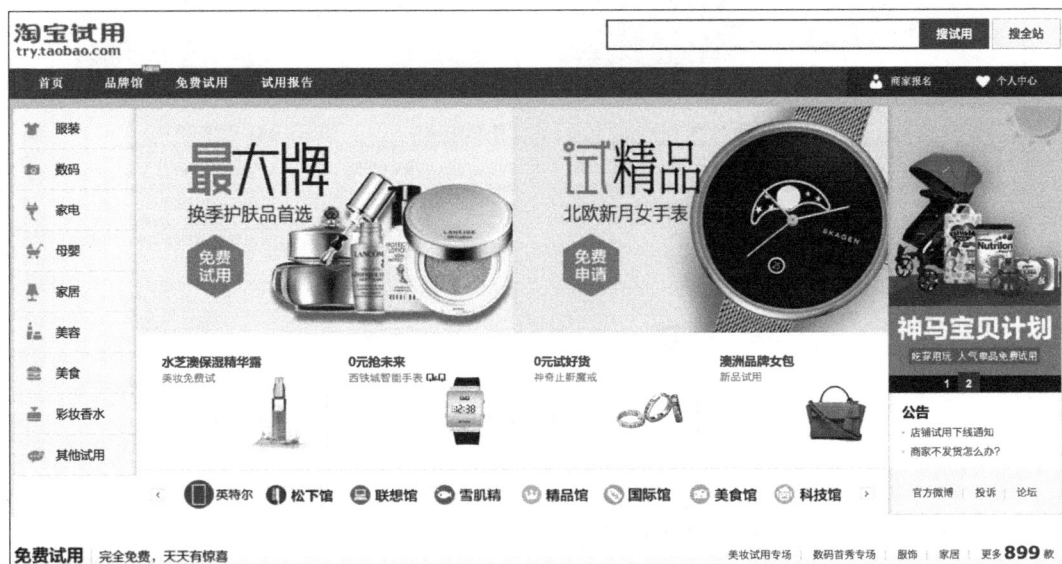

图 2-1

由于淘宝试用门槛较低，引流较大，所以也将其归为最快的引流方式之一。本章将对淘宝试用进行详细的介绍，以帮助你来了解及使用淘宝试用。

2.1　什么是淘宝试用

淘宝试用，是将用户营销、活动营销、口碑营销、商品营销融为一体，对商家提升品牌价值及影响力起着不可估量的作用。

淘宝试用平台囊括了几乎所有类目的试用产品，主要以免费试用为主，让每一个买家都有获得试用的机会，从而以这数以百万计的试用机会来吸引大量的消费者。

一般成功申请免费试用的买家将会以全部免费的形式得到试用商品，在对商品进行使用体验后，买家则需要对商品进行客观、详尽、全面的评价并编写成试用报告进行发表。商家有权对优秀的试用报告进行平台优秀报告的选择推荐，获得推荐的试用报告则有机会被首页推荐（如图 2-2 所示）。

图 2-2

2.2　为什么要参加淘宝试用

淘宝试用最大的优势在于其门槛低，引流能力强（当然与你的商品自身的吸引力也有关）。无论是天猫商家还是淘宝商家，都可以通过商家中心进入到淘宝试用后台，并申请参加相应的试用活动。

综合来讲，淘宝试用主要具备以下三点优势（如图 2-3 所示）。

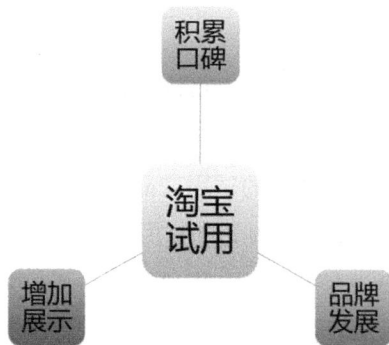

图 2-3

1. 为商品带来好的口碑

通过淘宝试用被买家试用的商品，根据规定，买家必须对试用产品做出全面而客观的试用报告，以供其他买家购买该商品时提供参考。而这个试用报告就是商家推广商品品质的最好见证。

大部分试用报告都会对试用的商品做出高满意度的评价介绍。商家在获得了这些客观的专业的试用报告后，也为自己的产品获得了良好的口碑。因此，淘宝试用成为了商家良好口碑的推广利器。一款商品，如果能够得到大部分消费者的认可，并且拥有众多褒奖之词，那么，这款宝贝还会愁卖吗？

买家通过单击评价旁边的"试用报告"便可查看试用报告内容（如图 2-4、2-5 所示）。

图 2-4

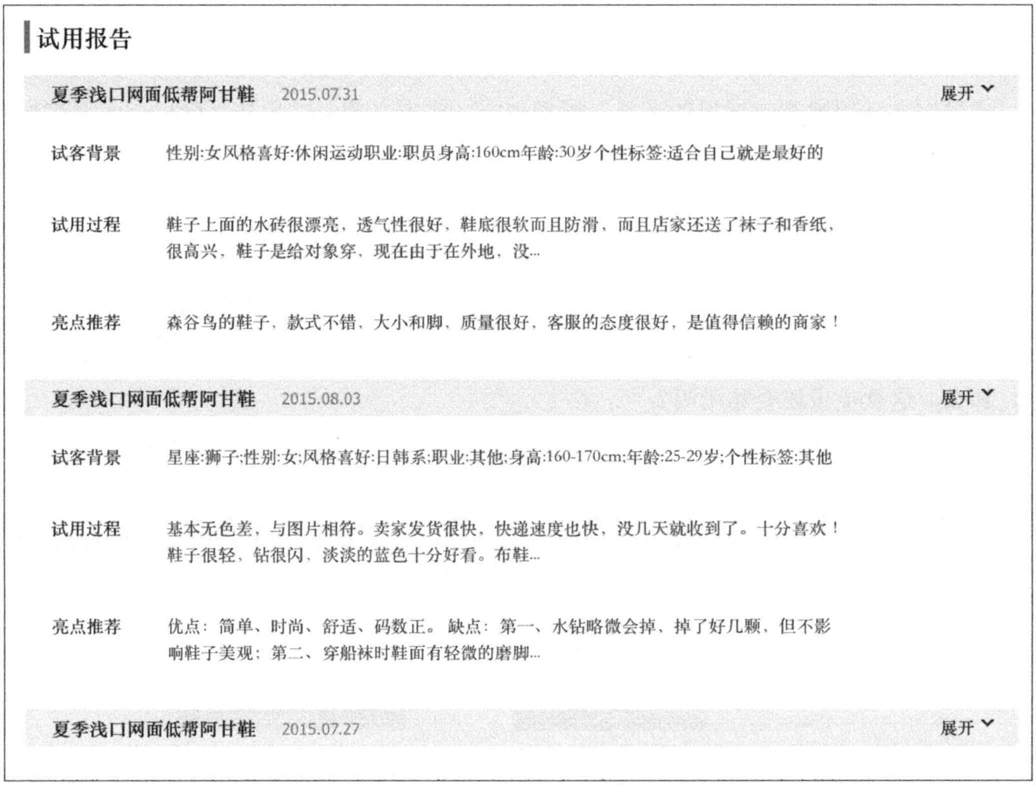

图 2-5

2．为商品积累一定的人气

当商家参加淘宝试用的活动后，获得了好口碑及优质商品展示的机会后，试用后的商品更为商家积攒了足够的人气，无论是掌柜说还是店铺及商品收藏量都会大幅上涨。

买家在浏览试用报告中的商品后，也会增加对商品的好感，即使当时没有马上成交，也会将商品收藏或者添加到购物车。

潜在买家会为商家提供很多后续的连带销售机会。无论是商家再进行下一步的推广活动还是促销活动，他们都将为店铺带来众多成交的可能。

3．推动品牌、店铺发展前景

商家在获得良好口碑的同时，还能够提升自己的品牌价值，为出售的商品提供更多的展示机会。当买家提供了良好的试用报告后，对于成功被试用的产品，并且买家反响良好的优质商品，在该商品今后的推广过程中，淘宝会优先展示这种商品，为其提供良好的展示平台。这也必将为商家带来更多的流量与关注度。

因此，好的商品是好口碑的基础，好的口碑更是优质产品的必要条件。更多优质产品的展示机会，为商家带来无限商机。

2.3　淘宝试用活动的报名方法

目前淘宝试用的活动有：免费试用、无线抢先试、奇物志栏目。

2.3.1　报名淘宝试用

商家通过商家中心进入店铺后台，单击左侧"营销中心－我要推广"选项，进入推广工具选择后台，单击"淘宝试用"图标进入商家淘宝试用后台（如图 2-6 所示）。

图 2-6

进入到淘宝试用后台后，商家即可选择符合要求的淘宝试用活动进行报名（如图 2-7 所示）。

图 2-7

2.3.2 淘宝试用的准入条件

淘宝试用活动的准入条件主要有：

集市店铺： 商家级别需要在一个钻以上，综合评分不低于 4.6，并且加入消保。

商城商家： 综合评分不低于 4.6 即可。

报名商品具备的条件：

（1）试用品必须是原厂生产的合格全新产品，并且商品在其保质期内。

（2）试用品总价值不能低于 1500 元，总价值计算公式为报名价×数量，商品价格不能虚高。

（3）对于美容、日化、珠宝配饰及个人护理等类目，必须有假一赔三或分销平台品牌授权。

（4）食品保健类商品必须标有生产日期，并具备 QS 或者进口食品标记。

（5）试用品均为免费发给买家，买家对商品做出试用报告后，商品不再返还商家。

2.3.3 免费试用的报名

免费试用的报名流程：

1. 选择要参加的活动

商家从报名入口进入后，首先需要根据活动排期选择活动。

可供选择的活动周期为两周。并且在可供选择的日期中，均标有已报名的商家总数，商家可根据报名情况及自己店铺的安排合理选择报名日期（如图 2-8 所示）。需要说明的是，正常情况下，淘宝都会优先安排商家提交申请试用的日期，但偶尔也会遇到特殊情况，可能会对商家申请的日期进行调整，这种情况就要以短信通知为准。

图 2-8

2. 填写报名商品信息

试用品信息包括：试用品链接、名称、数量及图片（如图 2-9 所示）。

上传的产品图片大小为 430px×430px，白色背景，图片格式为：JPEG、PNG，仅支持两种格式。

商家信息：联系旺旺及电话（如图 2-10 所示）。

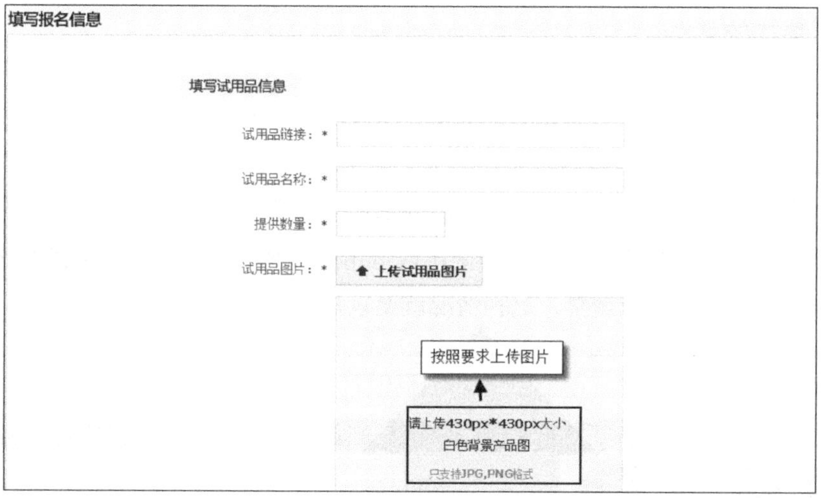

图 2-9

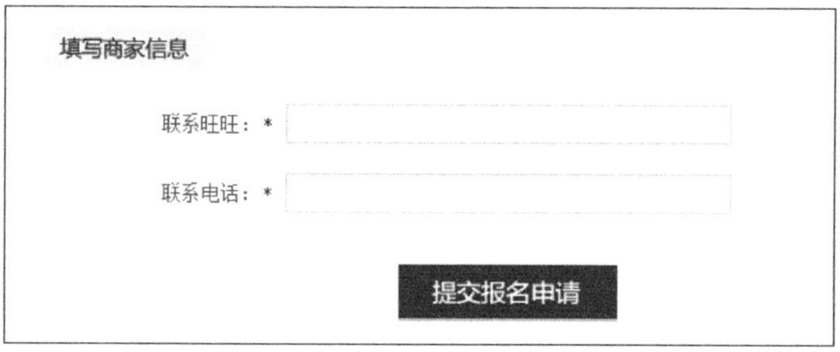

图 2-10

填写完整后，单击"提交报名申请"。

3. 等待审核

淘宝试用商品报名的审核时间一般是 7 天。商家可以通过商家报名的下拉栏中的"报名中的试用"单击查看审核结果（如图 2-11 所示）。

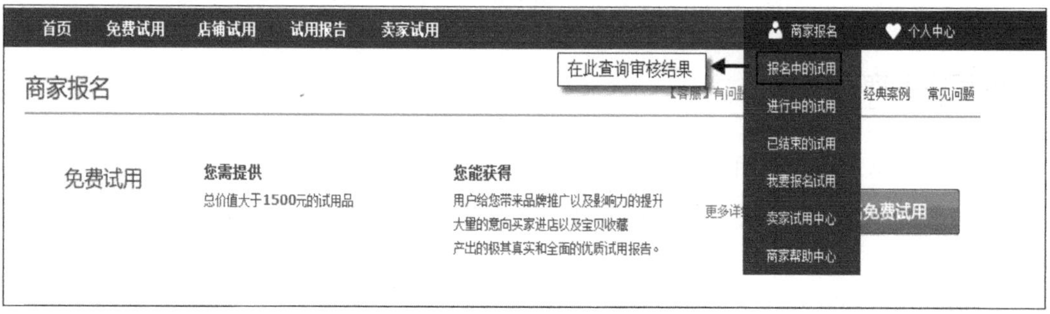

图 2-11

审核通过后，不仅在报名中的试用会有所显示，而且淘宝也会给报名时填写的商家手机发信息，以便商家能够及时了解活动的审核情况。

商家通过报名审核，按照要求上架试用产品，此时将会有大量的用户申请商品试用。系统会根据试用条件自动选取试用买家。

商家在看到确认成功申请的买家订单后，在七天内进行发货。当买家收到试用产品后，会做出详细的试用报告，至此，免费试用活动结束。

2.3.4 无线抢先试

无线抢先试是淘宝试用推出的全新的无线端免费试用形式（如图 2-12 所示）。跟以往的试用不同，无线抢先试不需要买家提交申请，也不需要等待系统审核，买家只需要邀请好友扫码（如图 2-13、2-14 所示）即可完成报名。

图 2-12

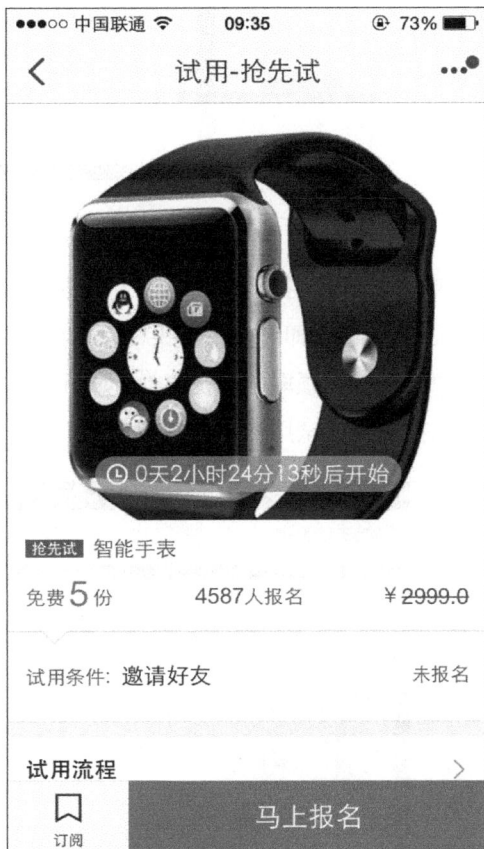

图 2-13

图 2-14

买家邀请好友扫码完成报名（如图 2-15 所示），活动开始后买家摇一摇手机（如图 2-16 所示），系统便会即时反馈结果，领取成功的用户将免费获得试用品（如图 2-17 所示），失败用户则有机会领取店铺优惠券（如图 2-18 所示），试用品同样不需返还，邮费由商家承担。买家需按时提交试用报告。

图 2-15

图 2-16

图 2-17

图 2-18

1. 无线抢先试的报名条件

（1）准入商家：目前只针对天猫商家开放且动态评分需在 4.6 分及以上。

（2）商品要求：试用品价值不低于 1500 元（原价×商品数量）。智能硬件、品牌新品、新奇特商品将优先获得活动资格，美妆、食品、母婴等快消类商品份数不少于 50 份（高价值除外）。

（3）活动期间商家的手机店铺首页需有店铺优惠券的领取入口（日常优惠券即可，无需重新设置）。

2. 活动流程（如图 2-19 所示）

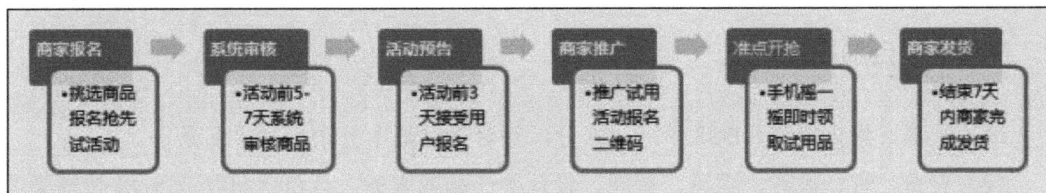

图 2-19

2.3.5 奇物志栏目

1. 奇物志栏目

奇物志栏目是淘宝试用为满足消费者对新奇特商品试用需求而打造的一种无线端新式试用形式（如图 2-20 所示）。

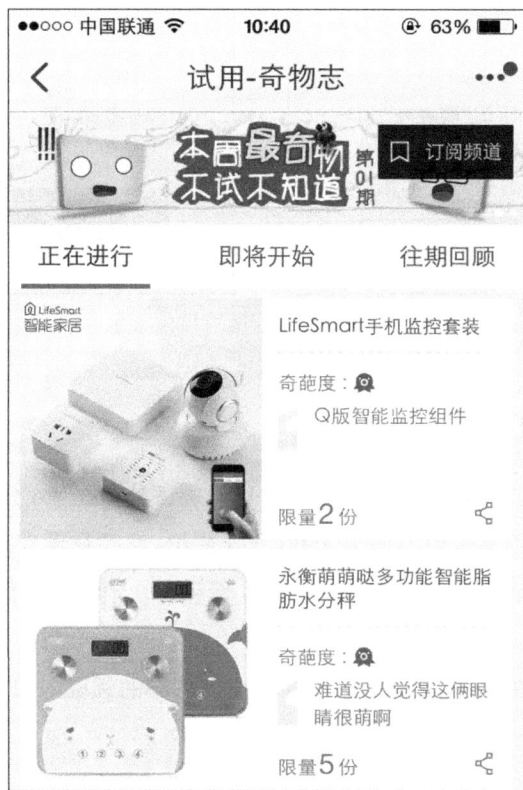

图 2-20

2. 奇物志栏目的准入门槛

（1）天猫、集市店铺，DSR 大于 4.6 分，符合平台基本营销活动报名条件。

（2）有奇、特、诡异、潮流、智能、设计类产品或服务，有自己粉丝或 SNS 传播渠道的商家优先。

3. 报名流程

奇物志的报名流程与免费试用报名流程基本相同，唯一不同的就是对栏目及商品的选择，这里便不再赘述。

2.4　如何做好试用活动

做好一款商品的试用，商品本身的质量、商品的包装、店铺的服务等都是决定活动是否成功的必备条件。

1. 虽然淘宝试用可以通过试用平台为商家吸引流量，但不代表商家就不需要对活动进行推广。淘宝试用跟所有平台活动一样，需要配合其他推广才能有更大的收益。

做淘宝试用活动，要掌握流量的峰值时段。一般是试用的前三天，流量会有个峰值。所以，建议在排期的前三天配合试用活动做店铺活动，这样便可以创造更多的连带销售机会。

2. 作为报名免费试用的商家，要对试用的商品进行精挑细选，参加活动的商品不但要具有良好的销量，还要与其他同类商品相比具有明显的自身优势、符合大众的消费观点且具有当今时尚的因素。

对于试用品的详情页面，要进行精心准备。虽然，免费试用买家不需要花一分钱，但这并不代表买家就不会对试用产品进行苛刻地评估。因此，商家必须在选品的时候进行仔细斟酌，而选择一款合适的试用产品，则是成功使用淘宝试用对商品进行推广的前提。

3. 试用商品的包装一定要精致，这样可以在第一时间让买家对商品形成良好的第一印象。试用商品在打包前要经过超过日常的更严格的质检，绝对不可以出现任何问题或者小瑕疵，因为这些都将影响到买家对产品的评价。如果能够在包装上多花一些心思，增加包装的精美程度则会收到更好的活动效果。

4. 如果当试用商品到达顾客手中之后，买家有一些关于产品售后的相关问题，商家必须竭尽全力为其解决，切勿因买家是 0 元试用而区别对待。

5. 当前面的所有过程都顺利完成后，就是买家写试用报告的时间。当买家完成试用报告后，商家可以与买家进行沟通，如果有些买家写的试用报告对试用的产品特别满意，并且试用报告也写得有文采，对试用产品也是褒奖多多，那么，商家可以将这样的试用报告加精，加精的试用报告淘宝会优先展示，变成精华帖，这同样也是"俘获"买家的好途径。

第3章

天天特价

天天特价即当季打折促销，是淘宝的官方活动之一，并且以帮助集市卖家快速成长为目的的一种营销活动。本章将从天天特价的概述，展位，如何申报天天特价活动及怎样做好天天特价四个部分，对天天特价做详尽介绍（如图 3-1 所示）。

图 3-1

3.1 天天特价简介

3.1.1 什么是天天特价

天天特价是淘宝网为了扶持中小卖家，使其快速成长，专门开设的营销平台。淘宝网通过提供专门的平台，为集市卖家的打折商品进行展示。卖家需要提供优质的应季商品，并以较低的折扣价卖给买家。

天天特价为买家提供一种超值购物体验，让消费既省时又省力，从而增加消费者的购物粘性。

卖家可以通过参加天天特价这个活动，使店铺的流量有所提升。可以说，天天特价是推广店铺、提升店铺的品牌价值、增长营销能力的一种有效方式。

在天天特价平台中，买家能够以满意的价格购买到心仪的商品。卖家则能获得一定的曝光及积累一些新的客户。

3.1.2 报名天天特价活动的要求

1. 集市卖家店铺要求

（1）符合平台活动要求的类目。

（2）卖家信用积分：3 心到 5 钻。

（3）开店时间≥90 天。

（4）加入"消费者保障服务"，并加入七天无理由退换货或退货承诺。

（5）描述相符≥4.7、服务态度≥4.7、发货速度≥4.7。

（6）实物宝贝交易≥90%，报名"主题活动"的店铺主营率≥80%，在线销售商品数≥10 件。

（7）B 类侵权（发布违禁信息、出售假冒商品、盗用他人账户、泄露他人信息、骗取他人财物）扣分为 0 分。

（8）A 类扣分满 12 分或 12 分的倍数，自最近处罚起，六个月内不能报名。

（9）因炒信被处罚的卖家永久禁止参与活动。

（10）因为各种违规，店铺被搜索屏蔽的卖家，暂时禁止参与活动。

（11）同一店铺 15 天内限参加一次天天特价。

淘宝网魔豆妈妈店铺（以阿里巴巴集团社会责任部公布为准）：

① 卖家信用积分：1 心～5 钻。

② 加入"消费者保障服务"。

③ 实物宝贝交易不限制比例。

2. 商品要求

（1）报名宝贝原价不高于全网均价，禁止先提价再打折。

（2）50 件≤报名的宝贝数量≤2000 件。

（3）报名宝贝近 30 天内交易≥10 件(严禁炒作销量，一经发现，立刻取消活动资格并拉黑处理)。

（4）报名宝贝折扣价格必须低于近 30 天历史最低价（包括手动修改价格、套餐搭配、限时折扣等），建议价格为历史最低价的 3 折及以下。

（5）报名宝贝必须包邮（注：除港澳台地区外，全国包邮。卖家指定快递不能到达的地区，请用 EMS 或者其他快递包邮送达，不得让买家贴补邮费）。

（6）报名宝贝应具有应季、优质、需求较大、热卖、价格优势明显等特性。

（7）涉及售卖品牌商品需要上传品牌授权图片。

（8）自上线日算起的 1 个月内，不准以低于天天特价的折扣价上其他活动或在店铺里促销。

（9）美容&户外类目商品需要参加假一赔三或拥有"授"字标签。

（10）食品类目商品需要 QS 认证或者"中"字标认证或者参加假一赔三或拥有"授"字标签。

3.1.3 天天特价活动的类型

天天特价活动分为两个部分："类目活动"和"主题活动"。

卖家在报名天天特价活动时，可以自行选择申报的活动方式。

1. 类目活动

"类目活动"（如图 3-2 所示）是天天特价的日常活动，卖家只要根据天天特价的日常活动规则进行申报即可。

图 3-2

2. 主题活动

"主题活动"会不定期进行（如图 3-3 所示），在天天特价日常活动要求的基础上，还会根据主题的不同而设置其他规则。对于天天特价中的"主题活动"，商家在活动报名时会在日历中出现具体的活动名称及活动日期，商家可以根据自己的实际情况选择申报。

图 3-3

"主题活动"根据当下的流行元素而改变，或者是特别的节日。特别的时期而设立"主题活动"，为的是配合当下的氛围，为买家营造更好的购物环境，为卖家提供更优质的精准的流量。

天天特价的固定主题活动为"10 元包邮"，在天天特价活动主页会有专门的导航栏，方便买家快速地找到主题活动。当然，卖家可以同时申报两个活动，如果两个活动都通过，营销效果会更好（如图 3-4 所示）。

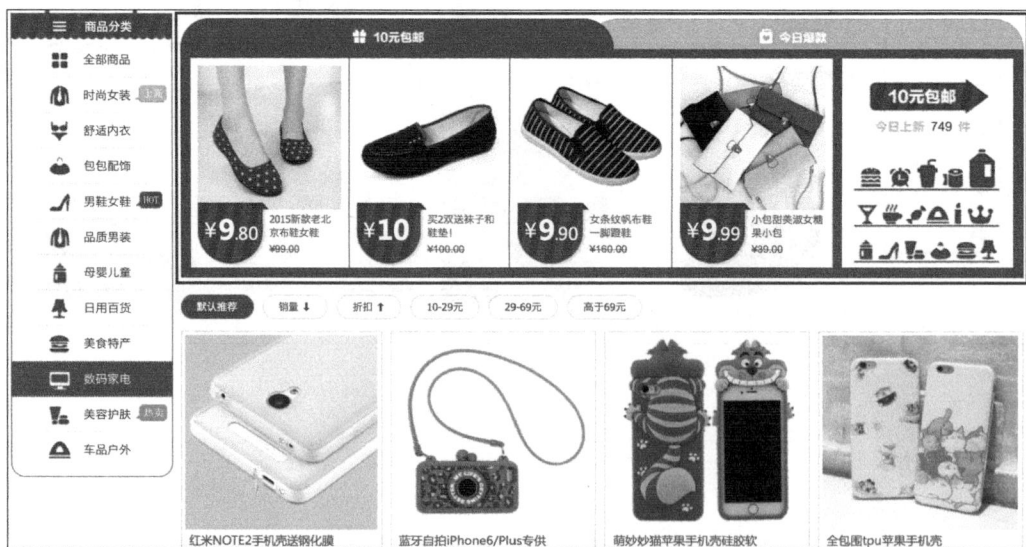

图 3-4

3.2　天天特价的"坑位"

天天特价共分为"类目活动"与"主题活动"，卖家申报不同的活动，商品展示的位置也不同。

"类目活动"主要展示在天天特价互动的首页及各类目的子页面（如图 3-5 所示）。

图 3-5

各类目的子页面展位（如图 3-6 所示）。

图 3-6

对于"主题活动"的展位，除了与"类目活动"中展示位置相同外，还会增加一个展位，即主题活动的页面里（如图 3-7 所示）。

无论是"类目活动"还是"主题活动"，都是为卖家提供更加个性化的推广方式。为卖家提供更多的选择，这样卖家可以根据实际情况进行活动方式的选择。

图 3-7

对于两种活动来说，淘宝都为卖家提供了相应的展示位置，天天特价每日的流量过百万。当买家进入到天天特价活动区域，就会看到相应的活动商品。

3.3　天天特价活动的报名

3.3.1　类目活动

1. 卖家申报"类目活动"，可以通过登录"卖家中心"，找到左侧栏中"营销中心—我要推广"，单击"官方活动"中"当季打折促销"，进入"天天特价"活动页面（如图 3-8 所示）。

图 3-8

2．卖家将鼠标放在天天特价主页右上方的"商家中心"，即会出现下拉栏，单击进入"商家报名"（如图 3-9 所示）。

图 3-9

3．进入到"商家报名"页面，将会进入天天特价报名排期日历。日历上面的红色字体日期为活动可选择的日期。卖家可以任意点开一个日期，查看类目商品的报名情况，而此时的报名原则是选择相对报名商品数目少的日期申报，这样成功申报的机会则会大些（如图 3-10 所示）。

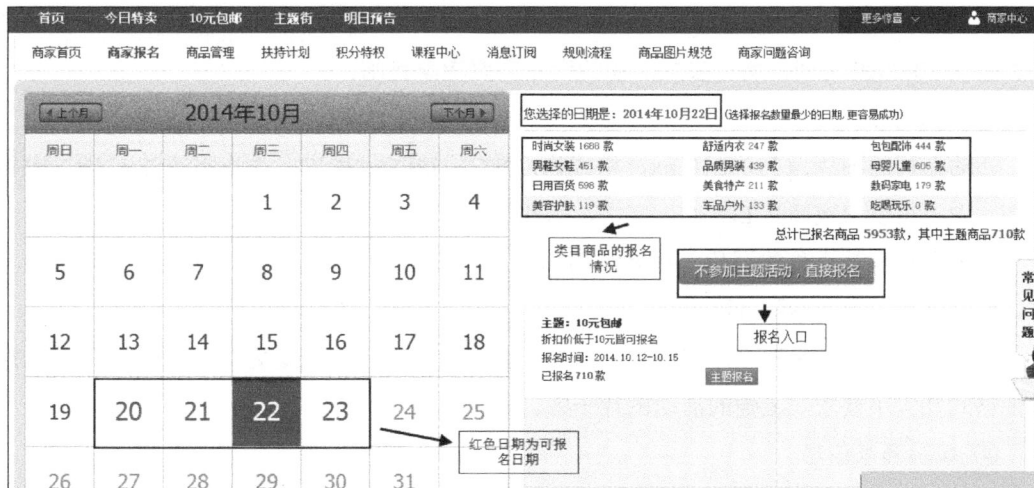

图 3-10

4．卖家选择好准备报名的日期后，如果不同时申报"主题活动"，即直接单击"不参加主题活动，直接报名"，进入到"类目活动"报名页面（如图 3-11 所示）。

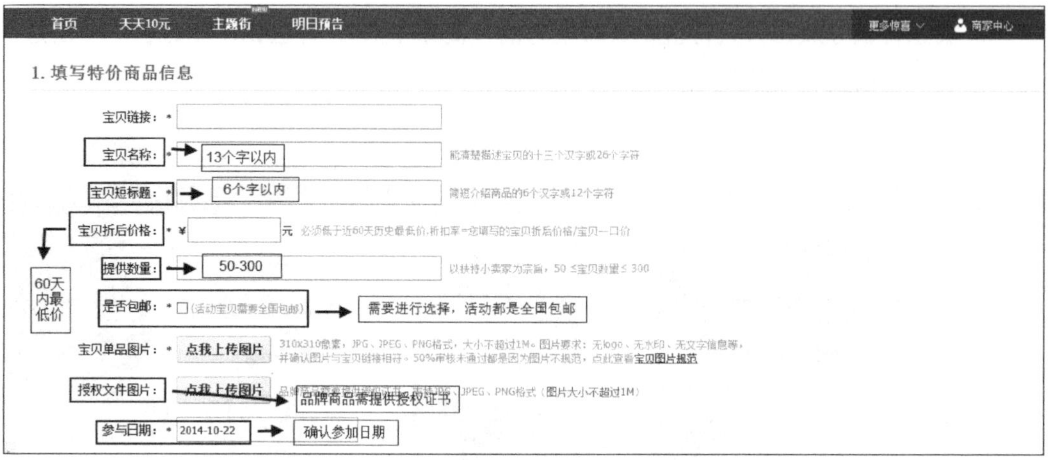

图 3-11

5. 卖家需要填写商品信息，复制宝贝链接，单击"提交报名申请"完成活动报名。

① 宝贝名称、标题

宝贝名称需要在 13 个汉字 26 个字符内；宝贝标题需要在 6 个汉字 12 个字符内。标题主要用于介绍卖家的商品。

② 宝贝的折扣价

宝贝的折扣价填写时，需要折扣后的价格为卖家 30 天内的最低价。卖家需要报名的商品数量在 50-2000 之间，所有参加活动的商品需要卖家包邮。

③ 宝贝图片

活动上传的图片为 310×310 px，格式为：JPG、JPEG、PNG，大小不超过 1MB。上传的图片中不可以出现商品 LOGO、文字、水印。

卖家需要确认上传的图片与报名活动的商品一致。因为有一半以上没有通过审核的卖家，都是因为其上传的图片不合格。

如果卖家经营的是独立品牌的商品，那么参加活动前还需要提交"商品授权证书"，图片的格式及大小要求与上传的活动图片一致。

④ 填写商家信息

随后卖家可以填写商家信息，包括姓名、电话、邮箱三个部分，卖家要认真填写相关信息，以确保能够正常接收到活动信息。全部填写完毕后，单击提交，报名完成（如图 3-12 所示）。

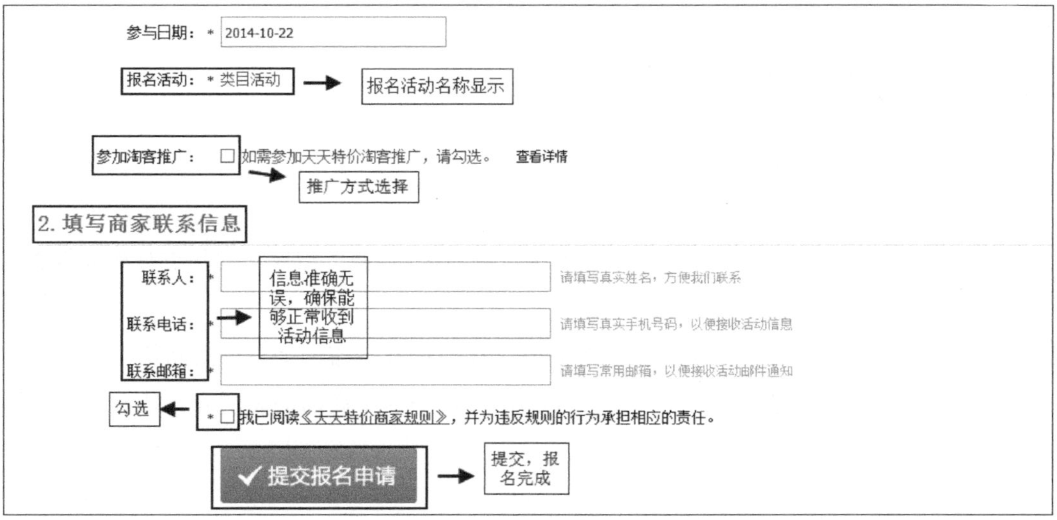

图 3-12

卖家成功报名后，系统将会在活动开始前 2～4 天内告知卖家的审核结果，如果没收到系统发来的信息，则卖家可以通过商品管理页面自行查看结果（如图 3-13 所示）。

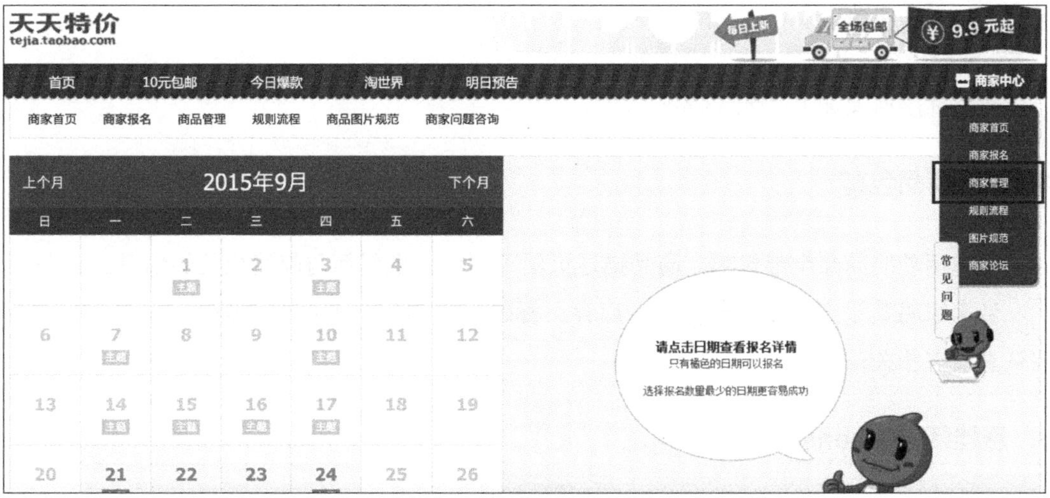

图 3-13

审核未通过的卖家，系统会在报名的 3～5 天内进行通知。卖家可以根据通知的要求，更改好相关信息或者重新选择宝贝再次报名。

3.3.2 活动后的准备

1. 修改库存

卖家确认审核通过后，在活动开始的前两天晚上 10 点前，需要对商品进行相关设置。库存需要修改为报名时提供的库存。

分销商需要取消报名商品跟经销商的关联，让经销商发布一个与该商品相同的商品库存设定为报名的值，分销商再重新关联这个商品。但与这个商品关联的商家依然被经销商控制。

2. 取消商品促销价格，设置商品上架时间

报名的商品需要取消其促销的价格，恢复报名时的原价，并设定好上架时间，每天上午 10 点开始，设置商品库存属性为拍下减库存，以免活动流量大，导致超卖。

3. 设置商品标题

商品标题前要加上"天天特价"。

4. 设置商品包邮

参加活动的商品全部包邮，商品描述页面不可以出现任何与邮费相关的信息。

当卖家将其设定好后，一口价、库存、标题等内容就不可以再被编辑了，所以，卖家要认真设置相关信息。

5. 悬挂活动 Banner

店内商品详情页面需要悬挂活动 Banner。

活动开始前一天，卖家商品将会出现在"明日预告"中，商品状态为立即开始。当活动开始后，商品被拍下 30 分钟后，未被付款，则交易自动关闭，库存恢复。每个买家的 id 地址只能购买折扣价的 3 件商品，超过 3 件，买家则需要按照原价购买。

3.3.3　主题活动

1. 主题活动报名的准入条件

"主题报名"需要集市卖家具有一定的资质。报名的集市卖家对其店铺的要求如下：

（1）卖家需要是 3 心以上卖家，开店时间不少于 90 天，并且加入了消保、七天无理由退换货。对于魔豆妈妈卖家来说，只加入消保即可。

（2）集市卖家的综合评分均需要在 4.7 以上，实物宝贝交易不低于 90%，对此魔豆妈妈卖家将不受限。

（3）店内无 B 类（发布违禁信息、出售假冒商品、盗用他人账户、泄露他人信息、骗取他人财物）扣分，A 类扣分满 12 分自处罚之日起六个月内不得报名。

（4）卖家由于炒信用扣分，则会受到永久禁止参加活动的处罚。有违规行为的卖家，导致店铺被搜索屏蔽，则暂时不能参加活动。

（5）商品要求：

① 折扣价必须不高于 10 元，而且包邮。

② 库存需要在 50～1000 件之间，30 天内店铺报名的商品交易大于 10 件，并且商品折扣价为 60 天内最低价（活动要求会不定期更改，所以请以官方最后更新内容为准）。

③ 商品需要为应季商品，食品类目需要 QS 资质或"中"字标货品牌授权或假一赔三。美容类目及户外类目也需要有假一赔三或者品牌授权。

2. 主题活动报名的操作流程

（1）卖家在清楚"主题活动"的报名条件后，可以查看卖家经营的商品类目是否在活动类目范畴，查询结束后，单击"我要报名"（如图 3-14 所示）。

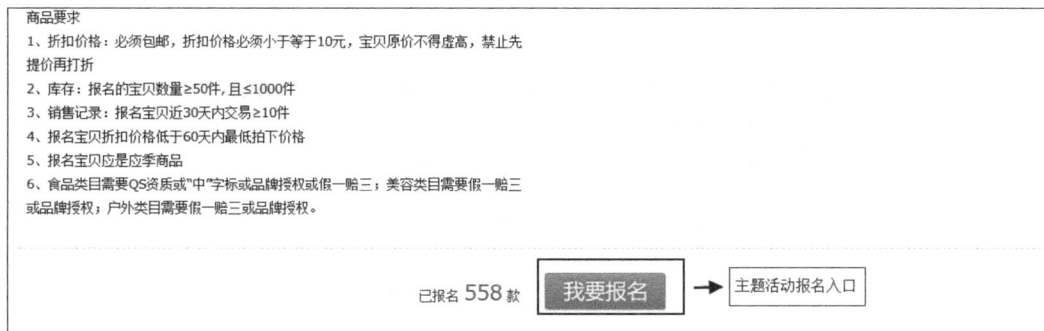

图 3-14

（2）卖家"主题活动"报名页面后，填写"特价商品信息"和"商家联系信息"（如图 3-15 所示）。

图 3-15

（3）"特价商品信息"大部分填写内容与"类目活动"填写的内容相同，但对于参加活动的数量，需要填写 50～1000，填写完毕后单击"提交报名申请"完成报名，等待活动审核（如图 3-16 所示）。

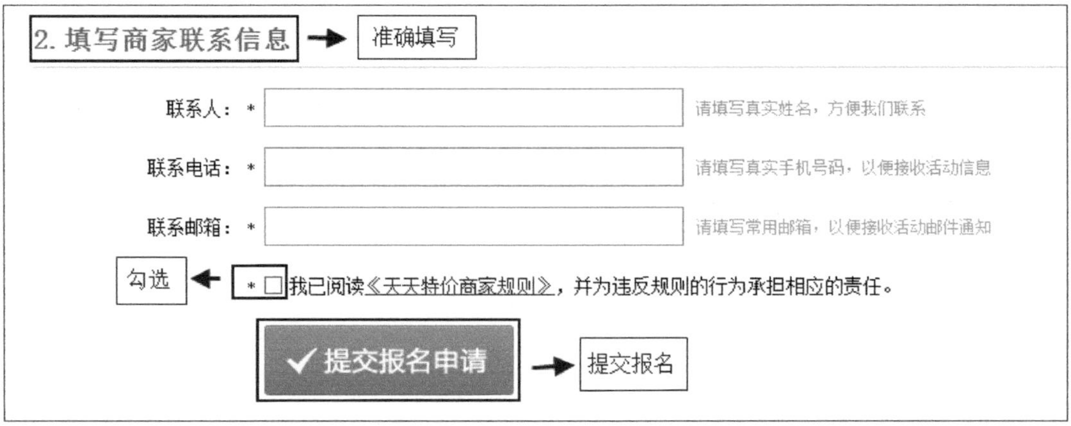

图 3-16

3.4　如何做好天天特价

任何一个活动都需要卖家经过精心的准备，才能赢得良好的营销效果。天天特价也是如此，那么，如何才能做好天天特价这个活动呢？

1．选品。卖家首先需要选择店内的热销品，因为热销品已经积累了一些人气，而且既然是热销品就证明是符合大众的购物习性，具有吸引买家的特点。

在选品时，卖家还应了解同类目下的热搜宝贝有哪些，及时掌握最新的类目销售信息。这样能够帮助卖家更好地选择参加活动的商品。而且，卖家选择的商品需要较同类目的商品具有优势，商品本身具有鲜明的特征，能够令买家一见倾心。

2．价格。既然参加的是天天特价活动，可想而知，能够到这个页面浏览商品的买家，一定都是奔着"特价"去的。因此，卖家的商品价格一定要相对较低，与其他同类目商品相比，具有明显的价格优势，这样才能刺激买家快速掏腰包。也只有这样才能通过天天特价的审核。

3．图片。商品的主图是买家接触商品并决定购买的关键因素。商品的主图要清晰，突出商品特点，能够衬托出商品的品质，并能够令买家非常直观地看出商品所属类目。总之，在保证商品主图片美观的同时还要提升商品的品牌感。

4．产品描述详尽。当买家被商品的主图吸引并点击商品后，就将进入到商品详情页面。商品的属性介绍要详尽。商品的细节图也要全面，要注重每一个细节，图片要精美。

5．关联销售。卖家在报名参加一个活动后，不应该只对报名的产品进行优化。如果一个买家通过活动页面进入到卖家店铺时，在浏览活动商品时，对该款商品并不是特别心仪，就可能会放弃购买。所以，卖家应该在店铺内做好关联销售。这样即便买家不喜欢正在浏览的商品时，他还有其他选择。

6．注重老顾客的维护。一个活动的成功，与新引进的流量密不可分，但是，对于卖家来说，成功申报一个活动后，也能够通过活动对老顾客进行维护，激活老顾客，则会使活动收到意想不到的效果。

因此，卖家可以借助旺旺、短信、微博、微信、微淘，为自己店铺即将参加的活动进行宣传。在宣传活动的同时，别忘送上温暖的祝福语。

第4章

淘宝清仓

淘宝清仓是淘宝网营销推广的一种活动方式。商家通过报名淘宝清仓活动，能够在淘宝清仓活动的专属页面对宝贝进行推广宣传。

淘宝清仓针对商城与集市商家共同开放，只要符合活动报名资质的商家，都可以通过报名该活动，获得更多流量。本章将从淘宝清仓的优势、招商准则、报名的具体流程及如何做好淘宝清仓四个方面对淘宝清仓活动做详细介绍。

4.1　什么是淘宝清仓

淘宝清仓（如图 4-1 所示）作为淘宝网针对所有商家推出的一款反季打折清仓活动，目的是在帮助淘宝网商家提升商品的品牌价值的同时，用专业的推广平台为商家的商品存货提供促销活动。

图 4-1

淘宝清仓活动的优势主要有：

（1）淘宝清仓能够为商家减少货物积压，为商家及时清理仓库中的商品提供平台。

（2）淘宝清仓与钻石展位及直通车这些推广工具相比，推广更具针对性，费用相对更低。

（3）淘宝清仓在淘宝网首页还有专门的导购图标，借助首页这个日以百万计的流量优势，能够为报名淘宝清仓的商家带来大量流量。

（4）清仓活动的商品价格较低，买家可以通过清仓活动平台以低廉的价钱购买到合适的商品。因此，淘宝清仓一方面每天会吸引着大量的买家点击进入，另一方面则为商家引入更多的潜在客户。

（5）商家在成功报名淘宝清仓后，可以通过旺旺、短信、微淘、微信、微博等方式为老顾客发送消息，拉动老客户二次消费，增加客户黏性。

4.2　清仓活动的类型

淘宝清仓活动的类型主要分为品牌清仓及好货抄底两种（如图 4-2 所示）。

图 4-2

1. 品牌清仓

品牌清仓主要以一个品牌为参加单位的清仓活动（如图 4-3 所示）。

图 4-3

2. 品牌清仓的报名途径

品牌清仓活动主要针对的是线下一二线品牌，以及大众所熟知的有一定知名度的淘品牌，具体品牌列表见各类目品牌招商表。品牌清仓的具体招商品牌详见清仓官方论坛公示帖（如图 4-4 所示）。

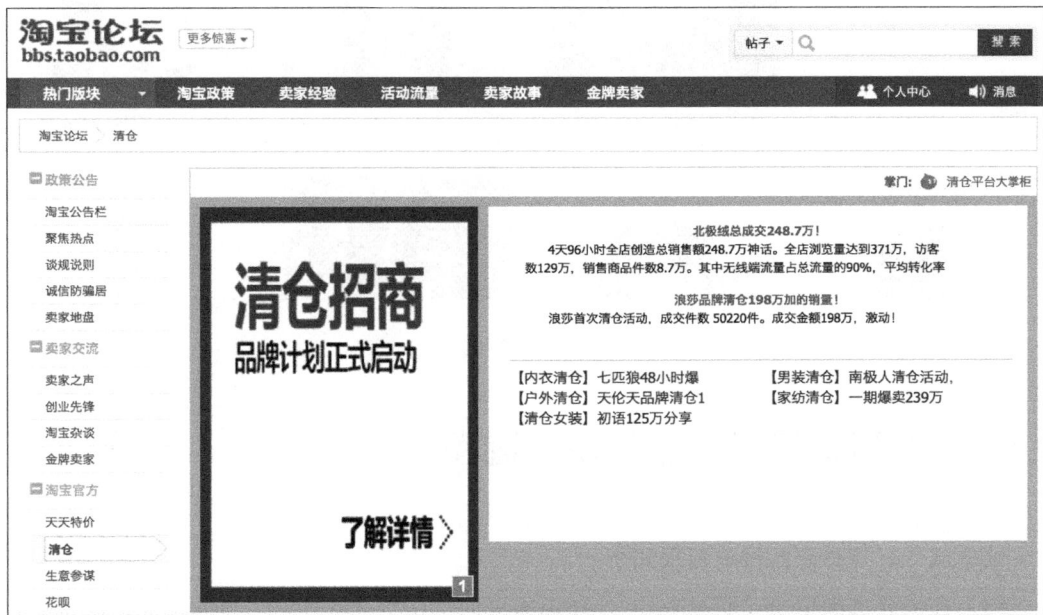

图 4-4

除此之外，还可以加入各类目清仓卖家群来了解实时动态。

清仓女装卖家群群号：693670630 或 224234441；

清仓内衣卖家群群号：1443263250；

清仓男装卖家群群号：1445083524，密码：112233；

清仓箱包配件卖家群群号：249703031 或 1107946102；

清仓家纺百货布艺卖家群群号：251339823；

清仓男女鞋卖家群群号：536325473 或 1278799366；

清仓母婴卖家群群号：234193954；

清仓小家电卖家群群号：856661249，密码：123456。

3. 好货抄底清仓

好货抄底清仓主要以单品清仓为主，每个商家最多可提交 2 个商品（如图 4-5 所示）。

图 4-5

4.3 清仓活动好货抄底的报名流程

清仓活动好货抄底的报名流程如下：

（1）在清仓页面单击"商家中心"，在商家页面单击"立即报名"进入清仓活动报名页面（如图 4-6 所示）。

图 4-6

（2）进入报名页面选择你要报名的活动（要仔细查看报名要求及时间，选择适合自己并符合条件的活动），单击查看详情进行活动报名（如图 4-7 所示）。

图 4-7

（3）选择你要报名的商品进行报名（如图 4-8 所示）。

图 4-8

（4）选择活动坑位排期（如图 4-9 所示）。

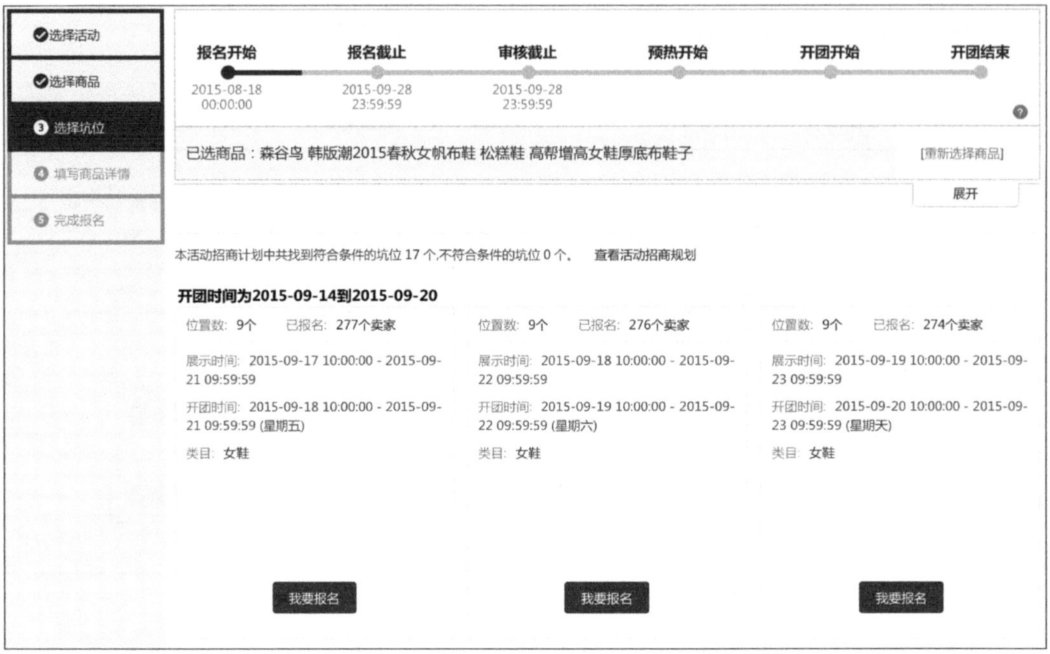

图 4-9

（5）按要求完成商品信息添加即可完成报名，补全商品信息，等待审核通知（如图 4-10、4-11 所示）。

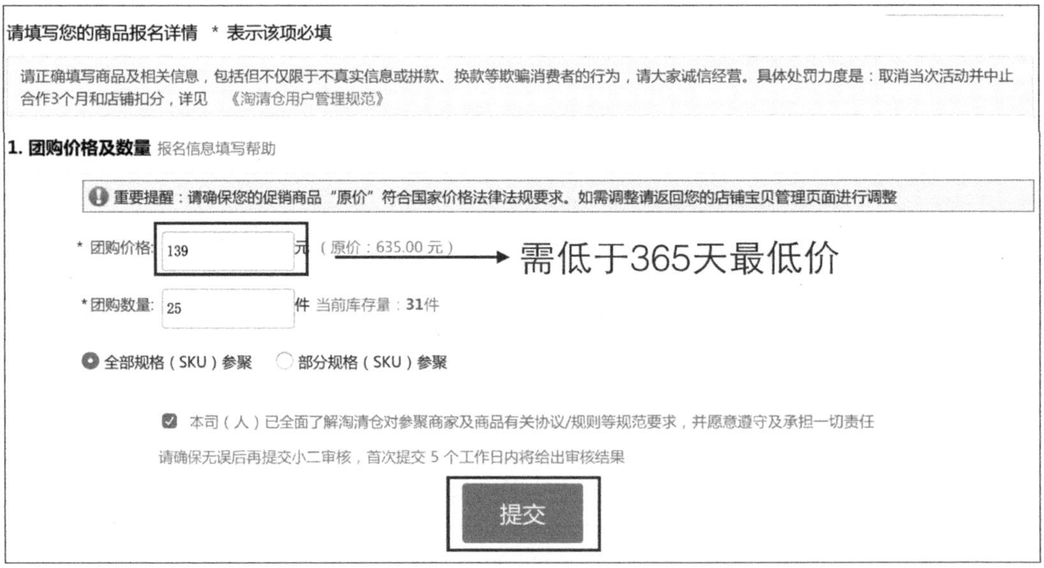

图 4-10

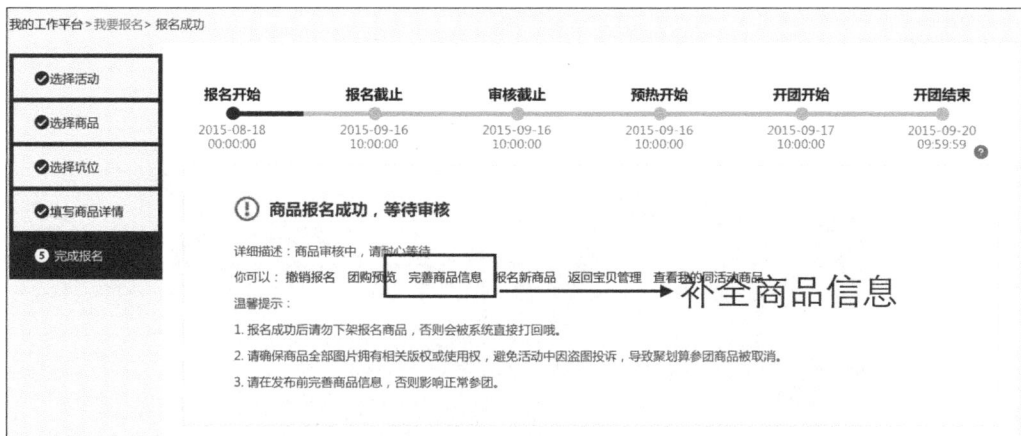

图 4-11

4.4 淘宝清仓活动须知

参加淘宝清仓活动需要注意以下几点：

（1）申报活动通过后，在活动上线前，系统还会再次对商家资质进行审查，包括信息设置、信用积分、店铺评分、虚拟交易、炒信、是否在全网的黑名单信息。因此，报名成功后，一定要继续优化店内商品，做好优质的服务，保证店内的相关信息均在活动要求的资质范畴内，尤其是店铺的动态评分，以免影响活动的正常上线。

（2）活动预热期间有关商品的一些信息将被锁定，无法更改，所以一定要提前设置好，如商品价格、库存、包邮状态、上架时间等。

（3）清仓活动将有 1 天的时间进行预告形式的预热。好货抄底清仓活动时间为 2 天、品牌清仓为 3 天，活动期间的优惠将在活动结束后自动取消。

（4）品牌清仓同一个店铺疲劳期为一个月 2 次。好货抄底清仓疲劳期为一个月 8 次（单个商品为一次）。

（5）活动期间，买家在拍下商品 30 分钟内没有成功付款的，系统将自动关闭交易。

（6）如商家在活动期间（包括预告期间），自行下架商品，将导致活动无法正常运行。或者商家商品出现违规或者被投诉，也将被取消活动资格。

淘宝清仓与其他淘宝活动一样，商家报名后需要对报名的商品进行优化，优化的方式与之前介绍的活动优化大体一致。唯一需要单独提及的一点是，淘宝清仓在商家成功通过审核后，在上活动之前，依然需要商家对店铺的相关信息进行优化，无论是店铺评分还是宝贝的详情页面。因为淘宝清仓活动在活动开始前依然会对商家的资质进行审核，审核期间如果商家有不满足的条件，活动依然会被终止。其他方面的相关优化，在此不加赘述。

第5章
推广应该有的放矢

学习推广，每个人都希望在很短的时间内便可以把推广学好做精。但如果你已经操盘推广一段时间了，再加上前几章的学习与应用，我相信你对推广已经有了一定的认识。这种认识会让你发现，推广的目的不在流量，而在成交，推广的成败不在技巧，而在精准。

推广是一门综合学问，所以对于学习推广的人，一样需要多方面的知识储备，仅仅只是学习推广的技巧，你无法在推广中做到游刃有余。所以学习推广，我们除了要学习基本的操作技巧，还要学习推广的通用心得。接下来，本章将着重介绍推广的必备心得。

5.1　推广的正确认知

先来读一个小故事：

"从前有座山，山上有座庙，庙里有两个和尚，一个是老方丈，每天都在读书念经，一个是小和尚，每天都在砍柴挑水。

有一天，小和尚耐不住寂寞了，跑去找方丈：'方丈、方丈，我想读书......'方丈看了看小和尚，什么也没有说，回到房间里搬了一块石头出来：'这样吧，今天你把这块石头拿到山下的市集上去卖。但是记住一点：无论别人出多少钱都不要卖！'

小和尚想不通：一块石头让我去卖，而且说，有人买还不给卖？可是，没有办法，小和尚只好拿着石头下山了。

在市集里，从清晨到下午，没有一个人来瞧这块石头。快日落的时候，有个妇女走了过来，看了看石头、看了看小和尚问：'小和尚，你这石头是卖的吗？'小和尚说：'是啊！'，'这样吧，我出五文钱买你这块石头。因为它的样子很别致，我想买回去给丈夫写字的时候压压纸，这样不容易被风吹走。'小和尚想，一块石头能卖五文钱啊！但是，方丈不准他卖啊！所以，小和尚只好说：'不卖、不卖！'

妇女急了：'我出六文钱！'

'不卖、不卖！'

妇女没有办法，只好摇摇头，走了。

傍晚的时候，小和尚带着石头回到山上。

方丈问：'怎么样？'

小和尚遗憾地说：'今天竟然有个妇女愿意出六文钱买这块石头。但是，你说不让我卖，我只好没卖！'

方丈问：'你明白了吗？'

小和尚奇怪地回答：'不明白啊？'

方丈笑了笑，什么也没说，搬着石头就走了。

小和尚没有办法，只好继续砍柴。

过了一个月，小和尚耐不住寂寞了，又来找方丈：'方丈、方丈，我不想砍柴，我想读书！'方丈看了看小和尚，还是什么也没说，回到房间里搬出那块石头。'这样吧，这次你把这块石头拿到山下的米铺老板那去卖，但是，还记住：无论他出多少钱都不要卖！'

小和尚想不通：还让我去卖啊，上次人家出六文钱都没卖！

但是，没有办法，方丈就是方丈啊。小和尚带着石头下山了。

小和尚来到米铺店，见到了米铺老板。

米铺老板听说小和尚是来卖石头的，拿着那块石头端详了半天说：'这样吧！我没有多少钱，我出500两银子买你这块石头！'

和尚吓了一大跳，一块石头值500两银子啊！

米铺老板解释：'你不要看它只是一块石头，其实，它是一块化石，我愿意出500两银子来买这块石头！'

小和尚连忙说：'不卖、不卖！'抱着这块石头赶忙回去找方丈。

见了方丈，小和尚说：'方丈、方丈，米铺老板说愿意出500两银子来买这块石头，说是一块化石！'

方丈问：'你明白了？'

小和尚回答：'不明白。'

方丈又是笑笑，什么也没说，把这块石头搬走了。

小和尚又没办法了，只好还去砍柴。

再过了一个月，小和尚实在受不了了，再去找方丈：'方丈、方丈，我想读书，我不想砍柴，也不想卖石头了！'方丈笑着看小和尚，还是什么也没说，回到房间里搬出那块石头：'这次呢，你还是去卖石头。不过，这次是卖给山下珠宝店的老板，还是记住：无论他出多少钱都不要卖！'

小和尚受不了了：'这么贵的一块化石，让我拿着去卖，还说人家出多少钱也不卖！'

可是，看着方丈严肃的样子，小和尚只好小心翼翼地带着石头下山了。

来的珠宝店门口，小和尚告诉门童，说有块石头带给老板看看。

珠宝店的老板正穿着裤衩睡午觉，听说一个小和尚带石头来卖，连忙跃起，只穿了个裤衩就奔了出来。老板看到小和尚后，连忙把石头拿过来端详半天，问小和尚：

'这块石头是你的吗？'

小和尚说：'是啊！'

'你是这个山上的小和尚吗？'

'是啊！'

'是老和尚让你来卖的吗？'

'是啊！'

珠宝店老板叹了口气，说：'这样吧，我也没有多少钱。我只有三家珠宝店、两家当铺和一些田产，我愿意拿我所有的财产来换这块石头！'

小和尚吓得'扑通'一声跌倒在地上'这么值钱啊！'

珠宝店老板解释：'你不要看它是一块普普通通的石头，其实，它只是外面包裹了一层石头的样子，里面是一块无价之宝的宝玉！就好像古代的和氏璧一样；在开采前只是外面包了一层石头而已。我愿意用我所有的财产来换这块石头！'

小和尚吓得连忙说：'不卖、不卖！'紧紧抱着石头连滚带爬地上山去找方丈。

'方丈、方丈，你怎么能把一块价值连城的宝玉随随便便让我带下山呢？珠宝店老板说他愿意出三家珠宝店、两家当铺和一些田产，就是他所有的财产来换这块石头。他说这里面是一块无价之宝！'

方丈问：'你明白了？'

小和尚回答：'不明白！'

方丈微笑地告诉小和尚：

'同样一块石头，在一个妇女的眼中，只是一块压压纸的石头，值六文钱；到了米铺老板那里，认识到它一些价值，知道它是一块化石，愿意出 500 两银子来买；而真正懂得它价值的只有珠宝店的老板，知道它只不过是外面包裹了一层石头的样子，里面是一块无价之宝的宝玉！'

这回，小和尚终于明白了方丈的意思，放弃了下山读书的想法。"

说到生意，我们就必须要承认，这个世界上任何行业都会有人赚钱也都会有人赔钱。因为既然是生意就一定会存在风险，所以，不会存在一定赚钱的生意。

大多数人认为要想赚钱就要先找到好的生意，事实上，决定赚钱还是赔钱的关键因素并不是生意本身。时代在变迁，市场经济下，靠运气去赚钱的生意将会越来越少，更多能够决定生意成败的关键在于"内容"和营销推广。

而将这些商品或"内容"推广出去的人就是你。你所操盘生意好坏的主宰者恰恰就是你自己。所以你对推广的理解就显得尤为重要了。

推广的好坏决定了生意的成败。

事实上，只要肯花钱，推广引流并不是问题，但那并不是最终目的，推广的最终目的是将正确的商品展现在正确的人面前，从而带来成交并为生意获利。

推广的定位就如故事中那块石头的定位一样，在不同人眼里，会有不同的认知价值。"不同的人"自然也包括你自己。而你的认知价值在某种程度上决定了你推广的成败。

只有你认为重要的事情你才会竭尽全力地去做。就如那名妇人，在她眼里，石头的价值只是用来压纸，所以她只愿意出六文钱换取这块石头。而在珠宝行老板的眼里，他的认知是，这块石头并不是普通的一块石头，而是一块裹着无价之宝的宝石，所以他愿意付出他的全部财产换取这块石头。

认知价值决定了重视程度，重视程度就决定了付出程度，而付出程度又决定了生意的发展程度。所以说，你的认知价值决定了你的推广成败。

正是这种重视程度，让我们的推广行为从最开始便变得有所不同。

除此之外，想要学好推广，你必须要坚信的是你在控制自己的流量，而不是靠运气或听天由命。如果你不相信这一点，那么你必定天生就相信你对自己的推广行为只有一点点或根本没有控制力。在这种意识下，你是无法学好推广的。你必须钻研进去，从失败中不断地总结和纪录，你才会有所收获。

除此之外，对于推广，不要盲目地只关注流量和流量成本，还要考虑转化，有转化的推广才是好推广。一定要记住，推广的目的是要让你操盘的生意赚钱，而不是炫耀流量的多少！

5.2 推广前应将商品知识储备充足

推广做到有的放矢才能赚钱，否则你只是一味地向乞丐推销保时捷汽车，即便你让全世界的乞丐都知道了你的商品，但依然会没有收获。即便你将推广成本降到了最低，即便你掌握了最好的推广技巧，即便你让最多的人知道了你的汽车，但你依然是失败的，因为，你没有为你操盘的生意带来更多的利润。

所以，推广要做到有的放矢。你必须要将你的商品放到它的正确客户面前。

如何去找到正确的客户？做到这一点，则需要你真真正正地了解你的商品，从而了解你的客户。

1. 你真正了解你的商品吗？

看到这个标题的时候，相信会有一些人拍着自己的胸脯说我对自己的商品很了解，但是我要告诉你，也许你并不了解。对于商品的了解不能仅仅局限在商品的属性、性能或者使用方法上面。我们更多的是要去学习商品的卖点。你要找到你的商品在同类商品中的卖点、你的优势。

农夫山泉，现在可谓是家喻户晓（如图5-1所示）。然而在农夫山泉推出时，饮用水市场已经被多家饮用水巨头所独揽。面对这样的问题，对于一个初出茅庐的商品来讲，要打开市场必然要面临一定的难度。

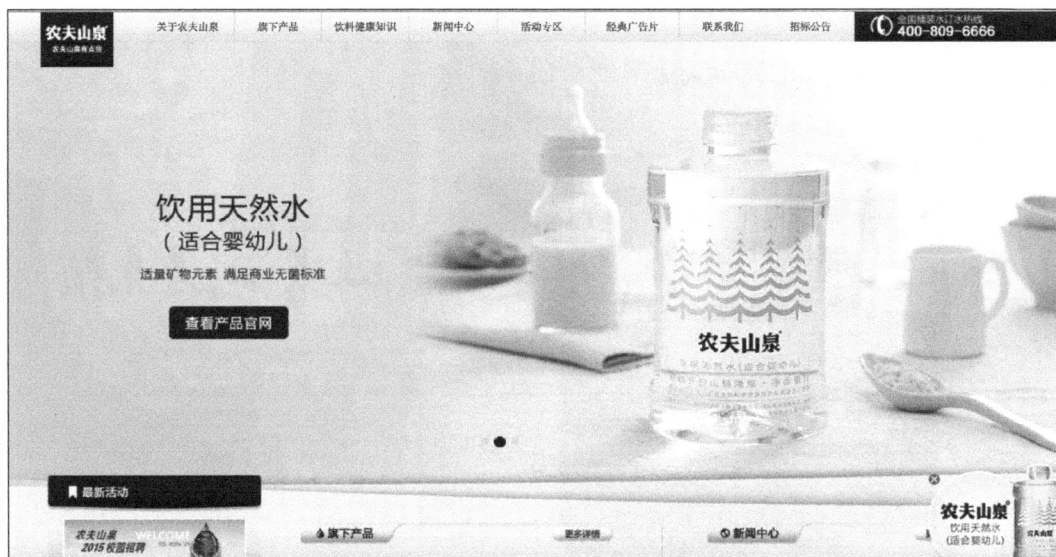

图 5-1

　　而农夫山泉采取的是利用实验，教育行销，扩大商品的卖点。2000 年 4 月农夫山泉推出全国小学生"争当小小科学家活动"，活动的内容是分别用纯净水和天然水养水仙花。

　　活动的目的很明显，是通过实验的结果来证实纯净水不利于人体健康，扩大自身天然水的卖点。农夫山泉在中央电视台播出了"水仙花生长对比实验"广告。实验的内容是将两组水仙花分别养在天然水和纯净水里。两杯水从外形看起来并无差别，但是在一周之后，两组花的结果却让人瞠目结舌。放在纯净水里的水仙花只生长了 1cm，而放在天然水里的水仙花却生长了 3cm。

　　就是这样的一个小小的实验，一个小小的广告，改变了一个行业结构，也拉开中国饮水市场的强烈战争，最终的结果相信大家都已经知道了。

　　农夫山泉，清晰地了解自己的卖点，利用这个，商家抓到了市场的切入口，从而一举占领市场，开始了自己的品牌之路。而这里的推广，不管投入多少都是值得的。正所谓一击即中。

　　再如御泥坊（如图 5-2 所示），一个百年品牌，是网络将其推向了大众，让其重振雄风。在网络运作中，御泥坊利用赠送 9000 份面膜的营销策略，采用"一分钱包邮，6 元钱包快递"的形式，迅速打开了网络市场。它不但在开店的 3 个月内获得了 104 万销售额的骄人业绩，同时还获得了客户的使用体验信息及信赖。

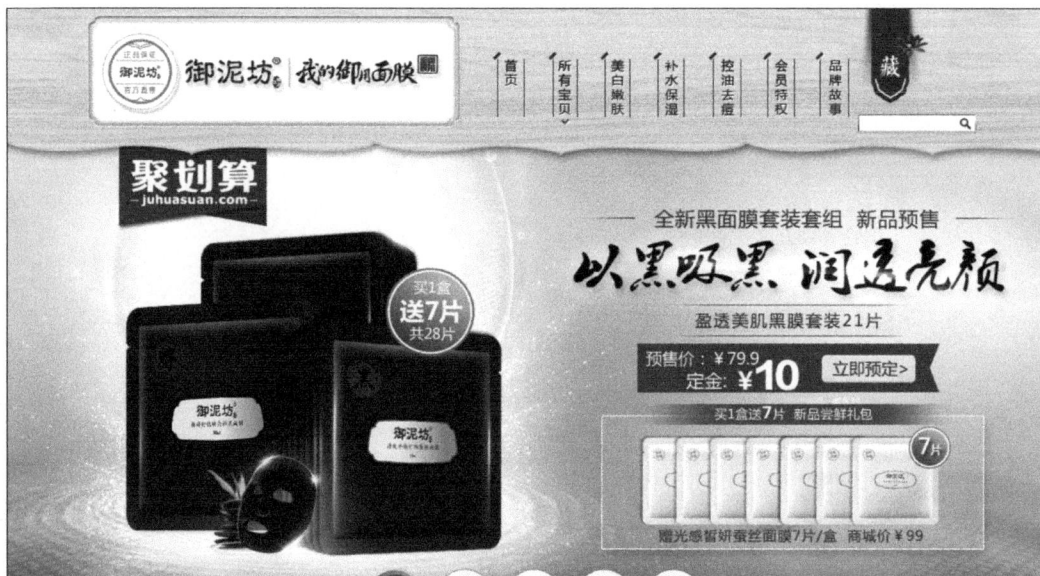

图 5-2

　　一个简单的营销策略带来了一份不俗的成绩，这也许是众多营销学家所做的评论。然而作为网商你要清楚，并非所有商品均适用于这种策略，御泥坊营销策略的成功与它的商品是密不可分的。如果不是对商品的足够信心，御泥坊也不会冒如此巨大的风险来进行赠送活动。

　　试问，今天你对你的商品有多少了解，你是否敢学习御泥坊来做一次大手笔的赠送？如果你不能确定，那么你就要对你的商品好好地研究学习，找到商品的卖点。

　　当然，我相信，无论是农夫山泉还是御泥坊，或者其他成功推广的商家，他们都不会是一次推广便达到最终的效果。他们在卖点的寻找上，也是付出了很多，经过多次的尝试才总结出了如今的切入点。

　　除此之外，如果你不了解自身的商品，那么在客户服务上面你也很难做到游刃有余。就如同我们经常在商场或超市购物，当售货员向我们推荐一款商品时，我们会问他："这款商品哪里好？"。想想他们的回答一般是什么？"这款卖得好"、"一分钱一分货"、"电视广告过"、"买的人多，大家都说不错"。这些都是我们常常听到的回答，回忆当时你的感受是什么？如果是我，我不会认同他的这些理由，因为他最终仍没有告诉我这款商品比其他同类商品哪里好，所以我一般不会去购买，除非我认为有必要。

　　如果你还不知道该如何去了解你的商品，那么以下几条建议，可供你来参考。

　　（1）从相关专业网站去了解商品

　　互联网（如图 5-3 所示）可谓是无所不知，通过互联网，你几乎可以了解到你所有想要了解的知识。我们可以通过百度、谷歌等搜索引擎去搜索与你商品相关的内容，对自己商品做到心中有数。同时，在淘宝的社区也有着各种行业商品的相关知识，你也可以多到社区中去了解相关商品知识。

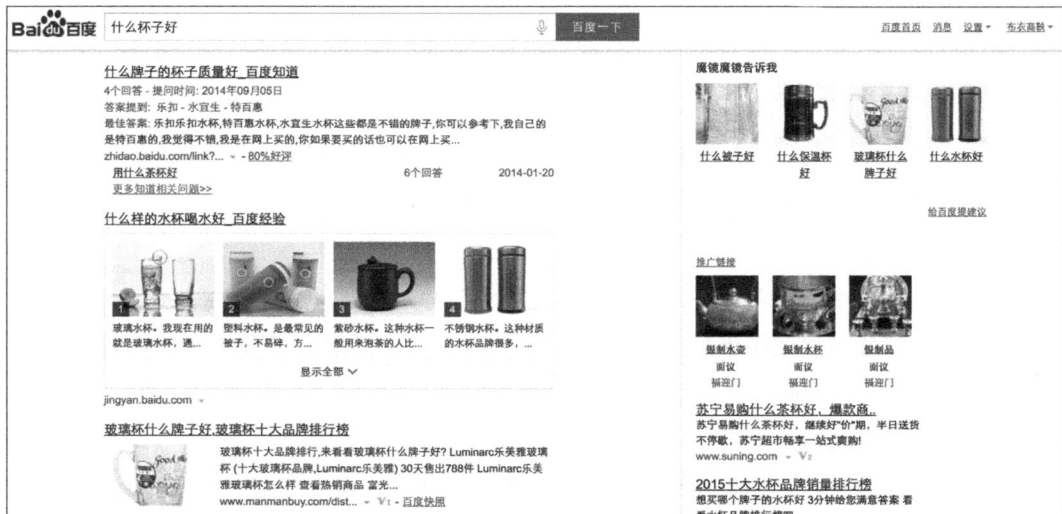

图 5-3

（2）相关书籍、刊物、杂志等

了解自己的商品，更要了解自己行业的相关动态。通过刊物、杂志等（如图 5-4 所示）去关注自己行业的动态，从而了解自己的商品。书籍一般为知识的集中体，选择好的书籍，可以让我们快速地深入了解我们的商品。

图 5-4

（3）向行业资深人士请教

无论是书本还是网络，对于商品的了解大多为书面了解，知识都是死的。如果想要对商品知识做到全面熟知和贯通，那么咨询资深人士则是一个非常好的途径。如果你身边有行业的专家，那么你就一定要虚心请教，多多咨询。得到他们的指点会让你对商品的认知达到一个更高阶段。

（4）参观商品生产企业

对于商品，没有什么人会比它的创造者更了解它了。多去企业参观商品的制作研发过程，有助于加深我们对商品的熟知及热爱。这种知识的获取就不仅仅局限在商品知识上了，更是一种文化及情感的建立，这种情感的建立将会传递给我们的顾客，让我们的商品深入人心。

（5）自用商品

己所不欲勿施于人，自己不喜欢的东西不要强加给别人。如果要了解我们的商品，相信没有什么办法比自己使用来得更加直接了。我们要认真去使用我们的每一款商品，体会商品的优缺点，体会商品为我们所创造的价值。

（6）客户调研回馈

很多人忽略这一点，如果你只是一心一意销售商品，从来不去调查客户的使用回馈。那么读到这里，你要做的事情就是停下手中的一切工作，开始收集顾客的回馈信息吧。很多网商都在抱怨顾客少、业绩低，开发一个新顾客的成本要远远高于维系一个老顾客。老顾客给我们带来的收益会非常高，同时，顾客为我们提供的回馈信息，是我们所有知识当中最有价值的部分。

如果你想要做到有的放矢，你想要制订成功的推广策略，你想要了解和改进你的商品，那么从现在开始，寻找办法鼓励和收集顾客的回馈信息吧。这些信息将成为你建设企业的生命线，这些信息就如同血液般为你注入新的生命、新的力量。

2. 你应该了解你的商品的哪些信息

对于一个商品我们至少需要了解以下内容：

（1）商品特性

商品特性主要包括：

① 商品名称。

② 商品的功能。

③ 商品的科技含量及所采用的技术特征等。

④ 商品的日常保养及运输方式。

⑤ 商品的系列型号。

商品的物理特性包括：材料、质地、规格、美感、颜色和包装等。

不同的商品有不同的特质，以上不能代表全部商品，你要根据你的商品特点去了解你的商品的特性。

（2）商品的价格及性价比

了解商品的价格，你不仅仅要了解你的商品的成本，还要去了解同行业中其他销售商品的价格，也就是掌握你商品的市面价格，以方便你的商品日后的价格定位及营销策略的选择。

（3）商品的品牌

有些同类商品拥有多种品牌，不同的品牌顾客的认知度也不同。了解市场上同类商品的品牌是非常有必要的，你需要做到掌握各种品牌的优缺点，找到高评价品牌的优势在哪里，然后可以选择代理其品牌或者改进自己现有品牌，通过对比找到自己商品的特点。

（4）商品的热销及滞销周期

一般商品都有热销及滞销季节，掌握你自己商品的季节性或者周期性，提前制订应对策略。

（5）商品的发展趋势

任何商品都有其发展趋势，区别只在于有的商品变化快，有的商品变化慢。你需要掌握你商品的变化趋势，这里包括更新换代，包括价格走向，包括前景变化。这些走向都是你所要了解的重点。你需要在市场变化前做出变化。正所谓先知先觉在赚钱，后知后觉在牺牲。所以你要时刻关注商品变化，从而做到有备无患。掌握先机，就会让你抢占市场。

（6）找到商品的卖点

任何商品都有其卖点，商品的卖点也将成为你未来店铺经营的重要竞争力。想要掌握商品的卖点，你就要先做好上面的 5 点，找到竞争对手的商品卖点，之后经过总结对比，站在顾客的角度去考虑商品的价值，从而明确商品的卖点。

（7）找到商品的潜在价值

任何商品都是为了方便我们去解决一些问题。你要明确你的商品究竟可以解决什么问题。对于你商品的购买者，你的商品是否可以帮助他们解决问题。如果说你对商品的了解只停留在表面，那么你永远不会热爱你的商品，对商品也不会有足够的自信，更不会富有激情地将其推广出去。

（8）明确商品的顾客群

你必须清楚地了解到一点，那就是并非所有的人都需要你的商品。就如同你想要将一把梳子卖给和尚一样。当然，会有很多推销高手告诉你梳子是可以卖给和尚的。然而，试想同样的一个小时，你把梳子卖给和尚多还是卖给有需要的人多？答案是肯定的。所以作为推广专员，你要明确一点，那就是用最少的时间创造最大的价值。

（9）了解网购市场中商品的动态

我们的商品最终是要拿到网络市场中来销售。虽然线上和线下销售有很多的共同点，但是它们也有很大的区别。所以当你了解完你的商品之后一定不能忘记考察网络市场，了解当前在网购环境中你的商品处于什么样的趋势，竞争状况如何，价格走向如何。这些都需要你在将你的商品推向网络之前要去了解的。要将线下与线上完美的结合，将必要的方法及手段进行合理的转化，为你争夺网络市场做足准备。

明确你的商品的客户群，针对这一类人来制订你的营销策略。将你的商品能给顾客带来的利益最大化，让你的商品为顾客提供真正的便利。只有真正站在顾客角度，帮顾客解决问题的商品才有可能长久持续地发展下去。

只有你完全了解你的商品，你才可能为顾客去解决问题，当你真正为顾客解决问题从而提供便利后，你便会发现，从商品身上你会获得一种成就感，这种成就感就会让你爱上你的商品。当你爱上你的商品，满怀激情地向别人介绍你的商品的时候，你的销售将会变得更加简单，你所做的事情也将会变得非常有意义。此时，金钱就已经成为了附加价值，而真正让你开心的是你个人价值的体现。

5.3 推广市场的定位

在推广营销中，你需要找出你所需争取的细分市场。一般来讲，网络市场的定位需要以下步骤完成。

1．分析目前网络市场，找出你的竞争优势

你要关注你的同行在目前的网络市场中是什么样的发展趋势。通过多种渠道的研究确定你的商品有什么是区别于你跟竞争对手的优势。目前市场份额的分布情况如何，你的突破口在哪里，你可以通过什么方式抢占市场份额。

将竞争对手的商品与你的商品进行对比，找到彼此的优缺点。之后，在网上搜索相关商品，查看目前市场上有多少同类商品在销售，价格情况如何。谁家的份额比较大，他的优势是什么。一定不要忽略顾客的评价。在网上调查我们还有个好处，就是可以看到顾客对商品及商家的评价。这些评价，可以让我们拿到最一手的数据，从这些评价中我们可以发现什么是让顾客满意的，什么是让顾客不满的，同时也可以找出顾客的需求。

分析网络市场的方法和途径有很多，你可以找到适合你自己的。但一般来讲，你首先可以考虑到竞争对手那里去购物，因为很多东西只看是不会有所收获的。你要到对方的店铺里去消费，作为一名消费者，感受他的店铺装修，感受他的售后服务，同时购买他的商品。在收到商品之后，你可以研究下他的商品包装，以及包装内有何宣传途径。之后则是去考察他的售后服务。通过一次消费充分了解竞争对手的服务流程。

2. 选择合理的市场定位策略

根据你的实际情况选择适合自己的市场定位策略。

（1）差异化定位

将自己与其他强大的同行区分开来，不与其针锋相对。力求稳定发展，打好良好基础。例如，在网络服装行业有着多家巨头，他们瓜分着大片的市场。但是不管哪家巨头，他们都是有着一定顾客群体的。很难做到将所有消费者作为自己的目标客户群。有的人喜欢高端的服饰，而有的人则喜欢低端价优的服饰。有的人喜欢穿大牌，而有的人则喜欢外贸商品。你要做的事情则是将你的商品与你强大竞争对手的商品区分看来，从他的非目标客户群体入手。

（2）强势定位

即与差异化定位相反，与自己同业的巨头一较高下。同行降价，你也降价，他们搞秒杀，你也搞秒杀，摆开阵势针锋相对，争夺市场。当然采取这种策略需要你有强大的实力，如果你没有强大的实力建议你慎重行事。

（3）标新定位

这种定位方式为寻找目前市场上的空白，打开新的市场。这种定位要求商品具有一定的独特性。如果你拥有这方面的优势，那么这种定位将是你最佳的选择。例如，网络市场中的一些新奇商品。如果你选择了这种定位，那么就要准备做好教育行销，做好专业展示，因为你的商品新奇，你就要高举新奇大旗，同时要让消费者知道，你的商品究竟新奇在哪里，究竟可以为他们带来什么便利及好处。

3. 重新分析市场，进行再次定位

当你选择完市场定位后，你要根据市场的变化，以及你生意的运作做出及时的调整，如果发现之前的市场定位有问题，那么你就要做出改变。根据一段时间的观察和实践，重新审视自己的商品及市场，做出重新定位，重复这个过程直到定位成功。如果经过一段时间你发现你的定位并没有问题，那么你就要在原有的基础上完善你的定位，进一步巩固你的市场地位。

5.4　推广商品的定位

市场定位结束后，你需要根据市场的需求，来给自己的商品定位。让商品适合市场，商品营销策略的制订也要围绕着市场的需求来做。商品的定位策略有很多种，你要根据你

的市场定位来选择，让商品定位及市场定位相辅相成，有利的结合可以让你的营销变得得心应手。以下介绍一些商品定位的参考。

1. 品牌定位

这种定位方式，需要你的商品具有一定的品牌优势。一般分为两种方式，一种是为我们的品牌找出一定的优势，从而定位，并不断地加强这种品牌优势在目标顾客群体心中的影响。比如"要夹克，先达客"，这便是一种品牌定位，当你看到这条宣传语的时候，你会想到什么？达客是销售夹克的。当别人听到达客品牌的时候，就会想到他的商品夹克。这便是一种出色的品牌的定位。

另外一种品牌定位方式则是寻找目前市场上的空白，寻找顾客需要但未被开发的市场。如果你的商品目前在市场上没有类似的品牌，那么你便可以通过这种定位方式打开你的品牌市场。比如自然美人，它发现顾客非常重视并且需要纯天然护肤品，然而网络上却没有类似商品及品牌。那么，它将自己的品牌定位为纯天然的护肤品。它高举纯天然的大旗，告诉顾客我的商品与市面上的商品不同，是纯天然商品。再结合一些策略，从而迅速地打开了网络市场。

2. 个性定位

这种定位方式一般应用于风格迥异的商品。选择个性，同时通过个性切入市场。这种"个性"可以是方方面面的，从商品包装到商品风格再到商品功能，都可以定位出其个性。在淘宝有着各种各样的服饰店铺街，如都市生活馆、商务绅士馆等，店铺街的划分本身就是一种风格的划分，一种个性的划分。你完全可以作为参照，来划分自己的商品。除此之外，你可以多到线下走走，去了解线下同类商品的划分。

3. 价格定位

价格定位不是简单地为自己的商品定价，价格定位是要为你的商品订下消费群体。任何商品都有其固定的客户群，最初淘宝网的消费群体的需求多为购买更优惠的商品。如果在那时进入市场，那么你的策略就需要围绕低价进行。

如今随着网购市场的成熟，消费者需求的变化，如今在淘宝的客户群体已经是多层次的了。有追求便宜的低端消费者，更有购买钻石、汽车等商品的高端顾客群体。那么你的价格定位，就要考虑到如何去获得你的客户群体的青睐。你要考虑到你的商品的性价比，以及你所能提供的服务及附加价值。

所以在价格定位上，你要明确你的商品属于低端商品还是中、高端商品。你需要做一个全面的调查研究，多多浏览淘宝、易趣、拍拍等主要网购平台。考察同类商品的定价，考察顾客心理，在获得相关数据的基础之上，为自己的商品做出合理定位。

需要说明的是，价格定位，并非价格越低越好，你可以考虑合理的价格定位，利用价格将自己跟其他竞争对手区分开。不过，前提是你要保证你的商品确实有一定的优势，或者你能提供同等的服务或附加价值，否则切勿尝试虚假销售，得不偿失。

4. 对比定位

这种定位方式需要你先确定你的竞争对手。通过与竞争对手的对比，找出你自己的不同点。从而将你的优点最大化。需要说明的是，对比定位法并不是让你攻击你的竞争对手，而是要找到你的长处，找到竞争对手无法为消费者解决而你可也解决的问题。通过对比，将你的优势突显出来。

5. 功能定位

最常见的功能定位一般都在电子市场及保健品等市场，按照商品的功能进行划分和定位。这类定位是比较常见的，还有一类功能定位是按消费者使用的功能来划分的，比如鲜花、礼品等。虽然这些商品本身也会有一些功能，然而，对于消费者来讲它们的最大作用一般都在节假日。它们是一种情感的象征，它的作用就是赠送，传递情感。

6. 差异定位

这种定位方法受很多开辟市场的商家所喜爱。它的出发点是将自己和其他商家区分开，将自己的商品跟其他商品区分开。很多网商都在采用这种定位方法，就自己的商品赋予另外一种含义，另外一种身份。例如，劳力士手表，我们都知道它的价值不菲，但是如果仅从商品价值本身来讲，它并不值那么多。但是劳力士始终在强调，它不仅仅是一块手表，它更是一种身份的象征。利用这种定位，劳力士很快将自己与市面上的其他手表区分开。

在网上我们经常会看到很多减肥商品打出自己的口号，他们一直在强调，我们销售的不是减肥商品而是一种美丽。通过这种定位，他们很快激发消费者内心的需求，从而让消费者产生购买行为。

商品定位的方法有很多，不仅仅局限在本书所列举的这几种定位，你还可以去找到其他适合你的定位方式。但是无论你采用哪种定位方式，你都需要结合自己的实际情况，切勿激进和勉强行事。虽然很多人告诉你网络市场成本低廉，但是那也不代表是每个人都输得起，这种成本低廉的说法也是有一定参照物的。

在你定位之前你要明确你的目标、你的市场，之后你才可以做出正确的商品定位策略，一定不要越级行动，使商品与市场脱节。当你做好商品定位后，也要在日后的网店经营过程中实践考核，如果发现定位与实际有出处，那么你要回过头来寻找问题，查找错误环节，如果市场定位有问题，那么重新定位市场，如果商品定位有问题，那么重新定位商品，直到合理定位为止。

7. 策略定位

明确了市场及商品定位，接下来你就要准备策略定位了。一个好的策略可以让你突飞猛进，一个错误的策略也会让你寸步难行。所以合理的策略定位决定着你网店生意的整体发展。

策略定位也有很多种，但你首先需要明确的是你的店铺定位。店铺定位清晰，才能充分地展现你的优势，你才能发挥合理的营销策略。店铺定位，更确切地说是一种优势的呐喊。通过店铺的定位，展现你的优势，又通过这种优势让你的店铺深入人心。你要根据你的市场及商品选择合理的店铺定位。

（1）以专业优势定位店铺

以优质专业的服务为出击点进行定位，通过自己的专业和耐心来留住顾客。我们可以用店铺的自定义页面及个人空间充分展示自己的专业水平。

（2）以价格优势定位店铺

以价格为出击点进行定位，靠价格来打动、吸引顾客。一方面，我们可以搞平价店，就是店内所有商品都是特价；另一方面，我们可以用低价拉动高价。

（3）以情感优势定位店铺

以情感为出击点进行定位，挖掘顾客的情感需求，从而激起顾客的需求。简单地说就是和商品谈恋爱。

（4）以附加值优势定位店铺

通过提供商品以外的服务来打动顾客的定位。我们可以通过两种途径来提高商品的附加值，一是提供服务或附加商品来提高商品的价值，二是通过强调品牌服务来提高商品的价值。

（5）以特色优势定位店铺

寻找出商品的特色作为出击点进行定位，激起顾客的购买兴趣。

5.5 推广要"量力而行"

推广商品，你要注意凡事要量力而行，切勿过激。相信学习了这么久，你对自己的推广也做到会心中有数。你有了自己的规划，有了自己的蓝图，你已经做好了各种定位。可能此时的你正激情满怀，充满斗志。但是，你仍然需要冷静下来，认真考量自己的实力、公司所能承载的推广成本。

一位武术大师隐居于山林中。人们千里迢迢来跟他学武。

人们到达深山的时候，发现大师正从山谷里挑水。他挑得不多，两只木桶里水都没有装满。

人们不解地问："大师，这是什么道理？"

大师说："挑水之道并不在于挑多，而在于挑得够用。一味贪多，适得其反。"

众人越发不解。

大师笑道："你们看这个桶。"

众人看去，桶里画了一条线。大师说："这条线是底线，水绝对不能超过这条线，否则就超过了自己的能力和需要。开始还需要画一条线，挑的次数多了以后就不用看那条线了，凭感觉就知道是多是少。这条线可以提醒我们，凡事要尽力而为，也要量力而行。"

众人又问："那么底线应该定多低呢？"

大师说："一般来说，越低越好，因为低的目标容易实现，人的勇气不容易受到挫伤，相反会培养起更大的兴趣和热情。长此以往，循序渐进，自然会挑得更多、挑得更稳。"

虽然我们在制订和规划自己的生意时鼓励要"取法乎上"，但一定不要太脱离自己的实际情况。在网店生意经营中循序渐进，才能避免许多无谓的挫折。

很多推广专员都在抱怨这抱怨那，当然这种心情是可以理解的。但是试想为什么会有如此大的抱怨之声，归根结底是因为期望值过高，无法实现而致。

虽然失败是成功之母，但是过多的失败会磨灭一个人斗志，会让一个人怀疑自己的能力，从而不去行动，停滞不前。

所以进行推广前，切勿好高骛远，上来就把自己的推广目标订得非常宏大，更不要相信那些宣传短时间内获得大量回报的信息。并非这些信息不够真实，而是这些信息并不是表面看起来那么简单。

如果你现在推广地是一个不被大众所熟知的品牌，即便你的推广技巧多么精湛，无论你如何努力，推广所能达到的效果，也未必及一个一线品牌推广的一半。原因不说自明。很多事情不能单一地看，要从全局去思考。

公司所能承载的推广流动资金也决定着你推广工具的选择，以及推广目标的制订。根据自己的资金来选择适合的推广工具，以免导致资金断裂而给自己带来不必要的麻烦。如果你是在为别人打工，那就更要将资金好好规划，量力而行。

第6章

商品优化

商品优化，不是推广所必须，但却是转化所必须。也许你可以用钱买来流量，但是如果你想要成交，则必须依靠商品自身的吸引力来完成。如果你没有足够的推广资金，那么你更需要做好商品优化，做到最大限度转化。

商品的主图、标题就相当于你店铺的入口，只有你的入口足够吸引人，才会有人进入到你的店铺。商品描述就如同你的销售员，如果你的"销售员"不够"优秀"，那么即使许多人进到你的店铺，你依然无所收获。

网上销售跟网下销售，虽然在很多方面是相通的，但是仍然还有很多不同的地方。网下我们可以让顾客直接看到实物，同时给顾客详细讲解商品的性能和质量。而在网上这些手段我们就很难运用了。

6.1　商品图片

换位思考，如果你在网上购物，你会如何选择你想要的商品？首先吸引你的会是什么？图片、广告图片及商品图片（如图 6-1 所示）。

图 6-1

1. 图片是顾客对商品的第一印象

这就相当于我们平时去商场购物时看到的橱窗模特或商品一样。回想一下，你曾经是如何被橱窗中的商品吸引进店的。

一张好的图片可以让你的商品在众多商品中脱颖而出。增加商品的点击率就等同于增加销量。

2. 图片影响顾客的购买决策

前面我说过，一张好的图片，可以吸引顾客进到店铺。我们还是回想一下自己曾经在实体店购物的习惯。如果你被一个商品吸引进去后，你接下来要干什么？是不是在进店后还要认真地看商品的全貌（如图 6-2 所示），首先来确定商品是否是你想要的。如果是，你再去看质量或者其他的。如果商品的样式你都不喜欢，那么你将不会进行下一步，更不会选择购买。

图 6-2

相对而言，网店也是如此。只有顾客进到商品页面，才会有下一步的进行。

而进到商品页面之后，下一步则是认真地观察商品的全貌。如何观察？还是用图片（如图 6-3 所示）！

在网上，我们的商品全貌需要用图片来展示，如果你的商品图片存在问题，那么顾客的购买欲望将会大大降低。

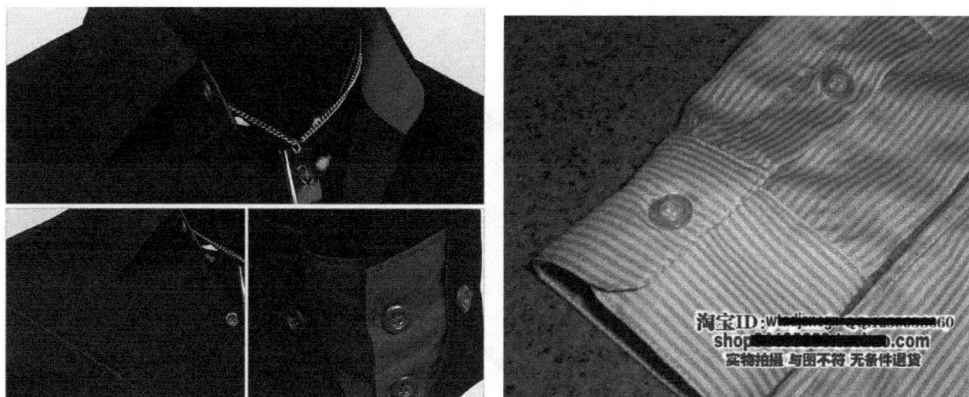

图 6-3

3. 图片可以体现你的服务态度

继续回想线下购物，如果你来到一家店铺，看到的是商品乱放，甚至有的商品上全是灰尘。你的第一反应是什么？这家店铺没人搭理，这家店铺是不是要倒闭！

如果你要买的商品售后服务很重要，你敢买吗？即便这样的店铺或许会有一定的价格优势，但是如果它倒闭了，售后找谁去？如果不是要倒闭，商品打理成这样，可见卖家的态度并不认真，那么他如何能够保证提供给你满意的服务呢？

网上体现我们服务态度的地方比较多，图片也是其中之一。当然在网上顾客看不到我们商品上的灰尘。但是如果你的图片照得很昏暗，或者商品的造型很差，又或者背景布脏乱、褶皱，这些与我们在实体店看到有灰尘的商品效果相同。同样也会让买家联想出你的专业度及服务态度（如图 6-4 所示的巧克力）。

图 6-4

4．图片可以帮助你推广活动或品牌

好的商品图片本身就是广告。如果你在商品图片里适当地加些促销信息（如图 6-5 所示），可以起到以点带面的效果（注意商城商品的图片规范）。但是需要注意的是，不要一味地添加促销信息，要适当，根据实际情况来添加。不是所有的商品都要添加的促销信息，还要遵守平台规则，否则会适得其反。

图 6-5

一般商品图片大致可以分为：商品主图、商品促销图、商品细节图。

商品主图尽量为正方形。现在淘宝网的主图局部放大功能，即当买家将鼠标光标移动到你的商品图片的时候，局部就会自动放大观看（如图 6-6 所示）。但这个功能要求你上传的商品图片必须大于 800×800 px 才可以。

商品主图是我们吸引顾客的主要图片，所以你要尝试将它缩小到各种尺寸来查看（如图 6-7 所示），你要尝试让你的商品主图不管在何种大小的情况下都依然魅力无穷。

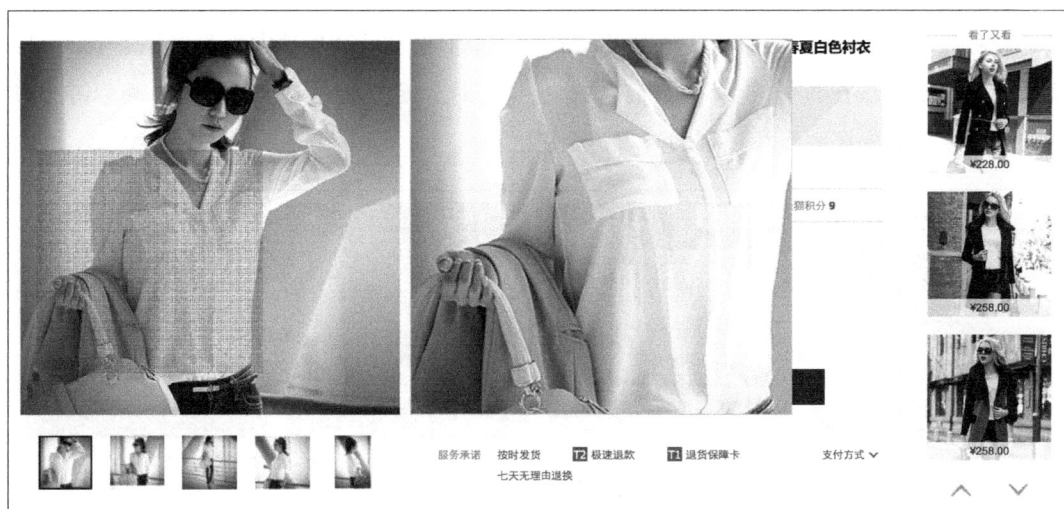

图 6-6

图 6-7

商品促销图（如图 6-8 所示）一般指用在促销页面的图片，当然它也可以是主图。一般商品图片主要出现在我们的活动或推广中。促销图片一定要有足够的冲击力，可以冲击顾客的眼球，引起顾客观看和了解的兴趣。

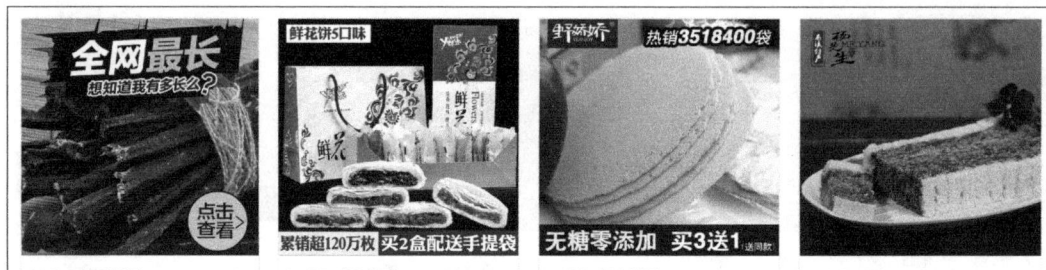

图 6-8

同时可以在商品促销图片上添加一些促销信息，如包邮、特价字样等。不过还是那句话，要根据具体情况分析，如果你的促销图片展示需要很小的尺寸，那么你加的这些信息顾客不但看不到，还很有可能让顾客觉得图片很乱，很难分辨商品信息（如图 6-9 所示）。

图 6-9

商品细节图片是商品的细节描写。顾客无法看到和摸到商品，对于商品的细节就要从细节图片里来了解。更多的时候，主图和促销图是吸引顾客进店的关键，而在决定顾客购买方面，细节图就具有着很大的作用了（如图 6-10 所示）。

图 6-10

细节图是否全面还关系到顾客对商品的认知。好的细节图可以减少一些顾客错误认知的交易纠纷。因为在网上，顾客只能通过图片来判断商品，这时顾客必然会添加些个人的想象，如商品的大小、摸起来的感觉等，下面就需要我们做些必要的说明和细节图的展示来还原商品的真实面貌。

总结，商品图片的改进建议：

（1）图片要清晰，突出主体。

（2）能最大限度地还原商品的原貌。

（3）在展示商品的同时，与店铺及商品的整体风格吻合，展现整体性、完整性。

（4）能全面地从正面或侧面来展现商品的相应功能及效果。

（5）能突出商品的局部特性，同时能突出商品的最大卖点。

（6）能够真实全面地展示商品的品质，从而引起买家的共鸣，起到引导买家购买的作用。

6.2　商品标题

商品标题与商品图片相辅相成。顾客需要通过商品标题搜索商品，继而看到商品图片。同时顾客也可以通过商品图片看到商品，从而看到商品标题。一个好的商品，在有好的商品图片的同时还要有优秀的商品标题。商品图片可以抓住顾客的眼球，商品标题可以激起买家的购买欲望。

商品标题对我们的整体销售起着至关重要的作用。所以我们的第二步改进计划则是优化商品标题。

1. 商品标题要方便顾客快速找到商品，多加热门关键词

在网上购物，顾客需要通过特定的词汇才能看到商品，这也就是我们常说的关键词。比如我们要购买一款三星手机，除了繁琐的类目筛选外，更快的方法就是通过搜索"三星手机"来找到我们需要的商品（如图 6-11 所示）。

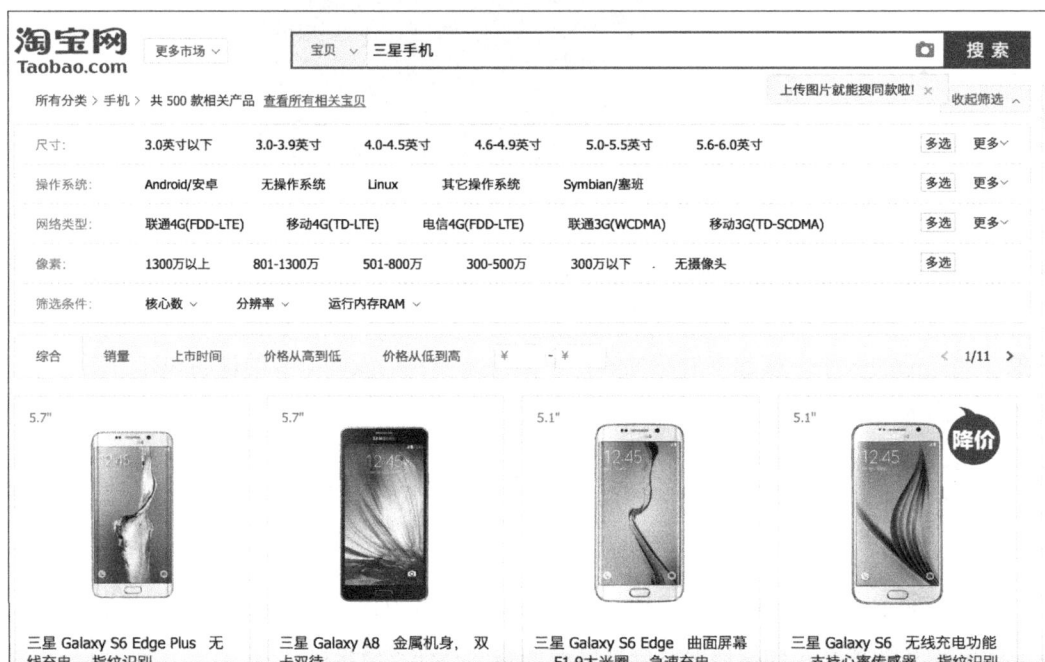

图 6-11

所以，商品标题的一个很大的作用就是方便顾客找到我们的商品。那么我们在设置商品标题的时候，就要尽可能地设置关键词。我们还是要站在顾客的角度去思考，如果要找我们的商品，顾客一般会用到什么关键词，然后将这些词尽可能多地添加到我们的标题中。淘宝每个宝贝标题限制在 30 个字以内。

热门关键词的寻找，你可以通过"淘宝首页"或者"宝贝排行"等渠道寻找，也可以参照直通车章节的选词部分。

2. 在商品标题中可以添加店铺名称或名牌名称

想想我们经常看到的一些广告，比如麦当劳的广告。其实对于麦当劳来讲，它不做广

告我们依然知道。当然有些广告是为了推广它的新品，但是麦当劳大多数广告的真正目的是暗示消费者。暗示什么呢？告诉消费者还有麦当劳，它的最终目的就是加深消费者对它的认知，在心中牢记。当消费者想吃汉堡的时候，他的潜意识就会自动发出麦当劳的声音，暗示消费者去麦当劳吃。

我们在商品标题中加入店铺或品牌信息的目的也是如此（如图 6-12 所示），为消费者加深印象，让当消费者想要购买类似商品的时候，可以第一反应就是我们的商品。

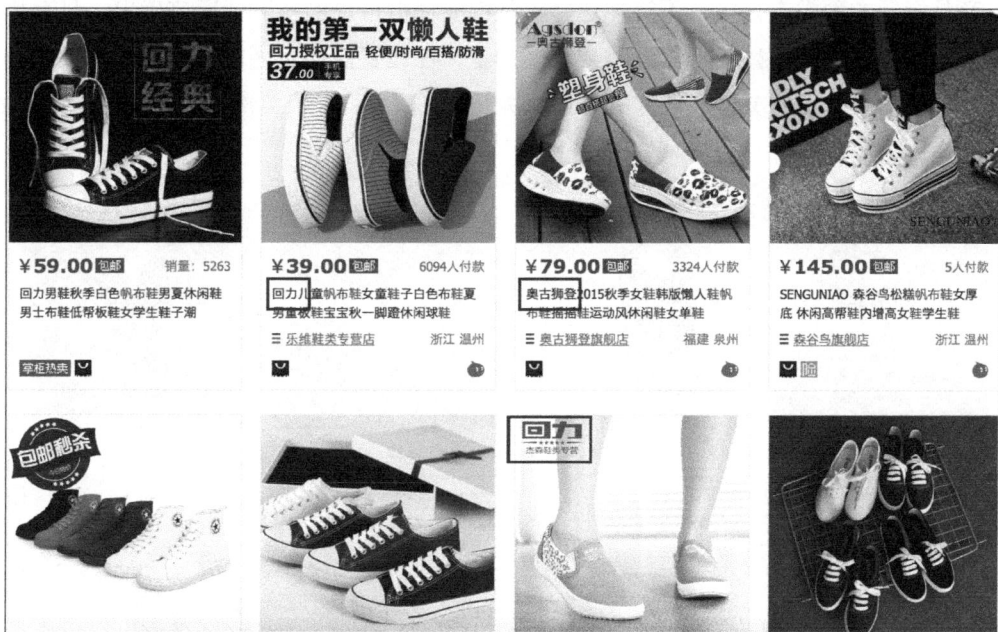

图 6-12

3. 可以利用商品标题传达一些促销信息

可以在商品标题上添加一些促销信息，如"包邮"、"买一赠一"、"打折促销"等。通过这些信息吸引顾客进入商品页面。这些信息可以加到商品标题最醒目的地方，就是商品标题的最前面（注意商城的商品标题规范且不要在商品标题中加入新广告法所禁止的一些词汇）。

4. 利用商品标题传达商品的卖点或者店铺的优势

可以说，整个商品的销售过程，就是我们展现商品及自身卖点的过程。我们可以利用商品标题将我们的商品卖点或者店铺亮点呐喊出来（如图 6-13 所示）。

给大家一些商品标题组合方式以供参考：

- 品牌、型号 ＋ 商品关键字。
- 促销、特性、形容词 ＋ 商品关键字。
- 地域特点 ＋ 品牌 ＋ 商品关键字。
- 店铺名称 ＋品牌、型号 ＋ 商品关键字。
- 品牌 ＋ 信用级别、好评率 ＋ 商品关键字。
- 演变出更多的组合方式。

商品标题的种类有很多，不管你选择哪种都要根据自己的实际情况来确定，只有找到适合自己的形式才是最好的形式。需要说明的是，在设置商品标题时不可以乱用关键词，比如"淘宝第一"或者卖的是手机却用"电脑"关键词等。乱用关键词是违反淘宝规则的，会受到相应的处罚。

图 6-13

商品标题的应用也不要拘泥于以上形式。例如有些店铺有一定的流量，他们会拿出一两款宝贝用来店内推广，在商品标题方面他会做一些相应的创意，从而增加顾客的转化率。例如"不要点，点了你会后悔的"。但是需要注意的是，要做这种形式的商品标题需要有一定的基础客源，同时要根据你自身的情况来定，并不是所有商品都是适合这种形式的。

6.3　商品描述

商品描述即宝贝描述，它就相当于我们店铺中的销售员，对于顾客的购买决定起着至关重要的作用，是商品图片及商品标题的延伸和补充。它在整个宝贝页面当中占据最大的篇幅。

　　针对商品描述，我们需要做到以下几点。

1. 对商品描述要进行合理的包装

　　商品描述需要我们进行合理的包装。这个道理就如同我们在线下进入一家店铺，店铺的销售员穿着很差，身上的白衬衫很脏，下身穿的西裤却配上了旅游鞋，如同没有搭配的描述一般（如图 6-14 所示）。看到这样的销售员，你会发现不管他讲得多么兴奋，讲解的商品多么得认真全面，你也会对这个商品的认知大打折扣。

图 6-14

　　如果你明白这个道理，那么你就要把你的商品的描述好好包装一下，去做个模板。这个模板不需要太复杂，但是要符合你的店铺及商品的风格，同时方便你能很好地展示你的商品及其他想要展示的信息。

2. 全面地展现你的商品

　　我们要利用商品描述全面详细地展现我们的商品，力求在描述中展现出顾客所关心的信息。

　　一般在商品描述中不但要展现出商品的基本信息，还要将商品进行全面的剖析。在说明商品的规格、功能外，还要将商品的优点展现出来（如图 6-15 所示）。

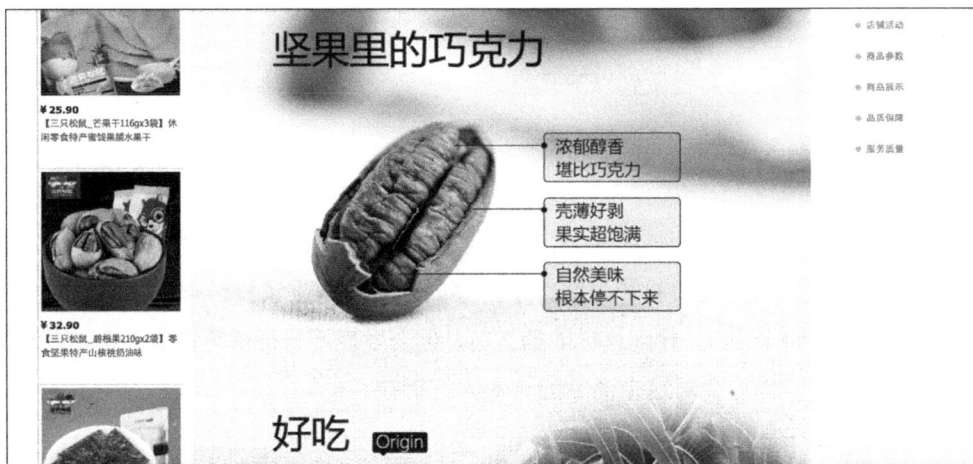

图 6-15

3. 商品描述要将你的商品卖点最大化

在商品图片和标题的基础上，利用商品描述将你的商品卖点再次呐喊一次。告诉顾客，为什么要购买你的商品，你的商品能为他带来什么益处（如图 6-16 所示）。

图 6-16

4．在商品描述中添加附加信息

在商品的描述中可以添加一些附加信息，如售后说明、付款方式、常见问题、销售记录等信息，从而达到进一步提高顾客服务满意度的作用。

还可以添加公司说明、品牌说明及你店铺的一些优势（如图 6-17 所示）。将你的优势全面地展现在顾客面前，增加顾客对你的信赖度，从而增加顾客购买的几率。

图 6-17

5．在描述中添加其他商品信息

店铺销售可以借助在描述中添加其他商品来达到 1=N 的效果。对于商品的推广，单款商品要相对于整店推广具有一定的优势。对于店铺的顾客入口来讲，一般也是几款商品的访问量比较高。我们往往可以在这几款商品的描述中添加其他商品的信息从而带动其他商品的销售。

需要注意的是，其他商品的添加虽说最好放在商品描述的最显眼处比较好，但是不可过多。商品过多，会导致顾客失去耐性，从而降低顾客的满意度，更有可能让顾客放弃查看所有商品，从而离开店铺。所以在描述中添加商品要适当（如图 6-18 所示），或者采用更委婉的方式。

图 6-18

6. 商品描述要学会图文并茂

　　单一的文字描述会使整个商品缺乏可阅性，让顾客失去了解的兴趣。单一的图片描述又缺乏生动性，过于枯燥。最好的描述方式即为图文并茂，让顾客在看到图片的同时，还有文字的解释和带动（如图 6-19 所示）。

图 6-19

　　目前淘宝网支持视频、FLASH 等形式的商品展示，我们也可以将它们合理地融入宝贝描述之中，为宝贝描述增添更多的色彩。

　　除了做到这些商品优化外，想要做好推广，还应完善店铺的整体视觉包装，包括促销图片，以及活动主题宣传广告图片等。本章的讲解只是视觉营销的皮毛，目的是抛砖引玉，让你知道，做好推广要从多方面入手，没有好的商品优化，再好的推广技巧也很难发挥作用。希望通过本章的学习，你可以与你的商品视觉部门多做沟通，相互配合，真正将推广做到极致。

第7章

推广必备工具

推广离不开促销，单品推广往往强于店铺推广，有促销活动的推广更要强于无活动的推广。所以推广与促销是同时进行的，本章将着重为大家讲解平台的常用促销工具。

7.1　淘宝卡券

淘宝卡券即优惠券，分为店铺优惠券及商品优惠券两种。

淘宝卡卷是一种虚拟电子券，是淘宝官方营销工具中的一种，通过设置虚拟电子券，达到促销优惠的目的。同时，也是卖家引入流量，提升营业额及顾客转化率的主要手段之一。

1. 淘宝卡券概述

淘宝卡券是淘宝网为卖家提供的一种电子虚拟券，卖家通过对店铺进行优惠券设置，可以使卖家不提前存储现金的前提下，为店铺不同等级的会员及店内的顾客提供一种优惠形式。

现在的优惠券形式多样，有针对全店通用的店铺优惠券，还有针对部分商品的商品优惠券，还有卖家的特色服务包邮券，即买家购买店内任何商品都可以凭借优惠券享受包邮服务。

优惠券能够为买家提供抵扣现金的服务，也可以为卖家吸引更多的买家及回头客进店购买商品。优惠券的功能还体现在与"满就送"、"会员关系管理"、老顾客维护等多种营销活动中。

2. 淘宝卡券的优势

淘宝卡卷具有以下几种优势：

（1）形式多样性、设置更灵活、更多推广渠道、新老顾客关系的管理与维护，可谓优点很多。

淘宝卡券不仅能够设置店铺优惠券，还能够设置商品优惠券及包邮券。这种多形式的设置方式，可以令卖家因地制宜，对店铺进行精准判断及个性设置，为卖家赢得高流量、高转化率、高营业额做了必要的铺垫。

（2）优惠券的设置更加灵活。

优惠券的推广渠道较广，能够通过手机专享及电视专享为卖家提供推广服务。这种推广方式某种程度上增大了买家对卖家店铺的关注度，能够增加更多的意向顾客。

通过优惠券的设置，老顾客能够通过领取相应条件的优惠券，再次促使其回头购买商品。新顾客通过优惠券的发放，激发其购买热情，非常实用。

店铺优惠券的订购方式与促销管理中的其他工具方式相同。依然是集市卖家需要订购，商城卖家可以直接免费使用。

3. 淘宝卡券的设置流程

（1）成功订购了淘宝卡券的集市卖家，首先进入"卖家中心"，在左侧栏的"营销中心"中单击"促销管理"，选择进入"淘宝卡券"，即店铺优惠券的设置页面（如图 7-1 所示）。

图 7-1

店铺优惠券及商品优惠券最多可设置 50 个。

（2）以店铺优惠券为例，单击立即创建，进入店铺优惠券创建页面（如图 7-2 所示）。

图 7-2

在店铺优惠券设置中，使用位置可设为"通用"，也可以设置为"手机专享"，这样可以配合卖家的手机店铺的其他活动。优惠券面额最低为 3 元，最高为 100 元。使用条件为可以满一定金额使用，也可以设为无门槛。

优惠券的发行量最多可设为 10 万张，具体张数需要卖家根据店铺情况而设定，但不建议设置过多。设置数目不足可以增加数目，但是过多就不可以更改了。每人限领的张数最少 1 张，上不设限，卖家自己设定。

优惠券的设置时间可以定为先提前领券，活动期间使用，也可以直接领取并使用。

（3）填写推广信息（如图 7-3 所示）。

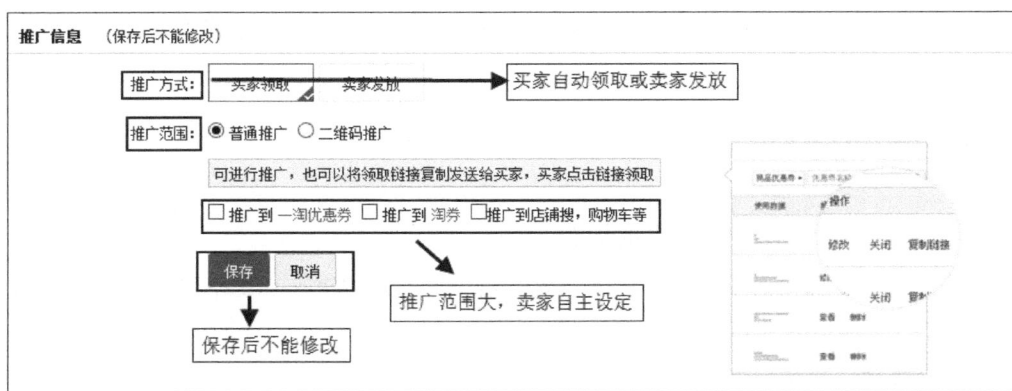

图 7-3

推广方式可以自主选择，大部分卖家的选择是买家自动领取，即卖家将优惠券设置成功后，通过推广，买家自动领取。也有部分卖家会设置为卖家发放优惠券给买家。

（4）当设置成功后，检查无误，即可保存，保存后信息将不能再次修改，所以，提醒卖家需要认真填写推广信息。除了以上的推广方式外，卖家还可以优惠券代码进行店铺、论坛推广。

7.2　限时打折

限时打折是淘宝网官方营销工具之一，卖家通过对商品的相关设置，实现商品在某一时间段内以低于正常销售价格的价钱出售，以此为卖家带来更多流量，提升店铺的购买转化率。

7.2.1 限时打折概述

1. 什么是限时打折

限时打折是淘宝网为卖家提供的一款官方促销工具，通过订购限时打折这款工具，卖家就可以在自己的店铺中进行促销商品的活动。

卖家可以根据店铺的实际情况，选择一定数量的商品，并选择在一段时间内进行折扣销售。当卖家设置限时打折后，买家便能够在商品搜索页面根据这个"限时打折"的筛选条件，找到商家设置的折扣商品。

限时打折对于商城卖家来说，是可以免费使用的，对于集市卖家来说，则需要另花钱订购。

2. 限时打折的优势

（1）限时折扣具有"更自由"的优点

自由的时间、自由的掌控、自由的设置、自由的折扣幅度。以上这些都可以由卖家进行合理设置，给卖家更多的控制空间。

（2）更简单，更便捷

限时打折只要卖家进行简单的设置，即可完成店铺的促销打折，省时省力，简单快捷；可以为卖家节省很多时间，无论在人力还是物力上，都具有相当大的优势。

（3）增加流量

卖家对店铺商品进行限时打折的设置后，卖家再参加淘宝促销活动就可以上促销频道推荐及店铺街推荐。它可以为卖家引入大量的精准流量，提高店铺品牌知名度及成交率，从而提升了店铺的整体营业额（如图7-4所示）。

（4）提高转化率

限时打折一旦被设定后，买家进店就有可能会被限时的打折所吸引，因为买到既便宜又质量好的商品是每个买家的最简单的需求。限时打折则会制造销售的紧迫感，提醒买家抓住这次打折的机会，从而提升顾客转化率（如图7-5所示）。

图 7-4

图 7-5

7.2.2 如何订购限时打折

一种方法是直接在"卖家中心"的"营销中心"下，单击"促销管理"，找到限时打折，单击下面的"订购"，进入到订购页面，完成付款，即可完成订购（如图 7-6 所示）。

图 7-6

另一种方法是集市卖家通过"卖家中心"进入到店铺后台，单击左侧的"软件服务"，再单击"我要订购"，即可订制"限时打折"这一营销工具。

1. 进入"卖家中心"（如图 7-7 所示）。

图 7-7

2. 进入到"淘宝卖家服务"页面，搜索"限时打折"（如图 7-8 所示）。

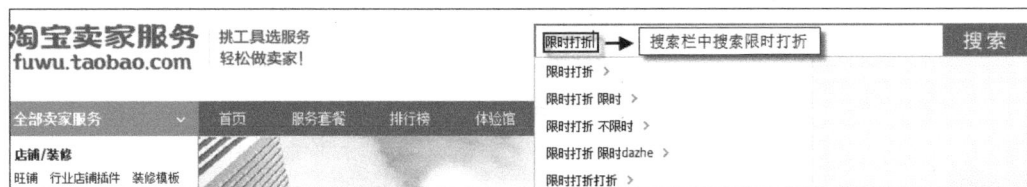

图 7-8

3. 找到软件，单击打开（如图 7-9 所示）。

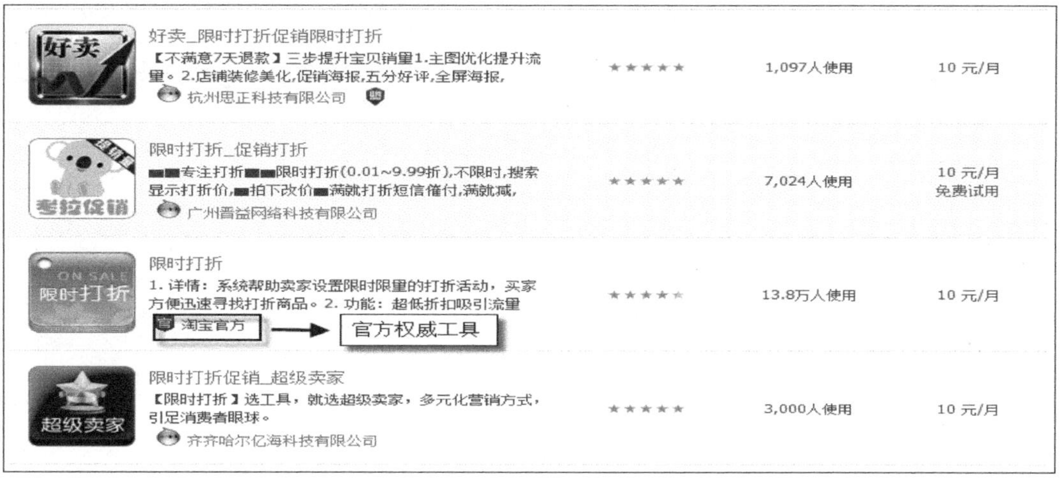

图 7-9

4．选择订购周期，单击"立即订购"，完成付款，软件订购成功（如图 7-10 所示）。

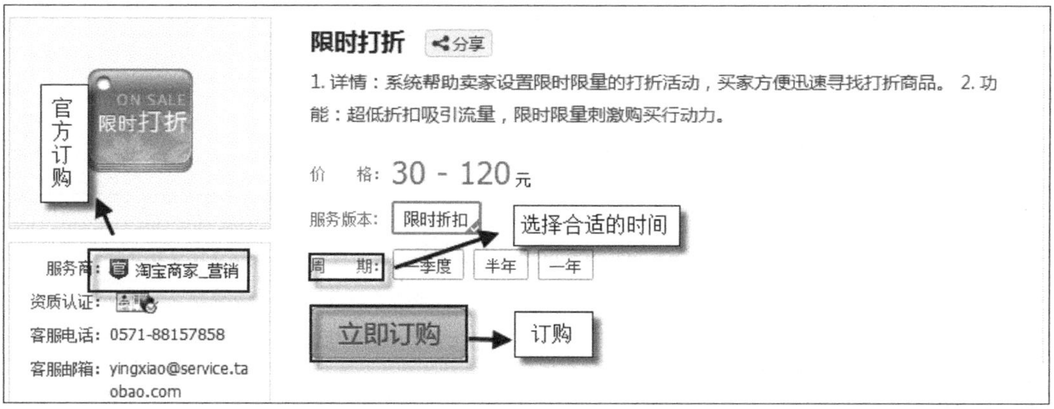

图 7-10

7.2.3　设置限时打折的具体操作

成功购买限时打折的集市卖家需要通过"卖家中心"进入到"营销中心"的"促销管理"，选择"限时打折"，从而开始限时打折活动设置。

1．设置活动名称和促销时段（如图 7-11 所示）。

图 7-11

2. 选择要设置限时打折的宝贝（如图 7-12 所示）。

图 7-12

3．设置限时打折活动的折扣，完成设置（如图 7-13 所示）。

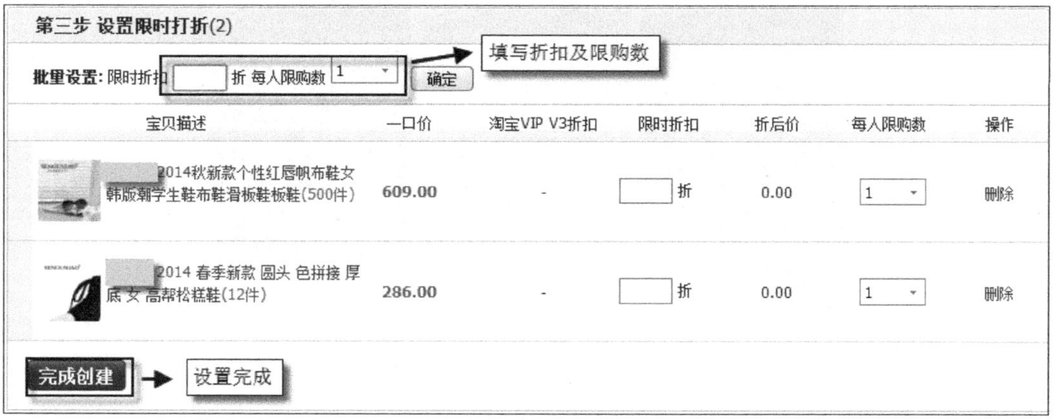

图 7-13

7.2.4　限时打折的应用技巧

1．限时打折促销时间和促销力度是呈反比关系的，你设置的打折力度越大、时间越少，而效果则越明显。所以，在设置显示打折的时候，一定要让二者的反比明显，越明显，对消费者的刺激越大，促成交易的可能则越大（如图 7-14 所示）。

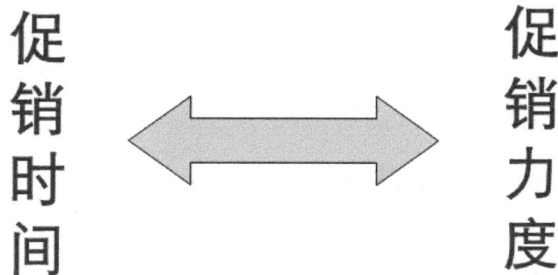

图 7-14

2．限时打折要选择热销宝贝，如果你选择滞销宝贝来参加活动，买家也会意识到，所以并不会买账。

3．连带销售不可少。越是吸引客户的活动，越应有更多的其他宝贝推荐，从而为更多的交易创造机会（如图 7-15 所示）。

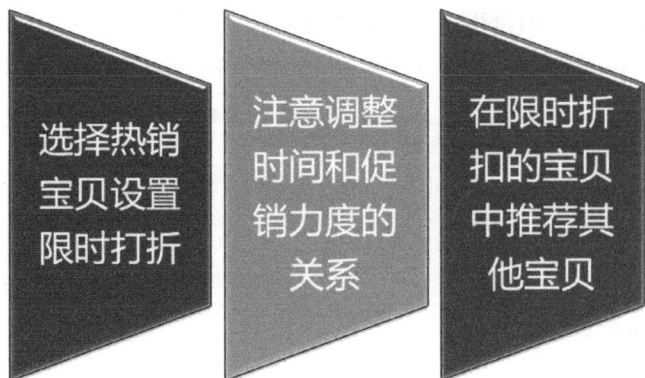

图 7-15

7.3 满就送

"满就送"为淘宝官方营销产品，专门为卖家提供"满就送"形式的活动创建（天猫店铺"满就送"设置需要在店铺优惠中进行设置）。"满就送"的形式多样，卖家可跟需选择。

7.3.1 "满就送"概述

"满就送"活动可创建的活动主要包括：满就减，满就包邮，满就送彩票、优惠券、电子书，满就送礼，满就换购。卖家可根据实际情况进行活动设置。

7.3.2 为什么要使用"满就送"

"满就送"主要有以下几个优点：

1. "满就送"能够提高客单价

卖家在对商品进行"满就送"的活动设置后，这种活动的促销广告会出现在每个宝贝的详情页面上。当买家浏览店内宝贝时，就会看到这种促销广告，刺激消费，从而创造提高客单价，达成连带促销的可能。

2. 提升商品曝光率

当卖家对商品设置"满就送"的活动后，买家在商品搜索过程中，可以选择只看"满就送"商品，如果买家仅搜索促销活动的商品，那么"满就送"的商品就会提高曝光率。

曝光率的提升，就会为商品带来更多的展示机会，从而带来巨大的潜在流量，使卖家达到良好的营销效果。

3."满就送"活动形式多样化

让卖家能够自由设置活动的玩法，卖家可以根据当下流行的元素，设置"送"的礼品。这种紧跟潮流的设置方式，能够为卖家带来更多了流量及意向顾客。

4.刺激消费

"满就送"的活动，能够明显提升买家购买动机，增加买家的购物乐趣。如满就送彩票，是最近淘宝非常流行的一种方式，虽然送的彩票仅仅 2 元，但是送的是一份幸运，送的是一份期待，大大增加了买家的购物热情。

"满就送"的订购与"限时打折"的购买方式一样。商城卖家可以免费使用这款营销工具。集市卖家需要通过订购才能为店铺设置这样的活动。开通方式与其他的促销活动中的工具方式相同，这里不加赘述。

7.3.3　"满就送"活动流程

1．集市卖家在成功订购"满就送"促销工具后，进入卖家中心，单击"营销中心"，选择"促销管理"的"满就送"（如图 7-16 所示）。

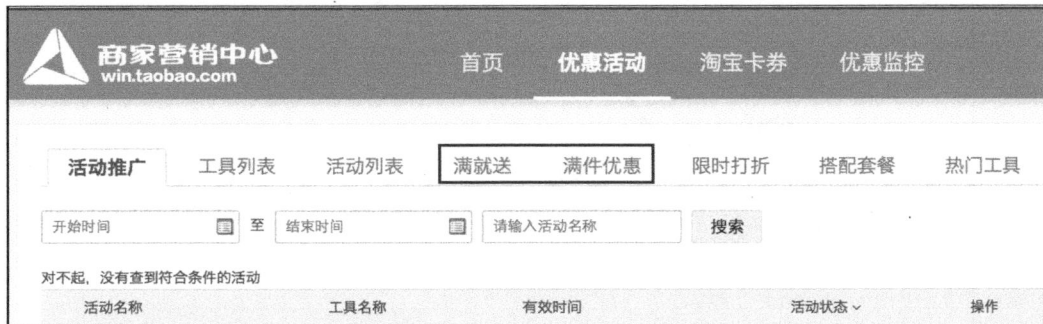

图 7-16

2．填写活动的基本信息，包括活动名称、时间、优惠方式、优惠条件及内容，填写无误后，完成活动设置（如图 7-17 所示）。

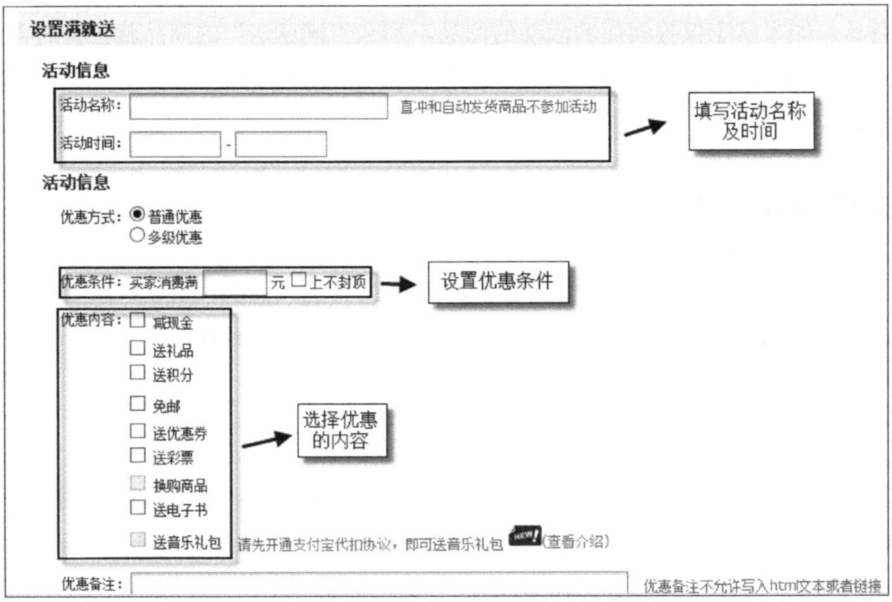

图 7-17

如果卖家想设置成"满 N 件"就送，则可以通过订购"满件优惠"达成。

"满就送"活动中的"多级优惠"，是指可以最多建立 5 个层级的主题活动，令活动方式更加灵活多样（如图 7-18 所示）。

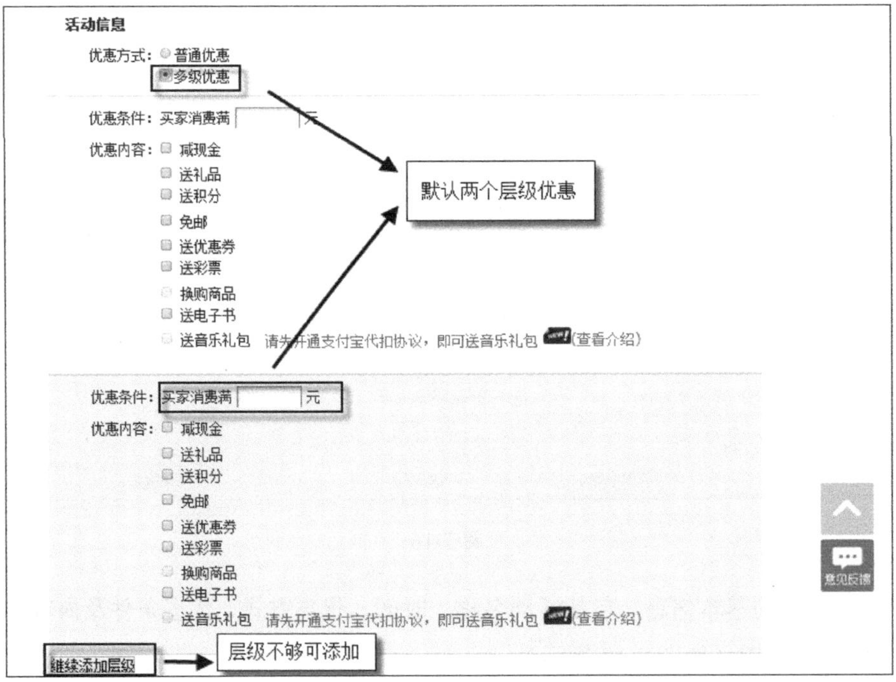

图 7-18

完成设置后，对于设置好的活动，卖家可将其更改或者取消，权限归卖家所有，当然，这一切都不能建立在损害买家利益的基础上。这点可以使卖家活动的自主性更强。当活动结束后，卖家还可以根据具体情况，延长活动时间。

7.3.4 "满就送"应用技巧

1. 满就送活动的门槛条件，不可过高或过低。过高，顾客很难达到，不会起到吸引作用；过低，达成条件过于容易，起不到增加客单价的作用。所以在设置时，价格最好是 1 件商品再加上某一金额，这样客户只要再购买另外一件商品就可以达到。

当然，在真正实践时，不同的情况要不同分析。你要根据你的商品特点和活动力度酌情设置。

2. "满就送"活动一定要添加必要的备注。比如什么情况下，不符合满就送，什么地区不包邮等。要对特殊情况做出说明，以免带来不必要的麻烦和误会。

3. 优惠方式要清晰，切勿过于复杂。任何过于复杂的营销方式，都不会很好地起到吸引客户的作用（如图 7-19 所示）。

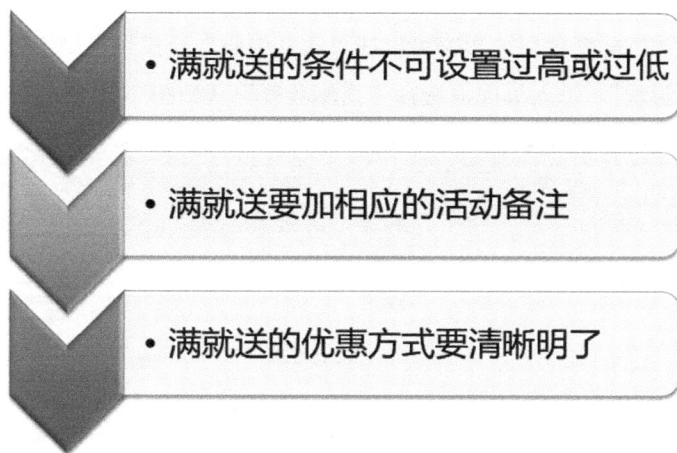

- 满就送的条件不可设置过高或过低

- 满就送要加相应的活动备注

- 满就送的优惠方式要清晰明了

图 7-19

7.4 搭配套餐

搭配套餐是淘宝营销工具中的一种。本小节将从搭配套餐的概念、优势、订购方法及具体操作四个方面对搭配套餐进行详细讲解。

7.4.1 搭配套餐简介

搭配套餐是指将几种商品组合在一起，做成套餐进行搭配销售，是捆绑销售方式中的一种。通过这种方式的销售，能够让买家一次性购买更多的商品，提升客单价。而且通过捆绑减价的打折形式，刺激买家消费，提升卖家的购买转化率。

7.4.2 搭配套餐的优势

搭配套餐具有以下几点优势：

1．刺激消费，提升客单价。

2．搭配减价，拉动除主推商品外的其他商品销售。

搭配套餐的订购方法与"限时打折"相同。

7.4.3 搭配套餐的设置流程

1．在成功订购搭配套餐后，卖家可以在"卖家中心"查找到左侧工具栏中的"营销中心"，单击"促销管理"，进入页面后选择"搭配套餐"（如图7-20所示）。

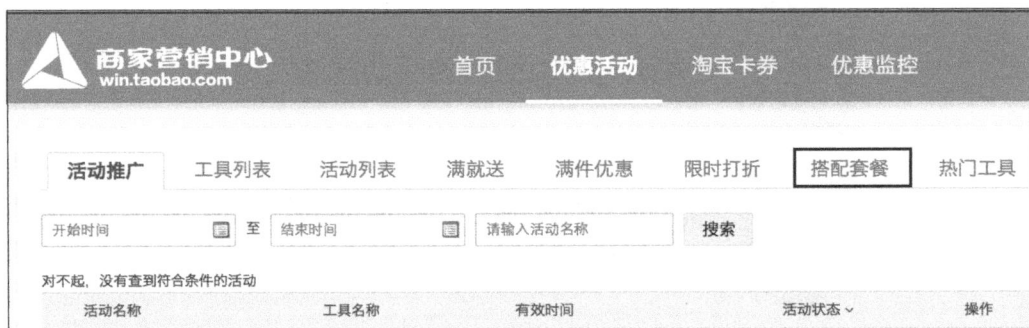

图 7-20

2．单击"创建搭配套餐"，进入套餐信息填写页面（如图7-21所示）。

图 7-21

3．填写要创建的搭配套餐的相关内容。

① 卖家需要填写商品的基本信息，套餐标题在 30 个汉字以内，并对搭配的宝贝进行选择，最多可以选择 5 款宝贝进行搭配套餐销售，填写套餐一口价，一口价不能高于单个宝贝原价总和。由于搭配套餐并不限制用户的限购数量，因此，卖家在填写一口价时需谨慎。具体操作步骤如图 7-22 所示。

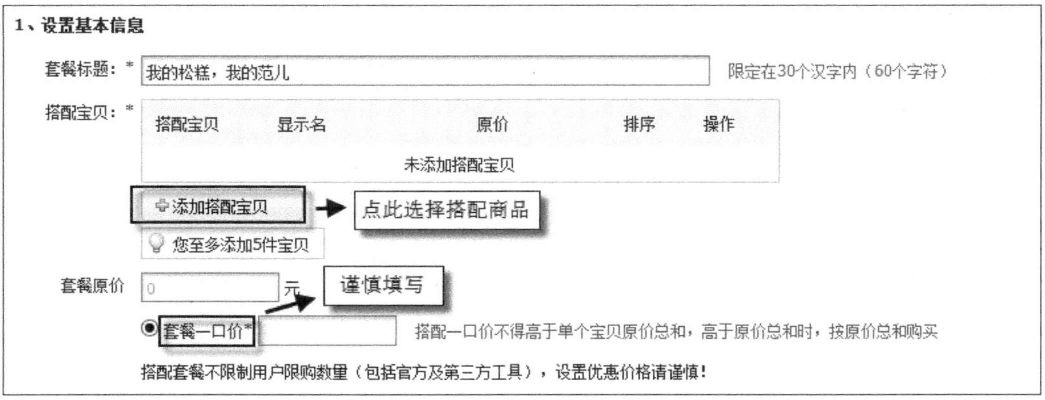

图 7-22

② 选择搭配商品（如图 7-23 所示）。

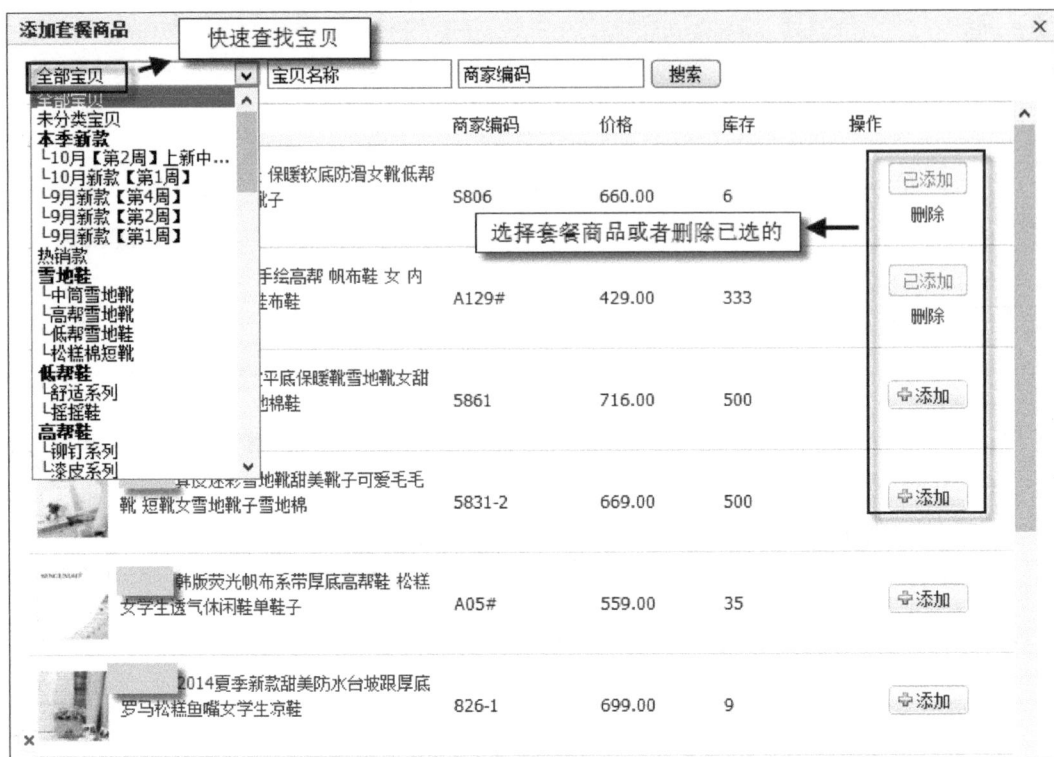

图 7-23

③ 选择好搭配产品后，单击"保存"（如图 7-24 所示）。

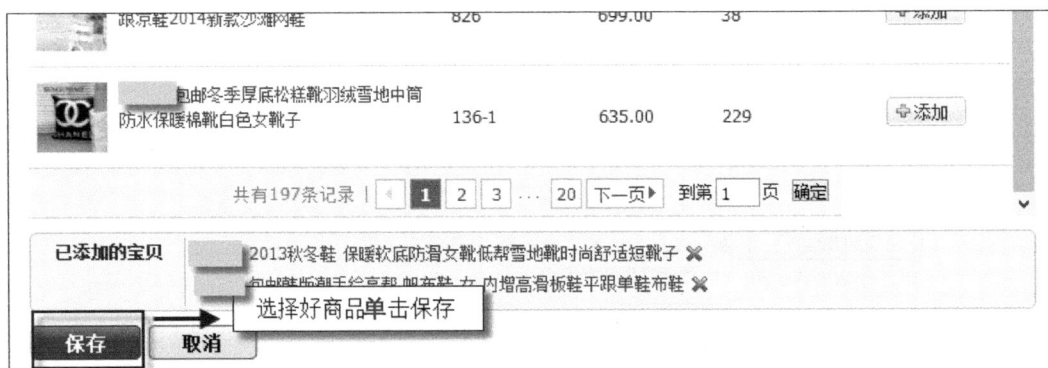

图 7-24

4．随后设置物流信息，设置后单击"发布"，搭配套餐发布完毕（如图 7-25、7-26、7-27 所示）。

图 7-25

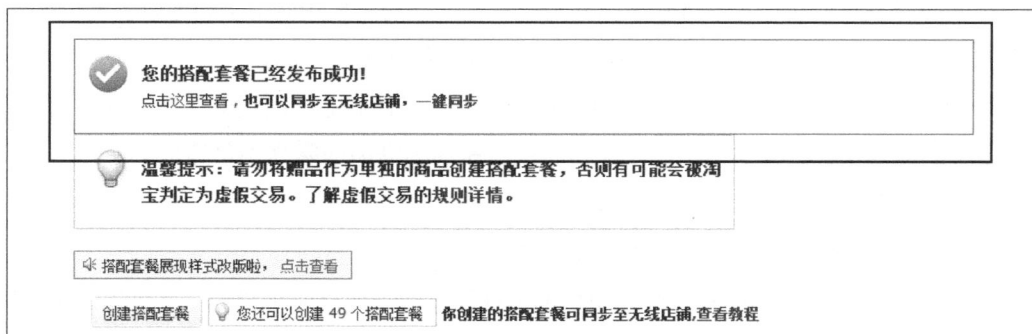

图 7-26

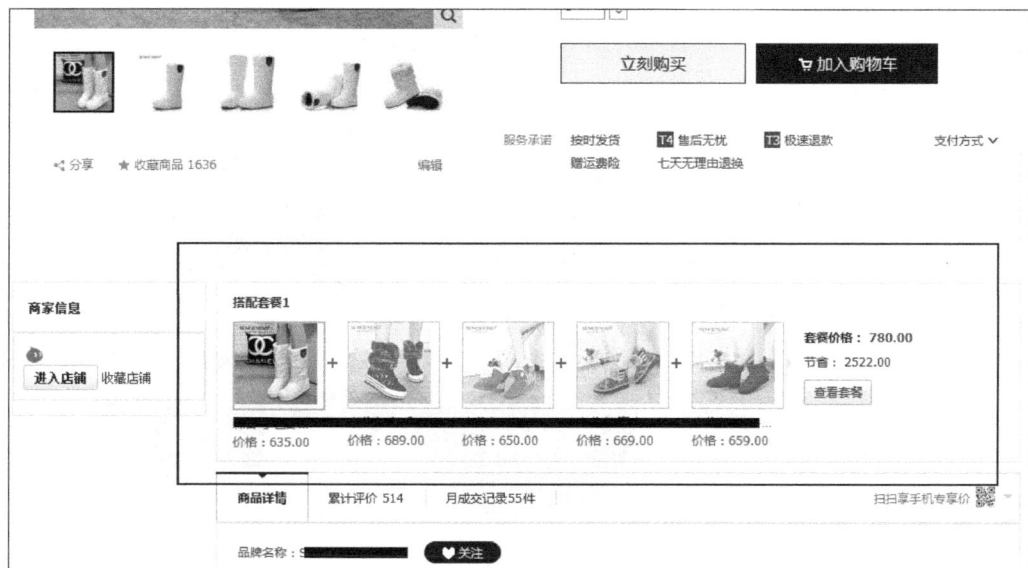

图 7-27

卖家可以进入单个搭配宝贝页面中查看搭配信息，也可以到详情页面中查看搭配套餐的信息。

搭配套餐的注意事项：

搭配套餐最多可以设置 50 个，每个套餐中的商品被拍下都会减库存，每个套餐中的宝贝以套餐形式出售后，买家可以分别对每个宝贝进行评价。

7.4.4 搭配套餐的产品搭配形式

1．按客户需求进行搭配商品。即站在客户的角度去思考，当客户购买主推商品时，还会对其他商品有潜在需求。

2．按产品属性进行搭配。有些产品本身就具备一定的搭配销售需求，比如手机与耳机、充电宝、数据线等，这类商品就应该按照产品自身的属性进行搭配。

3．热销与滞销商品搭配。一般店铺中都会有一些滞销商品。而这些滞销商品滞销的原因未必都是因为自身的吸引力不够，很多时候也是因为商品的曝光不足造成的，所以，将爆款商品与滞销商品相搭配，也会起到对滞销商品的拉动作用。

4．应季与反季。搭配思路与热销和滞销相同。

5．主推商品与引流商品相搭配。用新的主推商品与爆款商品相搭配，对于新的主推商品会起到流量拉动，增加曝光的效果。

6．特价与利润商品相搭配（如图 7-28 所示）。

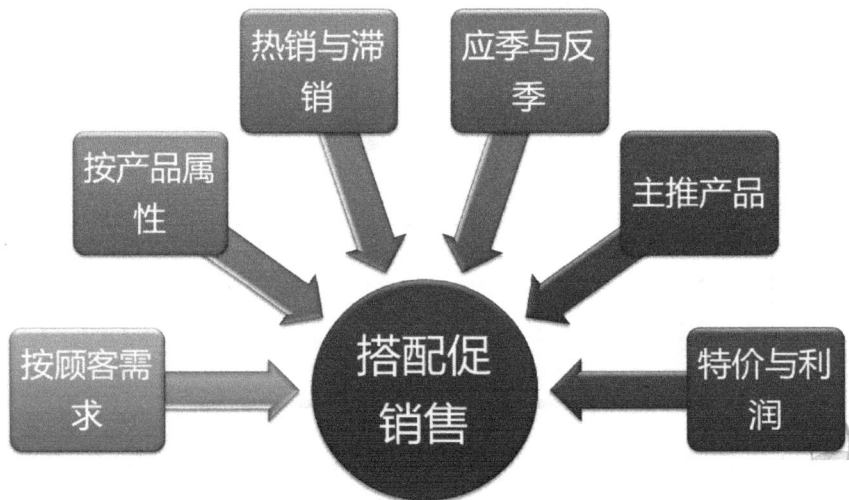

图 7-28

第8章

如何策划
店内活动

店内活动是所有推广转化的关键。很多卖家推广失败的原因并非是推广工具技术的问题，而是输在了最终的"临门一脚"，在这种情况下，你的引流再多，但没有成交，都是徒劳的，所以，想做好推广，就先学会做好店内活动吧。

真正优质的店内活动，并非随便在店铺里做个活动就 OK 了，而是要建立长期稳定持续的活动，从而打造属于自己品牌店铺的活动体系。

如何建立自身店铺的活动体系：

1. 想要做好一次店内活动，首先必须要明白本次店内活动的目的是什么，做好店内活动的前期布局计划。不同的目的，将会导致整个店内活动的方向不同，不同的方向又需要不同的准备和实施计划。

2. 在确定好店内活动的目的后，需要找出店内活动的目标客户群，有了明确的目标客户群，才能进入"发生关系"、"欲望打动"的阶段，才能更好地设置活动文案及内容。

3. 确立活动目的及目标客户群后，将进入店内活动的策划阶段，对这个活动的实施进行预判，提前对各个环节进行设计。

4. 对活动的效果进行评估，并且制定相应的活动指导指标。同时利用这些指标对活动的整体实施过程进行监控。

5. 活动的实施阶段，按照计划及指标对活动进行实施。

6. 活动结束后要对活动的效果进行评估，找出不足，总结优点，为下次活动的实施做好经验积累（如图 8-1 所示）。

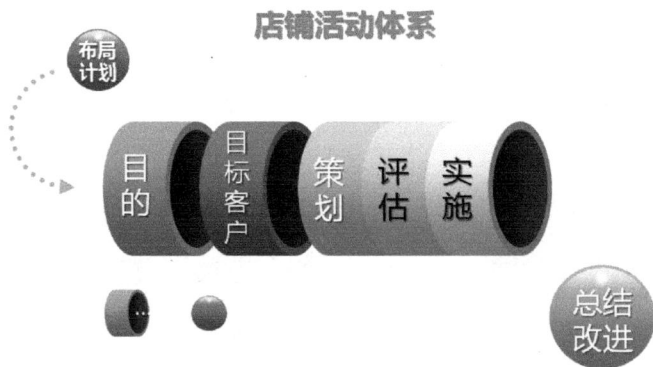

图 8-1

8.1 活动布局

根据活动目的、活动的预期收益，可以将活动分为以下几类（如图 8-2 所示）。

图 8-2

1．主题活动

主题活动即根据既定主题而设计的活动。

活动要点：符合节日气息，抓住消费心理，设计与节日相关的促销活动。与活动发生关系并非只与产品本身有关，有的时候好的创意可以弥补产品的不足，利用创意让产品与活动发生关系（如图 8-3 所示）。

图 8-3

比如三八妇女节，众所周知这是女人的节日，但是不是说，在女人的节日，男士的产品就用不打折做活动了？当然，如果仅仅从节日来看，男士产品本身的确与女人节日相关性不大，但是别忘了，在三八妇女节当天，还有很多男士在陪着女人逛街，所以在节日当天，男士产品依然要做促销，而且仍然可以不逊色于女士产品，只不过活动需要相应的创意包装而已。

曾经有个男装品牌请我为他的全年活动做策划，在妇女节当天，我为他们设计了一次活动，活动的主题为"让他也来沾沾你的光！"活动内容为：活动当天，只要是女士来购物，即可享受"满 38 元包快递"、"满百元立减 38 元"的优惠活动。

大部分女性喜欢获得优惠，同时喜欢被别人称赞，永远也不会缺乏小小的虚荣心。这个主题恰恰满足了女人的这些购物心理。不管是不是节日她们都喜欢选购有优惠的产品，如果可以让她们将她们的战利品拿来炫耀一翻，还能再获得些许的称赞（哪怕是带点奉承意味的），又何乐而不为呢？

通过这个活动主题，利用目标客户群的心理，巧妙地让男装与"女人节"发生了关系。也正是利用这层"关系"，让这个表面看似与女人的节日无关的男装品牌，在三八妇女节当天也创下了非常可观的销量。

不同的节日，产品的促销力度自然也会有所不同。每类产品都不能保证在所有的节日中都能大卖，所以一定要抓住适合自己产品的那些节日。需要清楚的是，活动是需要提前策划的，不要总是临时抱佛脚，等活动逼近的时候才想起去策划、准备。每一年的活动要提前做好安排，为相应的活动备好充足的"粮饷"。

在这里笔者给出一份活动规划表格，以方便你提前为自己的活动做好规划：

主题活动策划表			
日期	节日	关键词	主要促销类目（产品）
01月01日	元旦	新年	几乎涵盖全部类目，对礼包、服饰类产品格外青睐，手机等时尚电子产品需求量也很大
(农)十二月初八	腊八	腊八粥	"粥"边类目的所有产品，小到粗粮等配料，大到熬粥类用具
(农)大年三十	除夕	年货	礼包类产品、服饰类产品、手机类产品，餐饮服务，旅行服务等
(农)正月十五	元宵节	元宵、灯	元宵类等相关食品，灯饰产品，激光类、荧光类产品，儿童灯类玩具等
02月14日	情人节	情侣	巧克力、鲜花、礼品类产品，情趣用品等与情侣有关的所有产品
03月08日	妇女节	女人	女性护肤品，厨具，珠宝，香水，饰品，女装等女性用品
04月01日	愚人节	恶搞	恶搞类创意产品，卡片等
04月05日	清明节	思念	孔明灯，殡葬类产品，宗教用品，茶叶
05月01日	劳动节	游玩	旅行，景点门票，机票等旅游周边产品，防晒霜，服饰，车品等户外出行用品
05月第二个周日	母亲节	母爱	中老年女性用品，大码女装，保健品，保健器材，鲜花礼品等
06月01日	儿童节	儿童	文具，玩具类，儿童服饰，儿童书包等儿童类产品
(农)五月初五	端午节	粽子	粽子周边食品，龙舟周边产品，屈原周边产品，蛋类产品
06月第三个周日	父亲节	父爱	皮带、领带、衬衫、皮鞋等中老年男性用品，保健品及保健器材，小家电
(农)七月初七	七夕	情侣	依然是鲜花、礼品、巧克力、情侣装、情趣用品等所有跟情侣相关的产品
09月10日	教师节	恩师	鲜花，礼品、摆件类产品，文具类，卡片类，以及保健类产品
(农)八月十五	中秋节	团圆	礼品，月饼，包括各种创意类"月饼"，大闸蟹等相关食品类
10月01日	国庆节	出行	旅游周边产品，服饰类产品，娱乐类优惠券、团购等产品，户外出行用品，车品等
九月初九	重阳节	老人	老年用品，保健品，保健器材，户外产品

续表

主题活动策划表			
11 月 11 日	天猫双 11	5 折	所有类目
12 月 12 日	淘宝双 12	购物	所有类目，以欢乐购物为主
12 月 24、25 日	平安、圣诞	欢乐	圣诞礼品，女装，围巾，鞋帽，玩偶，巧克力等诸多类目均可推
备注： 1．本表格中涵盖大部分重要的促销节日，但并未包含所有节日。 2．节日中罗列的主推产品仅供参考。 3．主推产品并非一成不变的，随着消费行为的转变，主推产品也会相应改变。			

2. 品牌活动

品牌宣传类活动，为宣传自己品牌或者店铺的促销活动。

活动要点：让更多的目标群体知道。活动的主旨在于增加品牌知名度或者市场占有率，所以在利润方面就要有所取舍。活动要有创意并且做到真正的实惠才能吸引到更多的人关注。需要注意的是活动整体策划要根据目标客户群的特点来决定，打折并不是唯一有效的途径（如图 8-4 所示）。

图 8-4

一些品牌推广的常见活动类型：

（1）打折活动。产品打折，用相应的折扣来吸引目标客户。

（2）免费包邮。

（3）赠送活动。购买一款产品，赠送其他产品或者小样等赠送活动。

（4）会员活动。通过赠送超值会员卡，大量招募会员的活动。

（5）产品试用。试吃、试喝、试穿、试用等，根据产品不同的属性来让目标客户群体验产品的活动。

（6）创意活动。创意类活动、抽奖类、答题类、微博或帖子盖楼类等能够吸引大量目标客户群关注的活动。

以上活动类型可以相互组合使用。不管选择哪一种或者哪几种促销活动类型，都要根据产品特点及顾客消费心理来选择。同时要知道，以上的活动类型并不是唯一的促销方式，不要被原有的活动类型所局限，只要能够吸引到目标客户群，不违背道德、诚信、法律等底线，就可以设计任何创意类活动，包括赞助品牌、提出倡议、社会公益等活动。

3．清仓活动

清仓活动，为了倾销"过气"产品而设计的促销活动。

活动要点：清仓。活动的主旨在于清除库存，将产品全部销售出去以便资金回收。这类活动往往需要有所取舍。当然并非所有的清仓活动都是亏本的，但是绝大部分的清仓活动还是会伴随着亏本的。而这种亏本只是相对的，在产品销售的初期就应规划出后期的清仓活动，因为大部分产品销售都很难做到最终的零库存（如图 8-5 所示）。

图 8-5

清仓活动的形式选择也比较广泛，但是超低折扣几乎永远是最佳的选择。既然是超低折扣，那么在价位设置上，就要与平时有所区别，如果平时的单款产品价位为 100 元左右，那么清仓活动的最终的价位设置在 50 元以下才比较合理，也最能刺激消费者。

4．辅助活动

辅助活动是指辅助某一项推广策略而制定的促销活动。

活动要点：辅助推广效果。根据推广活动的特点来制定促销活动。

比如近期有一款产品要上聚划算，那么就可以临时做一个有关聚划算的店内活动，如搭配减价、限时包邮、买一赠一等，主旨在于增加客单价，让其他产品与推广单品产生关联，增加整个推广活动的效果，做到事半功倍（如图 8-6 所示）。

图 8-6

5．市场活动

为了迎合市场或者平台而做的促销活动。

活动要点：紧扣市场主题。市场活动往往是为了配合市场或者平台的活动，所以得到平台资源是活动的关键所在。传统线下，我们常见的是某商城周年庆，为了迎合这点，所有的商家都会跟着做活动（主动或者被动），力图为活动推波助澜。而对于线上，我们需要跟随类目活动，如电器城的"带着 TA 去旅行"活动；平台活动，如淘宝网的双 11、双 12、梦想 2015（如图 8-7 所示）。

图 8-7

8.2 确立活动的目标客户

目标客户群确定的基础是产品，活动的目的是方向。

目标客户群这个概念对于很多人来说并不陌生，然而并不是每个商家都清晰地知道自己的目标客户群是谁。大部分商家认为自己知道了，而实际并非如此。很多活动策划人员都有过类似的困惑，每当设计一个活动，活动效果却跟预期大相径庭，四处寻找原因而不得其解。其实原因就在根本处，目标客户群并未清晰（如图8-8所示）。

图 8-8

很多企业找过我做咨询，然而真正清楚知道自己目标客户的商家确实寥寥无几。曾经有个做家具的商家向我咨询，我问他是否知道自己的目标客户群，他说知道，我说是哪类人群？他很有信心地告诉我说是80后。我说还不够详细，他说那就是想要买家具的80后。我说还不够，他说，那就是刚结婚要买家具的80后。

在这个对话过程中，不知道你是否有所感悟。很多人的目标客户群都是自己想出来的，就像刚才那个经理在跟我讲他的目标客户群体的时候一样，一边回答一边想。当然我不否认，自己思考目标客户群也是确立目标客户群的一步，然而，如果直接把想出来的客户群作为目标客户群来进行活动推广的话，是绝对不合理的。也许你会很幸运有些许的收获，但是这种没有经过验证的目标客户群体并不会成为你的主流客户群。你也很难保证让你的每次活动都能达到预期效果。

正因为有的放矢，有了目标客户群以后你才会得到相应的收益，你才会知道自己的运营方向。虽然寻找目标客户群的概念放在了活动的章节里来讲，但是你要清晰地知道，目标客户群的寻找是你整个生意的关键。所以，在对待目标客户群的寻找上，你要多下功夫。当然，你不可能成为所有领域的专家，当你无法应对这份工作时，可以去寻求相关方面的专业人士。

这里为了便于大家的理解，使用一种最简单的目标客户划分方式，将目标客户按地区、性别、年龄、品牌认知、职业、消费水平来划分，根据这种划分对目标客户进行定位，从而设计适合的店内活动（如图8-9所示）。

图 8-9

举个例子，假定我们的某一次活动的目标客户群体是具有某一共同特征的女性，她们共同的消费心理特点是：感性购买、喜欢赠品、有从众心理。那么我们在这时设置活动的形式上就要根据客户的这类心理进行设计。

感性购买——限时特价打折（减少客户的思考时间）、情感刺激（伤心和过度兴奋都可以让客户失去理性）、图片刺激（比如美女图像可以减少男性客户的理性面）等。

喜欢赠品——在一定条件下可获限量赠品（送赠品是增加客户感情的一种有效方式，需要主要的是，不要认为客户不会在乎赠品的质量，在客户心里即便是赠品也是他应得的，也是他消费的产品，所以质量同等重要）。

有从众心理——有这类心理的客户往往是更相信其他客户的说法，那么面对这类客户做活动，就要让更多客户的购买体验展现在他眼前，第三方推荐将会是非常不错的选择（如图 8-10 所示）。

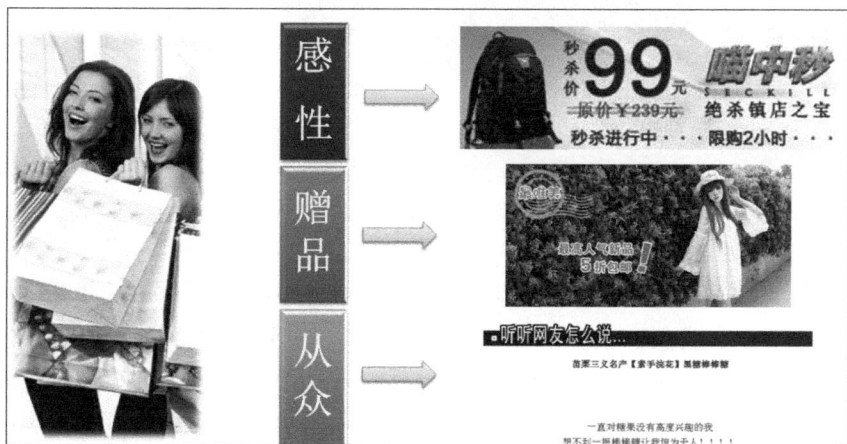

图 8-10

不管是面对哪一类目标客户群体,在活动形式的设置上大多不会离开营销的两大支柱:价格价值以及大众心理(如图 8-11 所示)。

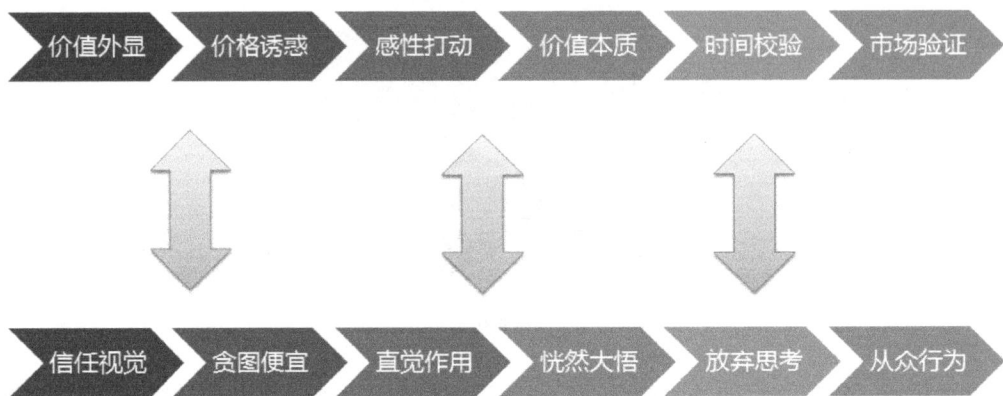

图 8-11

要想理解,还得看活动案例(如图 8-12 所示)。

图 8-12

这是一个店内活动的促销页面,在这个活动中,商家共运用了哪几项策略:

"专柜直降 43%,特惠价 139" ——"价格优惠",利用了大众的"贪图便宜"心理。

"今日买 1 送 5" ——"感性打动",力图缩短客户的思考时间,让客户利用"直觉作用"。

"快速美白嫩肤" ——"价值外显",展现产品真正的价值,再配合产品页面的视觉形象,来赢得客户的信任,利用客户的"信任视觉"心理。

"淘宝每卖出 3 瓶精油，就有 2 瓶是 XX；精油用法"——"价值本质"利用差异点刺激客户，利用客户的"恍然大悟"心理（还有种方式是放大需求，常见的是教育营销，如佳洁士广告等）；同时这里还可以将"时间检验"和"市场验证"融合进去，销量和客户的好评就是最好的验证，从一定程度上更好地迎合了客户的"放弃思考"、"从众行为"的心理特点。

8.3 店内活动的策划评估

确定好目标客户后，接下来需要对活动进行整体的规划。需要说明的是，大部分优秀的活动都不是突发奇想而来的，都需要前期的准备和计划，所以想做好店内活动就要对活动进行提前规划，在规划活动的同时对活动的效果进行预期评估，以便应对出现的各种问题。

策划内容，如图 8-13 所示。

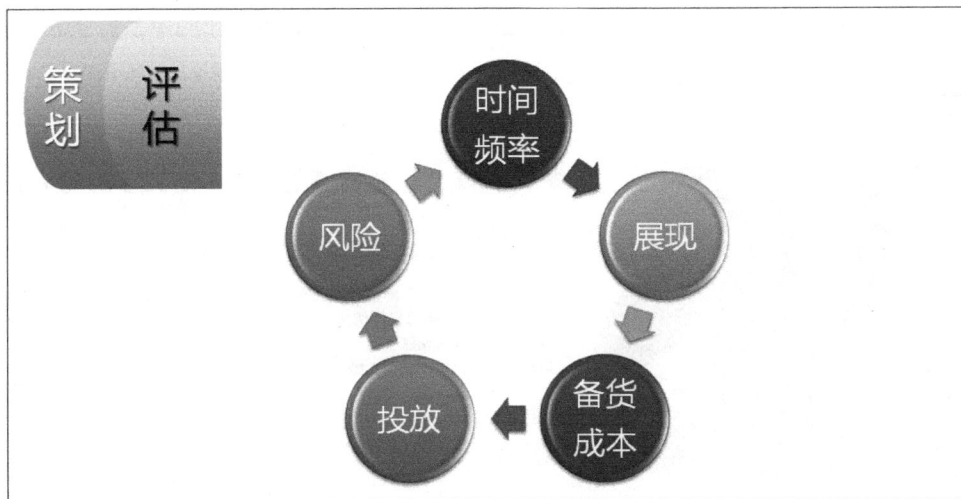

图 8-13

1．时间频率

时间频率即活动的展现时间周期。

活动按时间频率的主要划分，如图 8-14 所示。

图 8-14

长期类：长期类活动主要指有些活动是长期在店铺中存在的。这类活动常见于为了配合某类促销活动而设计的单品促销活动，比如为了直通车活动而设计的单品打折活动，以及新品推荐活动，虽然推荐的产品不同，但是活动却长期存在（如图 8-15 所示）。

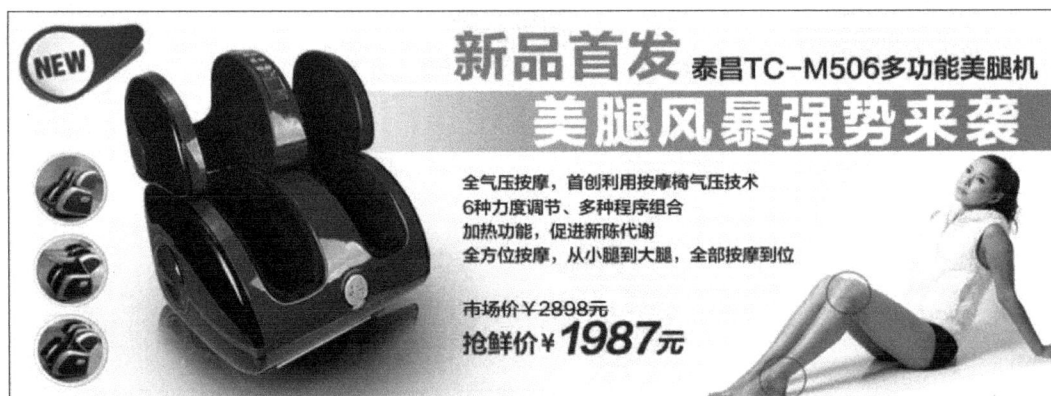

图 8-15

节日类：根据节日的特点设计的活动，前面已经详细讲过，这里便不再赘述。

主题类：各类主题活动，包括自身的店庆活动及回馈活动，以及平台的双 11 等各类主题活动。

季节性：不同季节根据产品情况或者库存情况设计的各类活动（如图 8-16 所示）。

图 8-16

突发类：根据热点信息而设计的活动，与竞争对手抢夺市场，以及为促销而设计的突发活动等。比如电影《小黄人大眼萌》热映，引起大家的关注，此时便可设计一次跟它相关的活动来增加自身的知名度或者销量等。

2. 展现形式

展现形式即以何种形式为主展现。线上活动的展现主要包括视频、文字、图片（如图 8-17 所示）。

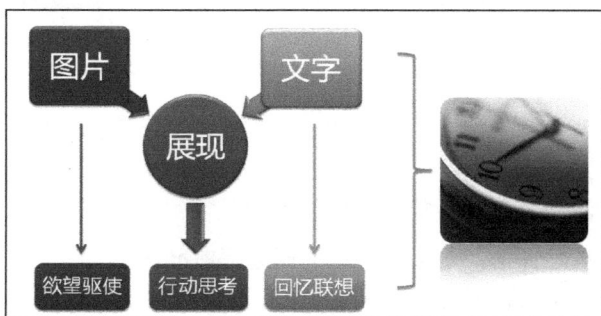

图 8-17

无论你使用何种展现方式，目的都是为了驱使客户的欲望，同时让客户通过图片或文字，对产品产生拥有或者使用联想，从而放弃长期的思考，产生购买行动（如图 8-18 所示）。

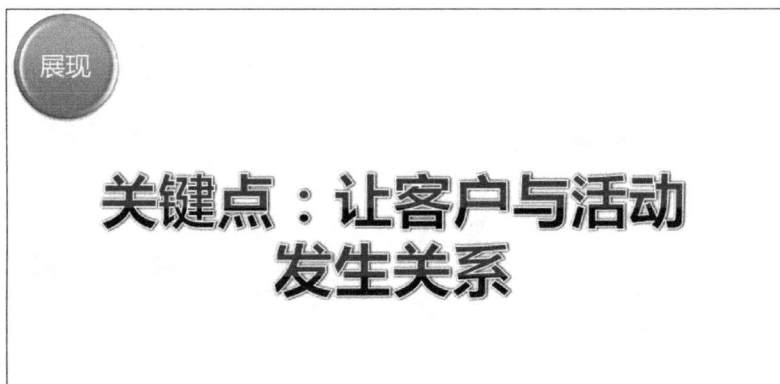

图 8-18

　　展现的关键点都是让客户与活动发生关系。与客户没有关系的活动即便再精彩对于客户来讲也只是看看而已（如图 8-19 所示）。

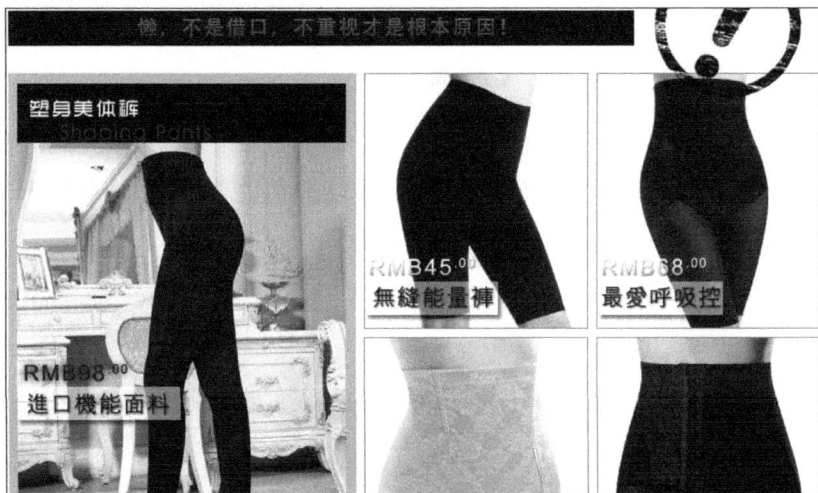

图 8-19

3．备货成本+风险

　　备货成本，即对活动的产品备货进行提前规划。

　　风险，即活动的风险评估，对可能出现的问题提前准备。

　　备货成本和风险是密不可分的，二者关联在一起。

　　促销力度及投放力度决定了产品的备货数量，产品的数量、质量及其他成本共同组成了产品的成本项。而风险当中很重要的一部分就是产品成本，以及产品出现质量问题给品牌知名度带来损害风险等（如图 8-20 所示）。

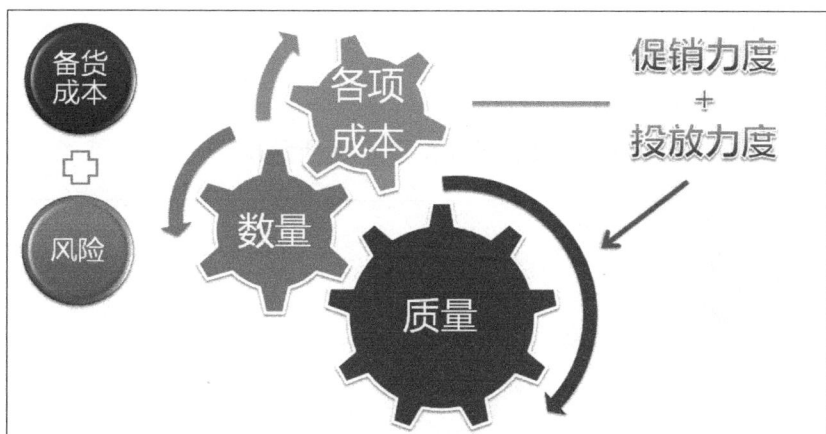

图 8-20

4．投放平台

投放平台即活动的宣传平台的选择（如图 8-21 所示）。

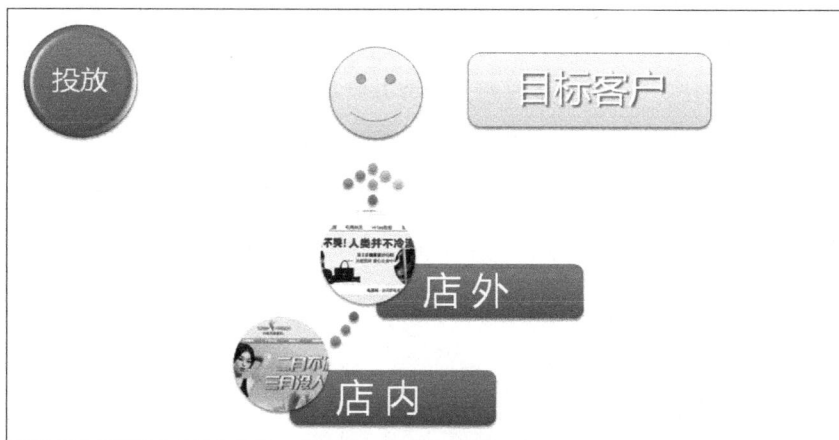

图 8-21

想要让店内活动有好的效果，就必须要对活动有相应的宣传措施。宣传要店内和店外相结合。

店内要有全面的活动路径，同时要提前在店铺中打出活动预告，以吸引客户在活动当天光顾。除此之外还要对一些老客户进行短信群发或者旺旺群发，总之原则就是要让更多的目标客户知道活动。

店外也要多做推广，比如参加淘宝官方活动，或者运用直通车、钻展等推广工具。吸引更多的新客户，同时也借助店内活动提高成交转化率。

8.4 店内活动的实施

店内活动体系的最后一个环节是实施（如图 8-22 所示）。

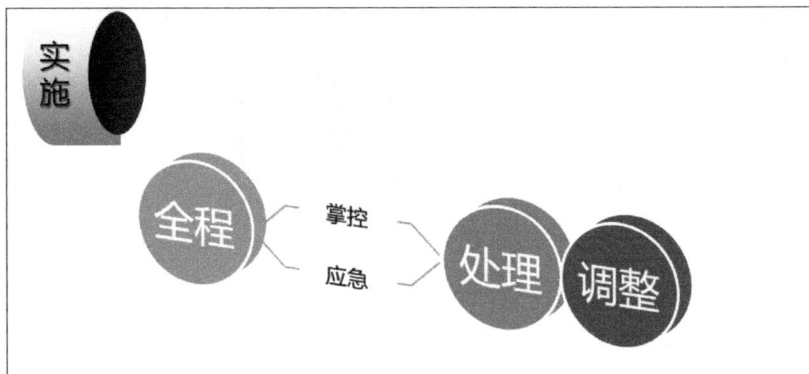

图 8-22

实施是整个活动的关键，没有实施的计划再完美也都是"白纸"一张。想要让活动达到预期的效果，除了之前的准备之外，更重要的是对整个过程的把控。因为不管计划有多完美，都有可能出现问题，一旦出现问题，就要及时处理并调整方向，以免问题的扩大化。

活动的最后一步，就是总结并为下次活动做准备（如图 8-23 所示）。

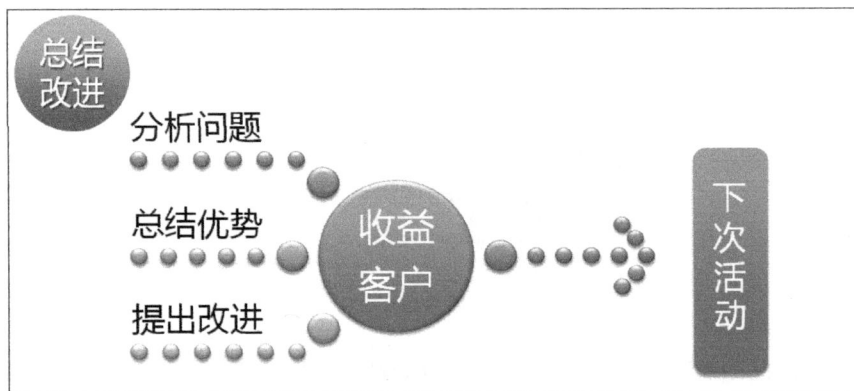

图 8-23

想做一次店内活动很简单。只要想做就可以，随便说个理由，随便做个讲价。这也是为什么有很多中小卖家明明做了店内活动，比如"买两件包邮"活动，但是当真正买家想要享有的时候，心里却想着，要是他不知道这个活动就好了，又或者如果活动生效自己就没有什么赚头了。其实这些都是因为没有系统化安排活动而造成的。想做一次有收获、有规划的店内活动其实并不容易，是需要做很多安排和筹备才能得以实现的。

第9章

淘宝客

9.1 淘宝客推广

9.1.1 什么是淘宝客推广

淘宝客推广简称淘客推广，是一种在推广商品成交后，按提成比例来提取相应佣金的推广模式。我们通常把这种推广模式称为 CPS（按成交计费，如图 9-1 所示）。

图 9-1

通俗点来讲，使用淘宝客推广，即商家将商品设置淘客佣金，淘客推广商品，商品被购买后，淘客领取相应的推广佣金。

淘宝客简称淘客，是指帮助商家推广商品的主体。这个主体可以是"个人"（个人站长、博客主、微博主、论坛主或会员等）、"团体"（公司或淘客团体），也可以是"网站"（淘宝联盟、导购网站、返利网站等）。

淘宝客推广的入口：卖家中心—我要推广—淘宝客推广（如图 9-2 所示）。

图 9-2

9.1.2 合理看待淘宝客

淘宝客只是一个推广平台的代称，本身并不存在好坏之分，推广成败的关键依然在于使用者。

1. 淘宝客推广的优势

a. 成交才支付佣金，高投入产出比。

b. 成本低，展示点击均为免费。

c. 可以自行招募稳定的淘客群体，建立长期推广合作关系。

d. 淘宝客推广，可以让商家的优质产品直接被一些导购网站抓取收录，减少了烦琐的推广操作。

e. "一淘"、"爱淘宝"的出现，预示着引流模式的更替。淘宝客将在未来的站外引流中扮演至关重要的角色。

2. 淘宝客推广的劣势

a. 淘宝客推广见效相对比较缓慢，需要长期积累发力。如果想要有显著的推广效果，需要配合直通车、钻石展位等其他更直接的推广工具来使用。

b. 淘宝客推广也需要有一定的实力以及交际能力和人脉关系。商家要善于招募优秀淘客并能长期维系关系。如果商家想要跟很多淘客类网站合作，要么自己有相应的人脉关系，要么就要有足够的实力（资金或品牌、商品足够优秀）能够获得相应网站的青睐才行。

c. 淘宝客推广设置佣金后，也会带来不必要的成本。比如一些浏览器或网站的劫持，恶意篡改地址，导致只要客户使用该浏览器进行购物就会产生淘客佣金。而这些佣金是没有经过推广的，没有为店铺带来任何展现和点击。

常见的网站类淘宝客账号：

上海奇泰：为 360 浏览器淘客账号

Taobaoss137：为一淘网淘宝客账号

苹果元元 88：为 51 返利网淘宝客账号

sogouie：为搜狗浏览器的淘宝客账号

fanhuancom：为返还网的淘宝客账号

贝壳网际：为金山浏览器淘宝客账号

因为互联网信息的时效性，以上账号信息仅供参考，想要了解具体信息，大家可自行在互联网上进行查询（如图 9-3 所示）。

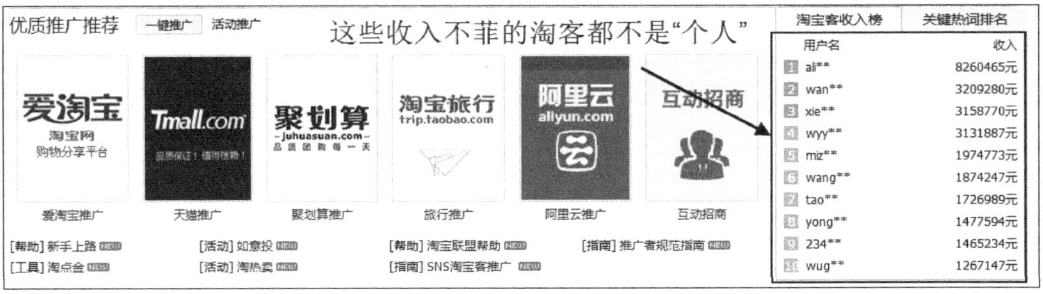

图 9-3

9.1.3 一些网站与淘宝客

一般淘宝客推广的产品，在被点击后，链接地址会经过跳转，这时你只要留心看着（网速越慢越容易发现）浏览器地址栏跳转中的地址是否含有 "s.click.taobao……" 就可以进行简单判断了。如果含有该前缀，一般为淘宝客推广的产品，反之则不是。

9.1.4 淘宝客推广的计费方式

淘宝客推广的收费方式为 CPS（按成交计费）。

举例说明：

商家把 A 产品进行淘宝客推广,并设置推广佣金比为 5%,假定 A 产品售价为 100 元。淘客 X 选取了 A 产品进行推广。最终客户通过淘客 X 的推广链接查看了 A 产品并购买,交易成功。而此时商家 A 需要支付淘客 X 的佣金为:100 元×5%＝5 元。

在商品购买之前,不管有多少客户通过淘客 X 的链接进入到了商家的产品页面均不会产生佣金费用。

客户点击淘客 X 的链接查看了 A 产品,只要他在 15 天内产生了购买并交易成功,商家均需支付淘客 X 佣金。超过 15 天,将不计佣金。

9.2 做不好淘宝客推广的原因分析

做不好淘宝客推广一般由以下几种原因造成:

1."急功近利"的心理

淘宝客推广有别于其他直通车、钻石展位等其他推广方式。就拿直通车推广来说,如果你做了正确的投放,可以在很短时间内获得大量的店铺访问 UV,而淘宝客推广则不是,它需要长期的积累才会有效果。所以很多商家往往坚持不到它见效时就选择了放弃持续优化。更有甚者因为觉得淘客没有带来多少流量却产生了佣金而退出淘客。

其实只要换个角度来思考,淘宝客的推广并非我们所认为的那么没有效果。

首先,淘宝客是用成交来换取佣金的,所以不能将其与直通车这类大撒网式的换取展现与点击的推广方式来对比引入流量。取而代之的是我们应该来比较其相应的 ROI(投入产出比)。

其次,淘宝客推广是长期的推广工具,它虽然见效慢,但是一旦有了效果将会相对比较稳定,讲究长期效果。虽然淘宝直通车、钻石展位等推广方式见效快,但是起伏也比较大,而淘宝客推广的稳定是它们所无法比拟的。

2. 不知道淘宝客推广

不知道淘宝客推广一般分为两种,一种是从来没有听说过淘宝客推广,另外一种是听说过淘宝客推广,但是并不知道它的效果。

这两种原因都很好解决,只要认真学习并且去了解淘宝客推广,问题将会迎刃而解。如果你此刻已经知道淘宝客推广及其威力了,那么从现在开始就认真学习并开始推广吧(如图 9-4 所示)。

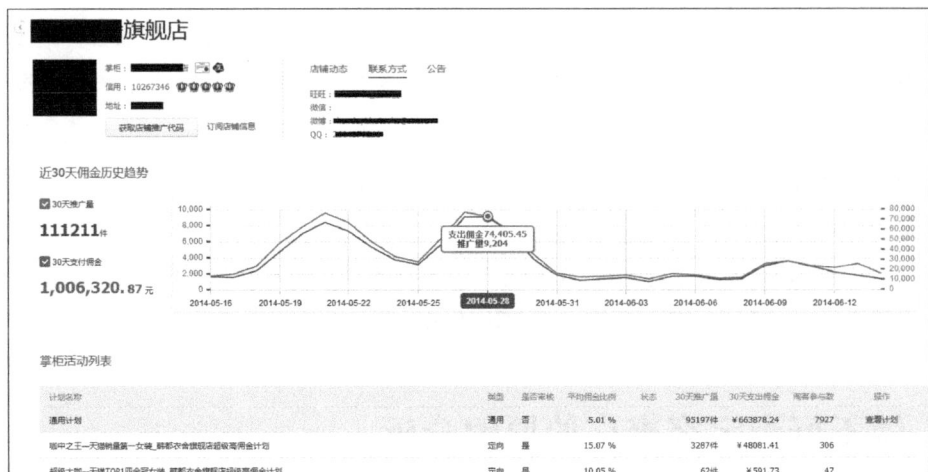

图 9-4

3. 因为一些网站的"劫持"佣金行为而放弃推广

如果你是因为这个原因而没有认真进行淘宝客推广，那么你应该重新认真地去思考下利弊。网站的"劫持"行为是不符合市场规律的，所以只能是暂时的。而你如果因为这个暂时性的行为而放弃了在淘宝客推广中的长期蓄势行为，将来也必将会为此付出相应的代价。

当然，利弊的分析，见仁见智，更多的还是需要根据你自身的实际情况进行分析处理。

4. 一直做淘宝客推广，但几乎没有什么收效，所以放弃

所有的推广工具的使用都是一个循序渐进的学习与实践的过程。如果你想要用好淘宝客推广，就要做好长期学习实践的准备，不要为一时的成败得失而气馁。本章接下来的内容也将针对此问题进行讲解。

9.3 如何吸引淘客

9.3.1 淘宝客的开通流程

1. 开通淘宝客的准入条件（参照淘宝客推广软件产品服务 使用规范之卖家篇 2014 年 10 月 1 日版）

（1）天猫商家（即入驻 tmall.com 的商户）准入条件：

a．店铺动态评分各项分值均不低于 4.5。

b．店铺状态正常且出售中的商品数大于等于 10 件（同一商品库存有多件的，仅计为 1 件商品）。

c．不得有因违反《天猫规则》中关于出售假冒商品的行为而被扣分 6 分及以上。

d．不得有因违反《天猫规则》中关于其他严重违规行为（出售假冒商品除外）而被扣分 12 分及以上。

e．不得有因违反《天猫规则》中关于虚假交易违规行为而被扣分 12 分及以上。

f．用户未处于违反下述规则被扣分之日起三十天内的：违反《天猫规则》"描述不符"中"商家对商品材质、成分等信息的描述与买家收到的商品严重不符，或导致买家无法正常使用的"。

g．签署支付宝代扣款协议。

h．未在使用阿里妈妈或其关联公司其他营销产品（包括但不限于钻石展位、淘宝直通车、天猫直通车、网销宝全网版/1688 版等）服务时因违规被中止或终止服务。

（2）淘宝网卖家准入条件：

a．卖家信用等级在一心及以上或参加了消费者保障计划。

b．卖家店铺动态评分各项分值均不低于 4.5。

c．店铺状态正常且出售中的商品数大于等于 10 件(同一商品库存有多件的，仅计为 1 件商品)。

d．不得有因违反《淘宝规则》中关于出售假冒商品的行为而被扣分 6 分及以上。

e．不得有因违反《淘宝规则》中关于其他严重违规行为（出售假冒商品除外）而被扣分 12 分及以上。

f．不得有因违反《淘宝规则》中关于虚假交易违规行为而被扣分 12 分及以上。

g．签署支付宝代扣款协议。

8．未在使用阿里妈妈或其关联公司其他营销产品（包括但不限于钻石展位、淘宝直通车、天猫直通车、网销宝全网版/1688 版等）服务时因违规被中止或终止服务。

2．开通淘宝客的操作流程

（1）进入联盟：

a．通过"卖家中心"后台"营销中心"单击"我要推广"进入"我要推广"页面。

b．单击"淘宝客推广"进入"淘宝联盟协议确认"页面。

（2）确认协议：在"确认协议"页面勾选并确认协议（如图 9-5 所示）。

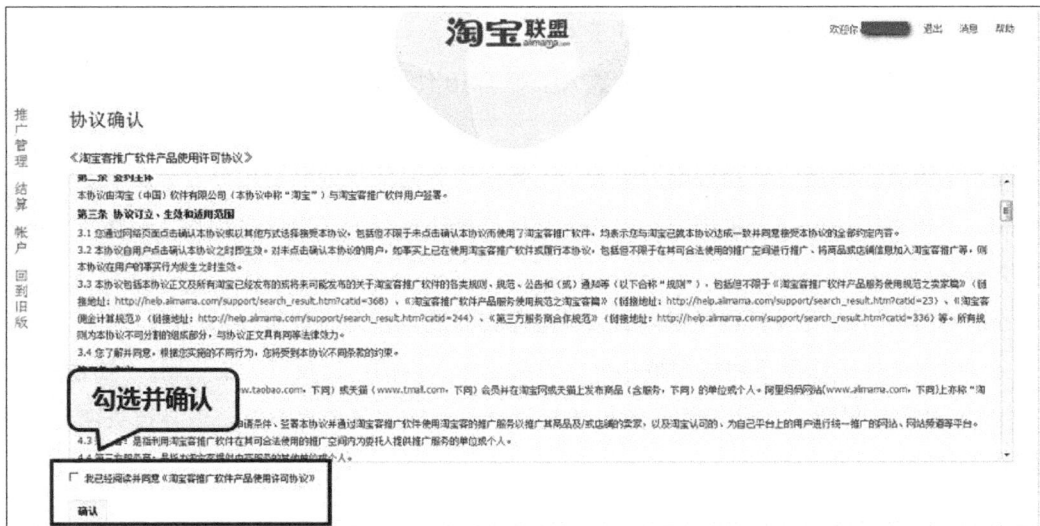

图 9-5

（3）开通"支付宝账户付款"服务：按提示输入支付宝信息，单击"同意协议并提交"
按钮（如图 9-6 所示）。

图 9-6

（4）开通成功：进入淘宝客推广卖家操作后台。

有的天猫店铺首次加入淘宝客推广后会发现账户总览下有结算金额。需要说明的是结
算金额是指推广成交之后的产品交易额，而并非需要支付的佣金。而我们需要支付给淘客
的佣金数据要看"佣金"下的数据（如图 9-7 所示）。

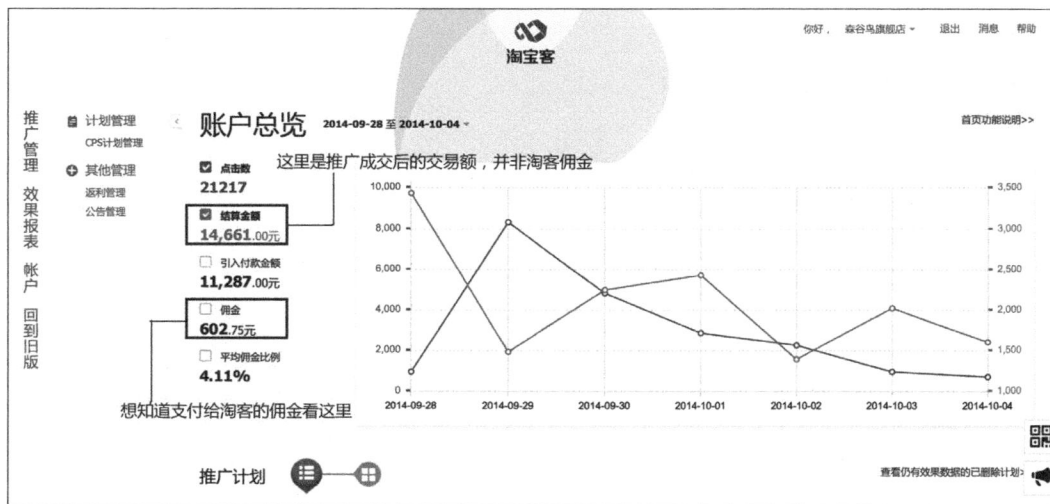

图 9-7

9.3.2 淘宝客的推广原理

淘客推广产品的原理如图 9-8 所示。

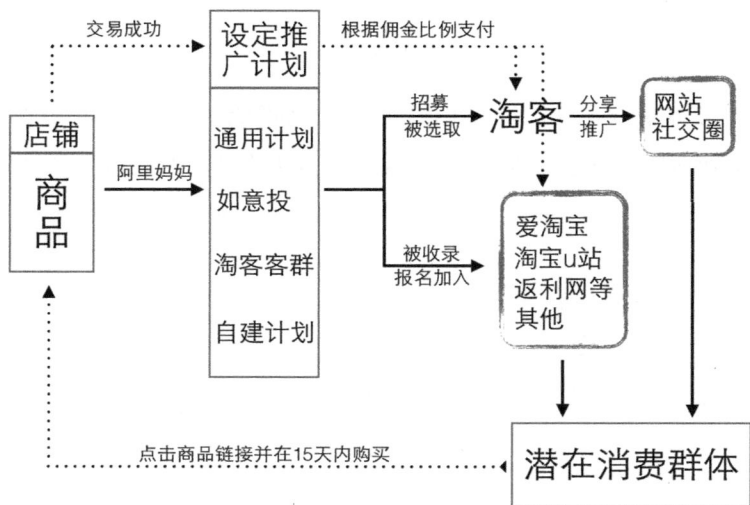

图 9-8

a. 商家将经营的类目、商品设置淘客佣金比。

b. 商品展现在淘宝客推广系统中。

c. 个体淘客或淘客联盟选取商品进行推广。

d. 商品成交后将相应佣金比的佣金支付给淘客。

9.3.3 如何设置推广计划

1. 通用计划（如图9-9所示）

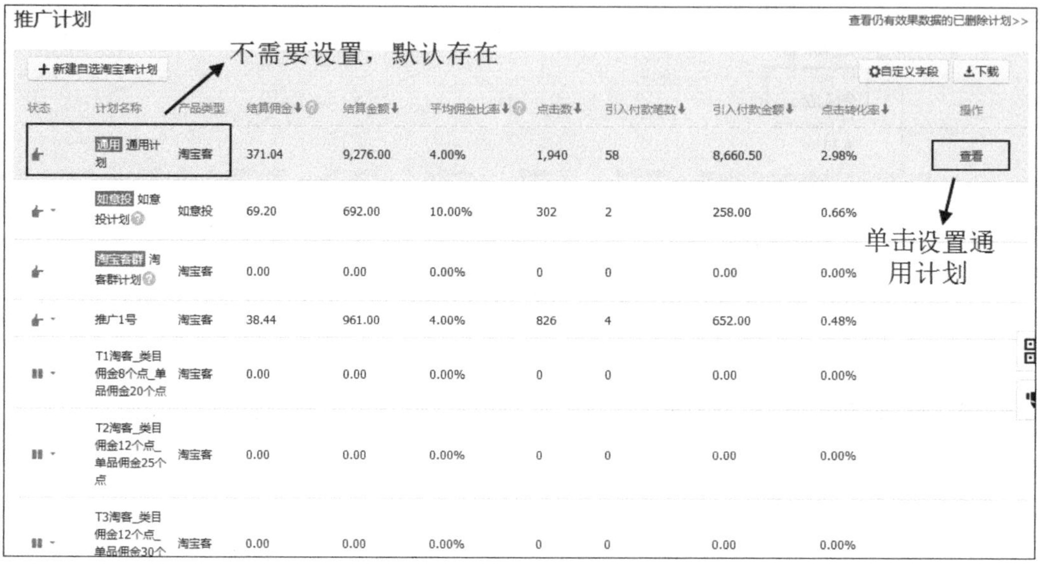

图 9-9

"通用计划"无需建立，默认显示在推广计划列表的第一项。单击"查看"进入"通用计划"的"佣金管理"页面进行类目推广佣金比例及主推产品的设定（如图9-10所示）。

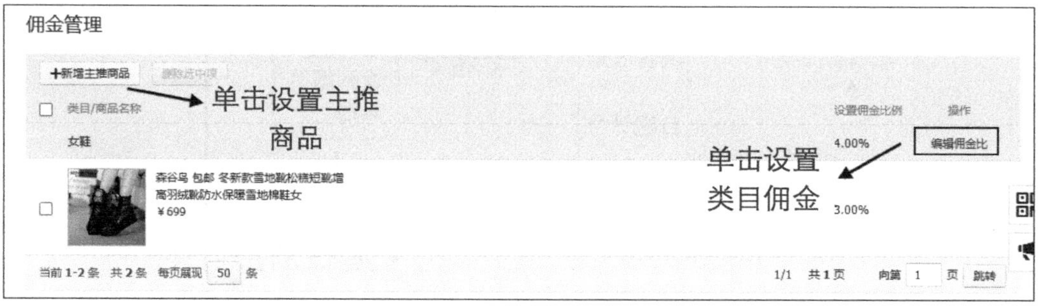

图 9-10

主推类目为系统根据你所销售的产品类目默认选定。设定的佣金比范围为3%～50%。

单击"新增主推商品"，可以进行产品的个性佣金比例设定。最多可添加 30 款主推产品（如图9-11所示）。

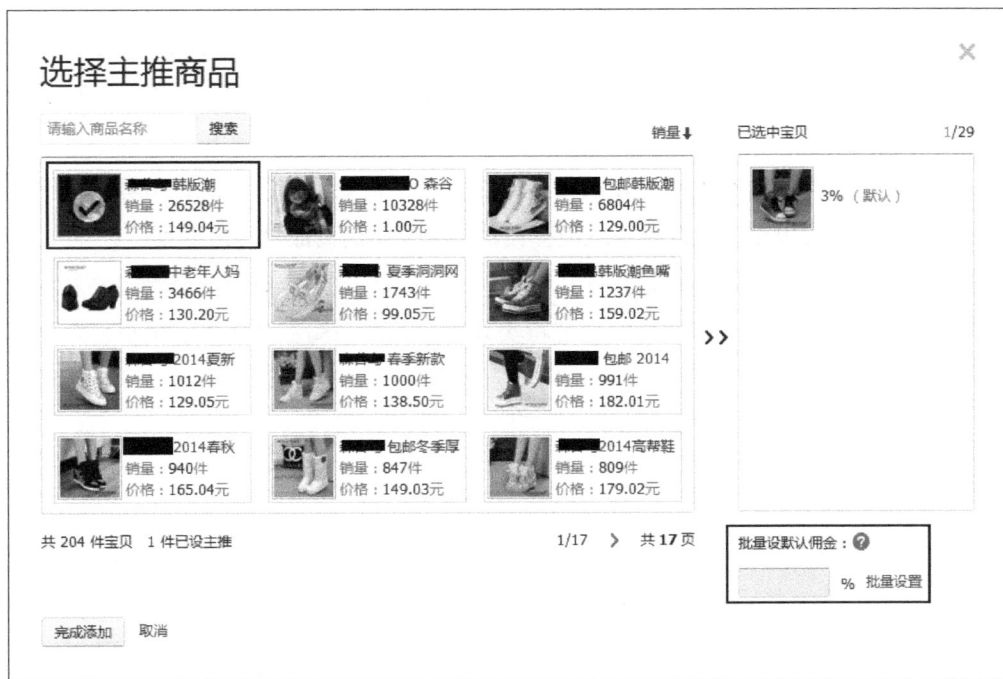

图 9-11

主推商品的佣金比优先级高于类目佣金比，即设定了主推商品佣金比的商品以设定的佣金比为准。而那些没有设定成为"主推商品"的商品，因为没有个性佣金比，一旦产生成交，则需要按照类目佣金比对淘客进行佣金支付。

2. 如意投

（1）什么是如意投

如意投是为淘宝卖家量身定制的，帮助卖家快速提升流量，按成交付费的精准推广营销服务（如图 9-12 所示）。

图 9-12

如意投系统会根据商家的产品特征进行选取推广，通过如意投，可以将商家的产品展现给站外的买家。相对于传统的淘宝客，如意投有系统智能、精准投放、流量可控、渠道精准的几个特点。

如意投不需要商家进行复杂烦琐的推广操作，也不需要商家进行淘客招募，只需将商品进行合理的如意投设定，如意投系统便会自动选取优质的商品进行站外推广。

简单来说，如意投就像站外的"淘宝直通车"，只不过直通车进行的是淘宝网站内的产品推广，而如意投进行的是在站外的淘宝特卖频道和一些与淘宝网合作的中小传媒网站进行产品推广。

（2）如意投的投放原理（如图 9-15 所示）

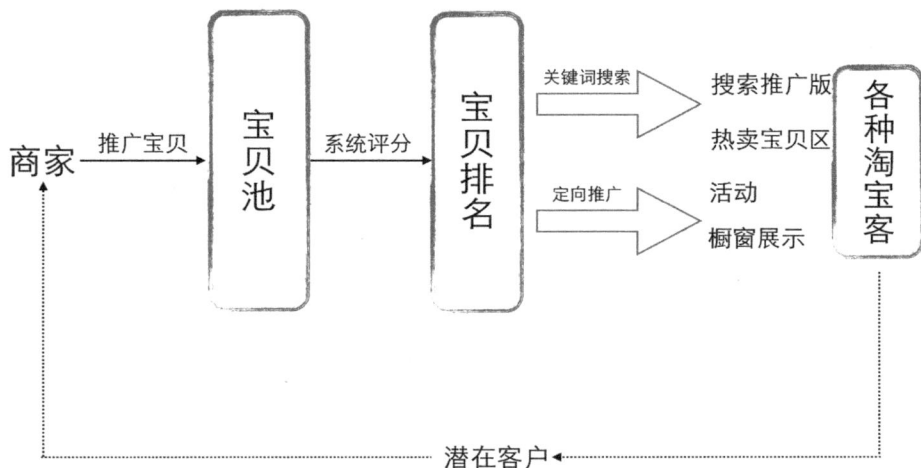

图 9-13

商家投放推广商品，进入如意投宝贝池。如意投系统根据系统对宝贝的评分，对宝贝进行智能排名，系统评分越高的宝贝展现的几率则越大。被选取的宝贝再由各种淘宝客进行推广，最终带来成交。

（3）如何设置如意投

a. 进入"淘宝客卖家平台"。

b. 在推广计划版块下找到"如意投计划"，在对应的"状态"下单击"||"进行"如意投计划"的激活（如图 9-14 所示）。

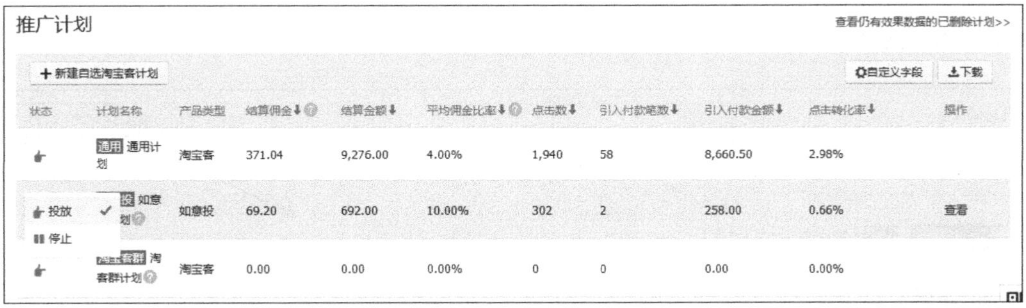

图 9-14

c．单击"新增主推商品"，进行主推商品的添加。同时可以对主推商品进行单个佣金比的设定或者批量佣金比设定。创建或修改的设置会在一天后生效（如图 9-15、9-16 所示）。

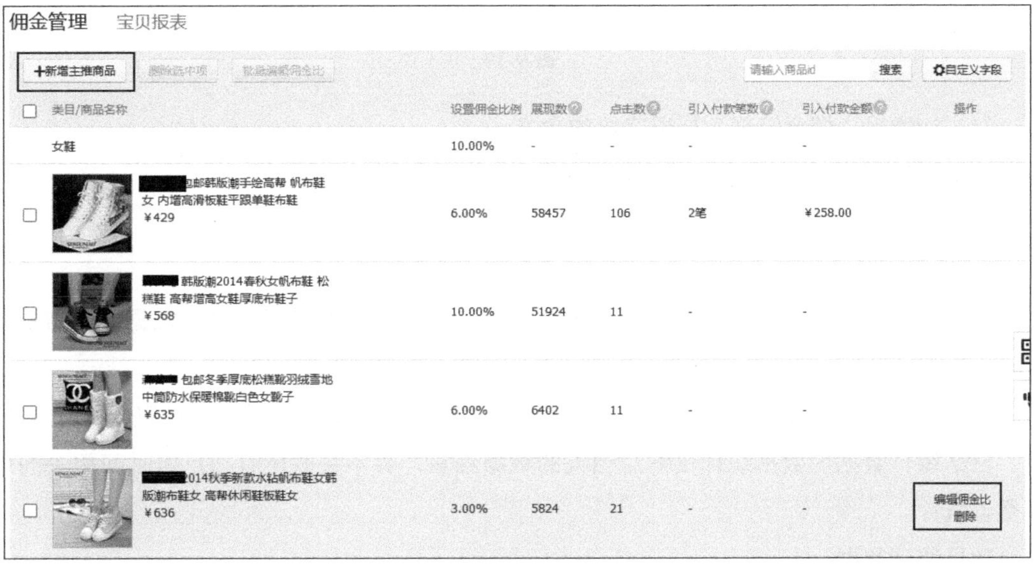

图 9-15

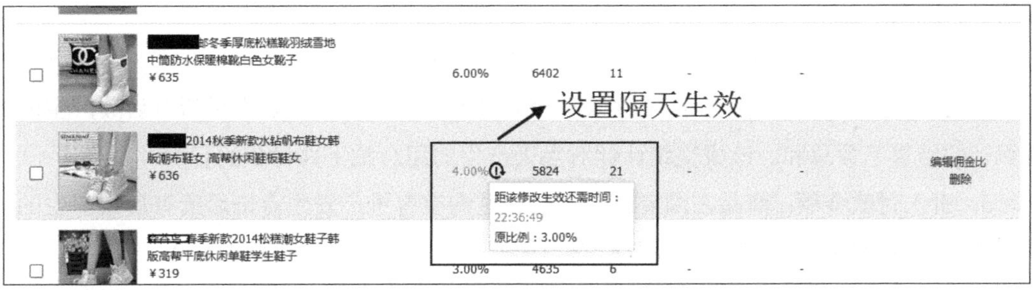

图 9-16

d．单击"自定义字段"进行宝贝展现的数据信息的设定。建议展现"质量评价、排名参考"（如图 9-17 所示）。

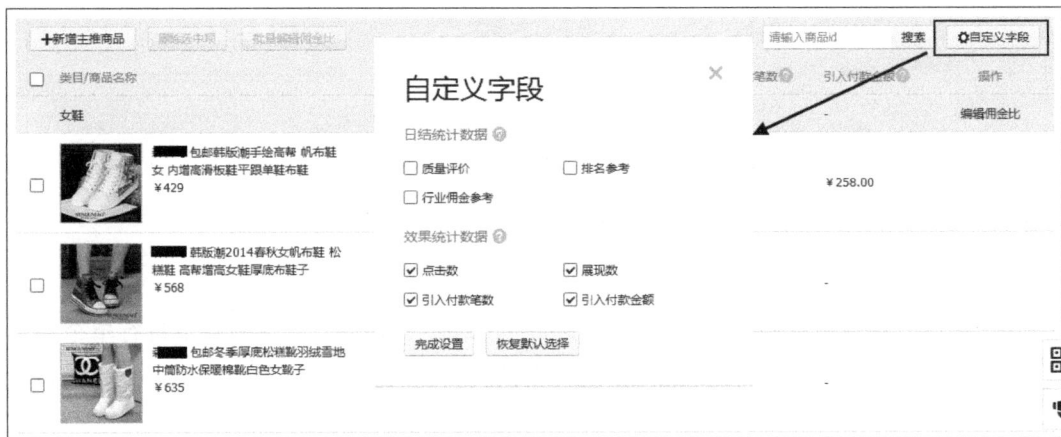

图 9-17

（4）如意投"佣金管理"展现字段的含义

如意投目前展现的字段主要包含两大类。

日结统计数据：

a．质量评价。

b．参考排名：是指当前商品在所获得的流量上的一个排名体现，排名数据需要与展现量结合来看。

c．行业佣金参考：是指商品所在二级类目中有成交效果的推广商品的平均佣金设置数值。

日结统计数据的数据统计仅针对当天的数据结算，并不关联所有与点击时间相关的效果数据统计。

效果统计数据：

a．点击数：推广商品被买家点击的次数，当淘宝客推广并带来用户浏览发生点击行为，即为一次点击。

b．展现数：推广宝贝在如意投展示位上被买家看到的次数。

c．引入付款笔数：商品在淘宝联盟平台通过淘宝客推广发生点击后所有后续产生的效果累计的结算笔数总和。该成交统计针对当天产生的用户拍下并付款的行为。

d．引入付款金额：商品在淘宝联盟平台通过淘宝客推广发生点击后所有后续产生的效果累计的结算金额总和。该成交统计针对当天产生的用户拍下并付款的行为。

效果统计数据里的数据与日结统计不同，效果统计数据可进行点击时间的回溯关联。点击回溯的时间为 15 天。即点击行为发生后的 15 天内所产生的数据均已被记录。

（5）如意投"宝贝报表"展现字段的含义

日结统计数据：

a．平均结算佣金比率：平均佣金比率＝佣金/结算金额。反应一段时间内的宝贝平均支出的推广佣金占比，与结算金额一样有一定延迟。

b．结算佣金：商品在淘宝联盟平台上支付淘宝客推广所花费的佣金金额。此佣金的计算是仅针对当天的结算金额（确认收货的结算金额），不能用它来描述本天的效果，因为此佣金可能是前段时间的效果带来的佣金支出。

c．结算笔数：与"佣金管理"中的字段含义相同。

d．结算金额：与"佣金管理"中的字段含义相同。

效果统计数据：

a．点击数：与"佣金管理"中的字段含义相同。

b．点击转化率：商品在淘宝联盟平台通过淘宝客推广发生点击后成交数据的转化比率，等于引入付款笔数除以点击数。

c．点击率：点击率等于点击数除以宝贝展现数，点击率的高低与推广所在位置和宝贝自身的效果相关。

e．展现数：与"佣金管理"中的字段含义相同。

f．展现转化率：展现转化率＝引入付款笔数/展现数。

g．引入付款笔数：与"佣金管理"中的字段含义相同。

h．引入付款金额：与"佣金管理"中的字段含义相同。

（6）佣金比的设定

如意投为站外推广，官方统计数据如意投的平均转化率为3%，点击率为0.5%。

商品推广的佣金比的设定，没有固定的比例模式可以去遵循。所以在设定时我们需要根据自己的实际用途来做判断。当然也可以根据产品的周期来进行合理的推算设置。

比如推广初期，商品自身的成交量等权重因素不够成熟，我们可以将推广佣金设置为保本比例，等到商品自身的其他权重因素有所提升时，我们可以进行相应的佣金比调低，来获取更多利润。

（7）如意投的主要展现位置

a．爱淘宝（ai.taobao.com，如图 9-18 所示）。

b．中小网站的橱窗推广（如图 9-19 所示）。

c．站外搜索（如图 9-20 所示）。

图 9-18

图 9-19

图 9-20

（8）如何优化如意投

系统评分＝推广宝贝的综合质量评价分

质量评价是如意投投放系统根据宝贝的历史数据计算出的宝贝的综合转化成交能力。一般分为好、中、差三个级别，如果无显示，则说明宝贝质量评价太差了。

如意投的质量评价其实与直通车关键词的质量得分有着异曲同工之处。由于其相关因素算法会不断变化，所以我们无法得知其详细的权重因素，但是我们可以经过测试得知其主要权重因素包括宝贝推广佣金比、宝贝转化率、宝贝点击率、宝贝相关性、店铺综合分。根据这些元素判断，选择如意投推广的宝贝依然是热销款（爆款）宝贝优先。

优化如意投的关键除了做好推广商品的内功（主图、标题、描述、DSR 等综合评分）外，还需要增加产品的站外流量成交转化率。要做到这点的最快办法，就是结合淘宝直通车以及钻石展位等站外推广。至于如何结合，则需要根据特定商品的特性进行综合推广的理论推导及测试。因为没有一套固定模式可供大家套用，所以本书也无法为大家展现相应具体办法。如对这个方法有兴趣可以准备相应店铺信息与作者进行专属店铺推广方法探讨。

（9）如何关闭如意投

将鼠标光标移动到如意投计划前方，单击"停止"，即可停止投放（如图 9-21 所示）。

状态	计划名称	产品类型	结算佣金	结算金额	平均佣金比率	点击数	引入付款笔数	引入付款金额	点击转化率	操作
	通用通用计划	淘宝客	408.59	10,224.10	3.99%	7,472	67	9,587.00	0.89%	
投放 ✓ 停止	如意投	如意投	27.80	278.00	10.00%	705	3	408.00	0.42%	查看

图 9-21

3．淘宝客群

（1）什么是淘宝客群

淘客群是阿里妈妈在 2013 年推出的搭建在淘客端和商家端的无缝对接渠道。通过淘宝客群批量使得商家和淘宝客在平台上实现互动（如图 9-22 所示）。

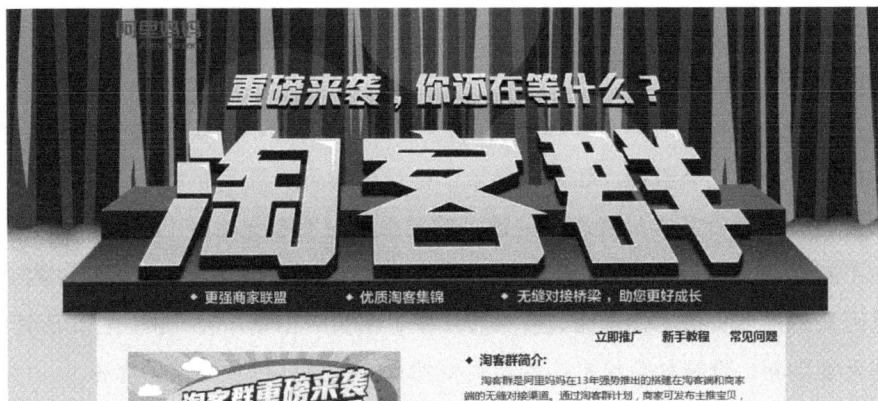

图 9-22

（2）如何加入淘宝客群

a．登录“淘宝客卖家平台”，在推广计划下找到“淘客群计划”（如图 9-23 所示）。

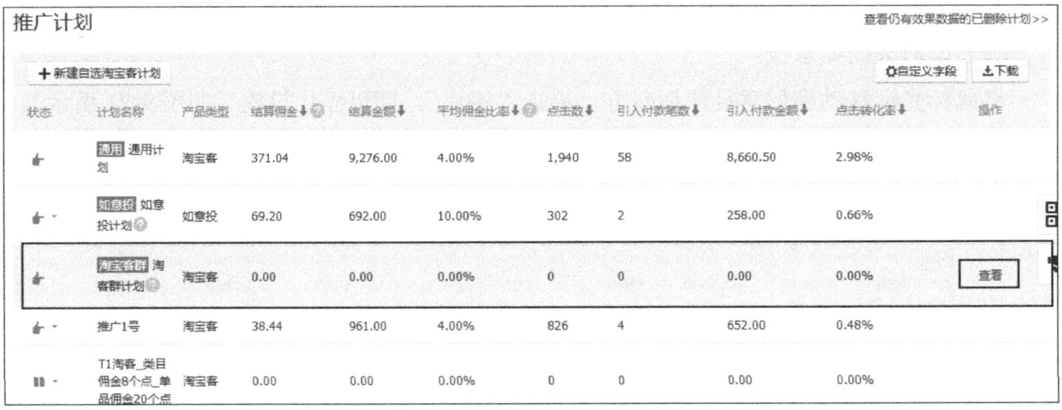

推广计划　　查看仍有效果数据的已删除计划>>

+新建自选淘宝客计划　　自定义字段　下载

状态	计划名称	产品类型	结算佣金	结算金额	平均佣金比率	点击数	引入付款笔数	引入付款金额	点击转化率	操作
	通用 通用计划	淘宝客	371.04	9,276.00	4.00%	1,940	58	8,660.50	2.98%	
	如意投 如意投计划	如意投	69.20	692.00	10.00%	302	2	258.00	0.66%	
	淘宝客群 淘客群计划	淘宝客	0.00	0.00	0.00%	0	0	0.00	0.00%	查看
	推广1号	淘宝客	38.44	961.00	4.00%	826	4	652.00	0.48%	
	T1淘客_类目佣金8个点_单品佣金20个点	淘宝客	0.00	0.00	0.00%	0	0	0.00	0.00%	

图 9-23

b．单击“操作”栏下的“查看”进入淘客群计划页面，选择相应淘客群计划，单击“加入计划”，进入佣金管理页面（如图 9-24 所示）。

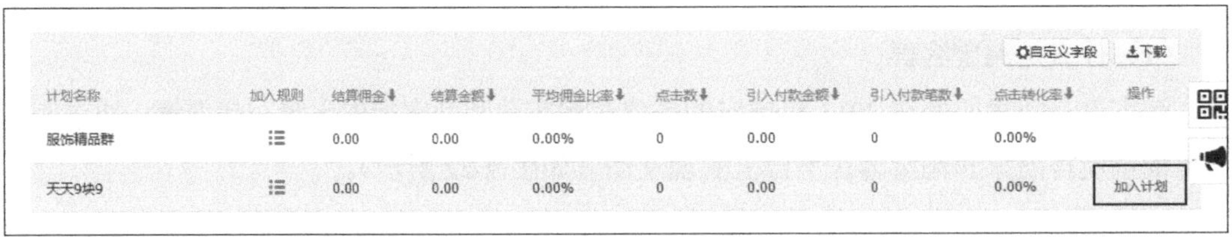

自定义字段　下载

计划名称	加入规则	结算佣金	结算金额	平均佣金比率	点击数	引入付款金额	引入付款笔数	点击转化率	操作
服饰精品群		0.00	0.00	0.00%	0	0.00	0	0.00%	
天天9块9		0.00	0.00	0.00%	0	0.00	0	0.00%	加入计划

图 9-24

c．在佣金管理页面单击“新增主推商品”，进行产品添加及佣金比设置（如图 9-25 所示）。

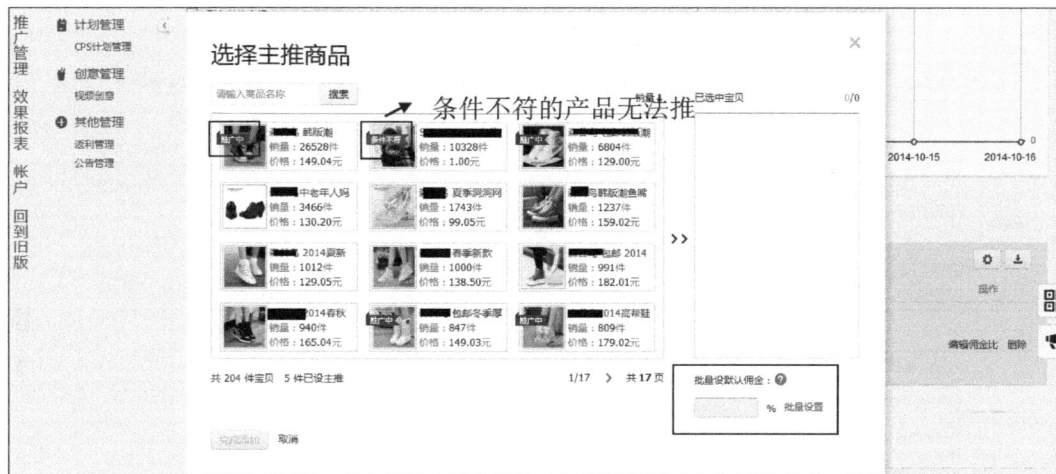

图 9-25

目前淘客群计划仅开放了"天天 9 块 9"和"服饰精品群"两个群，"天天 9 块 9"只允许添加 2 款主推商品；"服饰精品群"只允许添加 5 款主推商品。

（3）淘客群计划的准入条件

a．服饰精品群准入条件：

宝贝佣金比大于或等于 10%。

开放类目为男装、流行男鞋、女装、女士精品、女鞋。

b．天天 9 块 9 准入条件：

宝贝佣金比大于或等于 5%。

宝贝价格区间限定为 0~9.9 元。

（4）淘宝客群计划的优化

这个计划的优化原理相对来讲比较简单，主要是两点：一是产品转化率要高，二是产品的佣金高。

（5）如何关闭淘宝客群计划

直接进入加入的淘宝客群内删除所有主推商品即可。

4. 自选淘宝客计划

（1）什么是自选淘宝客计划

自选淘宝客计划是指由自己来选择和招募淘客的推广计划。可以选择公开或不公开计划，审核方式也很灵活，可以选择手动方式或自动方式（如图 9-26 所示）。

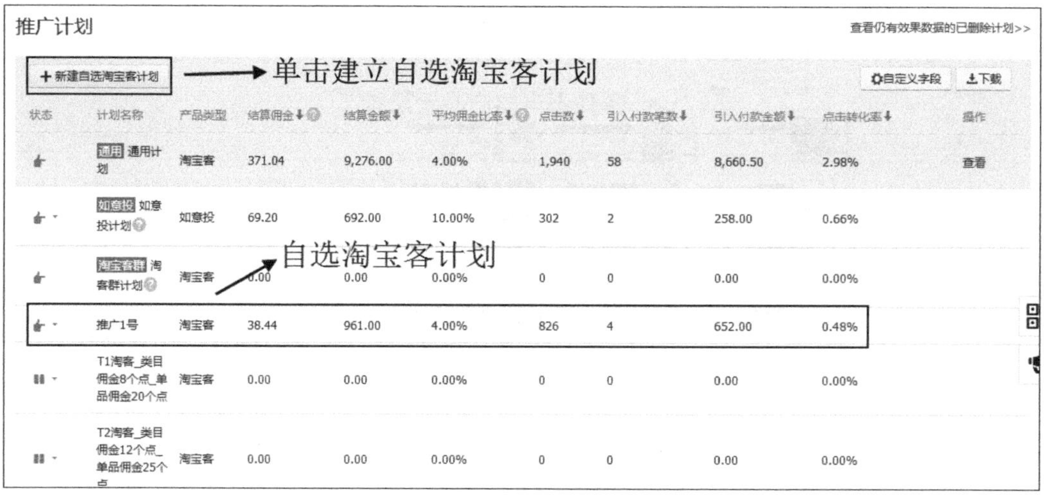

图 9-26

（2）自选淘宝客计划的优势

a. 灵活性高，针对性强，方便商家自主管理淘客，有利于维护商家与淘客的长久关系。

b. 可以通过发布公告和设置审核方式让淘客留下联系方式，以便与优质淘客取得联系。

c. 将审核方式设置为手动可以避免一些恶意网站的淘客佣金的"劫持"行为。

（3）如何设置自选淘宝客计划

a. 进入"淘宝客卖家平台"。

b. 在推广计划版块中单击"新建自选淘宝客计划"，进入自选淘宝客计划建立页面。

c. 按照需求填写相应信息，单击"创建完成"，进入计划页面（如图 9-27 所示）。

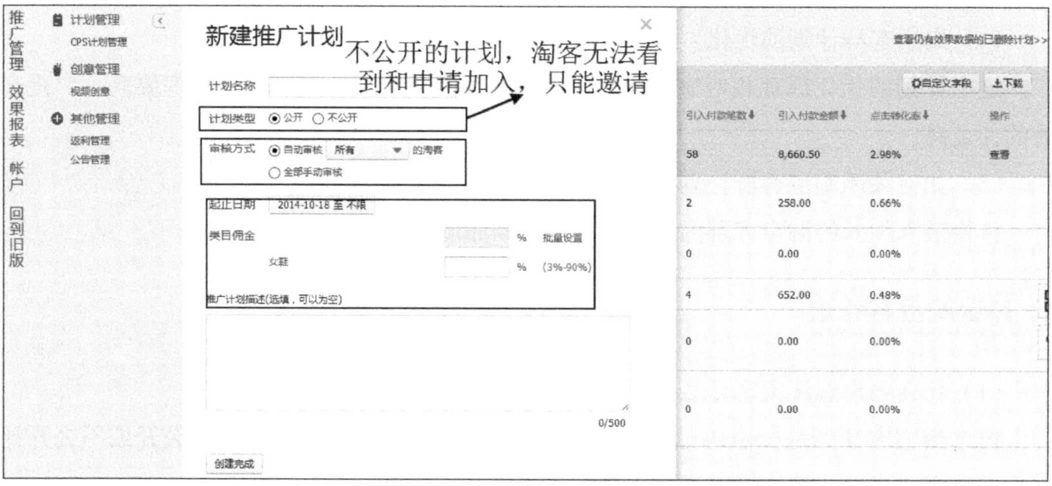

图 9-27

d. 添加主推商品并设置相应佣金比，主推商品最多可以添加 30 款。

（4）自选淘宝客计划"淘宝客管理"中字段含义

a．收藏宝贝数：淘宝客在淘宝联盟平台上为淘宝客推广所收藏的宝贝数。

b．收藏店铺数：淘宝客在淘宝联盟平台上为淘宝客推广所收藏的店铺数。

其他字段含义请参照"如意投"中相同的字段含义。

（5）如何关闭自选淘宝客计划

a．进入要删除的自选淘宝客计划（如图 9-28 所示）。

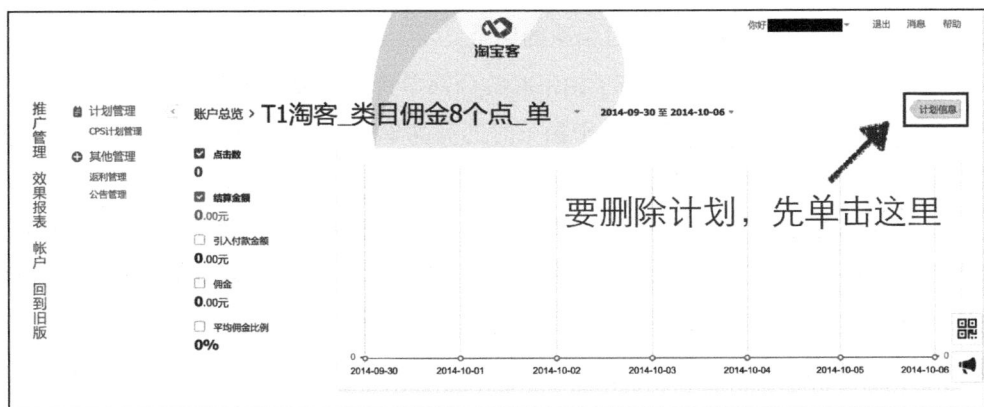

图 9-28

b．计划本身不可以直接删除，只能通过设置计划的结束日期使其失效来删除计划（如图 9-29 所示）。

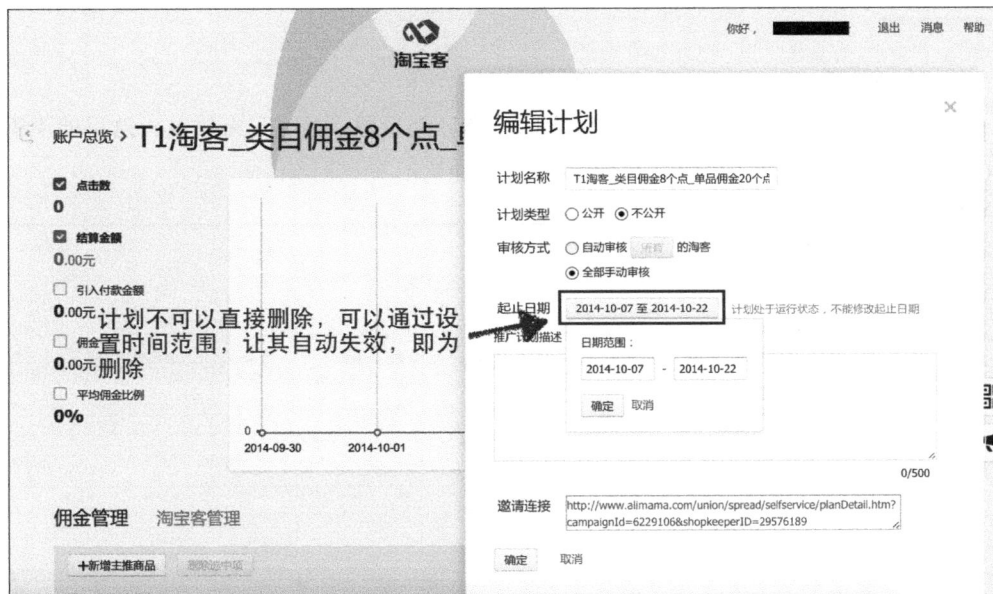

图 9-29

9.3.4 关于淘宝客佣金的设定

a. 商品设定了独立佣金比后，推广佣金比以独立佣金比为准，未设定独立佣金比的商品按照类目佣金比进行支付佣金。

b. 商家调整佣金比后，新的佣金比在 24 小时后才生效。

c. 如果买家通过淘宝客的推广链接进入店铺的当天并没有购买，但在此后的 15 天内完成了购买，商家仍需向淘宝客支付相应的佣金。

d. 如果实际交易金额大于或等于拍下时的商品单价，则按实际交易金额（不含运费）进行佣金计算。如果实际交易金额小于拍下时的商品单价，则按拍下时的商品单价金额进行佣金计算。

e. 如果买家通过淘宝客推广链接直接购买 A 商品，则直接按照该商品所对应的佣金比支付佣金；如果买家通过 A 商品的淘宝客推广链接购买了店铺内的 B 商品，则按照 B 商品对应的佣金比支付佣金给淘宝客；如果买家通过淘宝客推广链接购买了店铺内的非淘客推广商品 C，则按照类目的最低佣金比来支付佣金给淘宝客。

f. 商城采取全站结算形式，即全商城参加淘宝客推广的商品都可结算佣金。

9.3.5 淘宝客卖家平台

1. 推广管理

（1）计划管理

CPS 计划管理主要是计划管理，包含四大类计划设置，前文已有讲过，这里便不再赘述（如图 9-30 所示）。

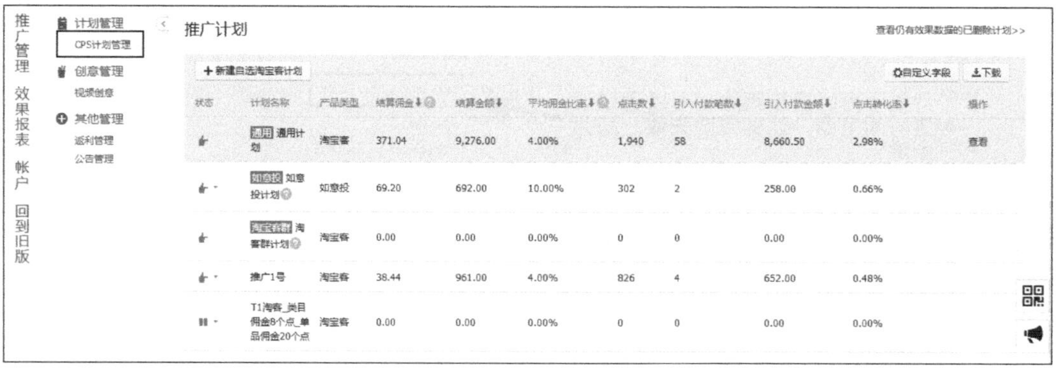

图 9-30

（2）互动招商

互动招商主要汇集了淘宝客发起的各种活动，方便商家寻找淘宝客及推广活动（如图 9-31 所示）。

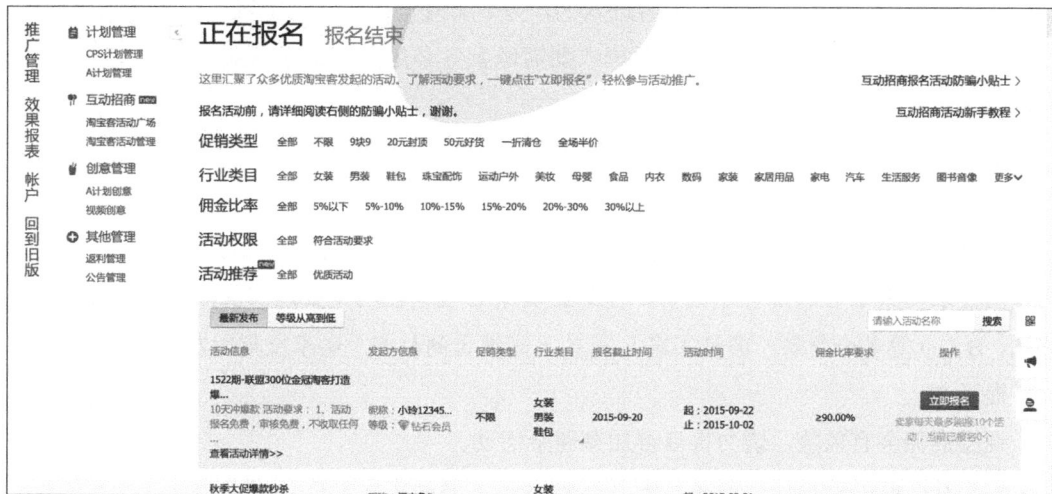

图 9-31

商家可以根据自己的需求，选择适合自己的活动进行报名，需要注意的是，切勿贪图效果，设置过高佣金，更要警惕上当受骗。以下为官方公布的几种利用互动招商进行诈骗的骗术：

案例一：

卖家 A：报名参加 A 淘客发起的 90% 佣金比率的活动，报名后忘记对商品设置库存及限购。

买家 A：通过淘宝客发起的活动进入，一下子购买了近 30 万元的商品。

此时，卖家 A 发现自己需要支付将近 27 万元佣金，承受不了损失违约不愿意发货。

可如果卖家因自身原因违约不发货，后续也将受到天猫 30% 的缺货赔款。

提示 1：

设置高佣金有风险，请勿盲目参加高佣金活动。

如参加活动务必设置好商品的库存量及每位买家的限购数量，以避免佣金支付金额超出自身承受范围。

案例二：

卖家 B：报名参加 B 淘客活动并设置了 90% 的佣金。

买家 B：以批发的名义找卖家 B 买 30 万元的货物，并以帮公司购买或者种种理由，要求卖家购买后线下返 10 万元差价给自己。后续卖家线下退款并发货后，却发现买家 B 是通过淘宝客推广进入，需要支付 90%佣金，最终自己支付金额高达 37 万元。

提示 2：

设置高佣金有风险，请勿盲目参加高佣金活动。

任何买家都有可能是通过淘宝客进入的，务必实时记得自己淘宝客推广需要支付佣金。

线下打款有风险，不受淘宝网保护。如需退款务必走淘宝正常退款流程，保证自己的利益。

案例三：

卖家 C：报名参加 C 淘客活动并设置了高佣金商品 C。

买家 C：要求购买店铺内的多个宝贝。但是最终只拍下了高佣金商品 C，以自己嫌麻烦为理由要求卖家 C 在该商品下改价，但却让卖家 C 发自己约定要购买的商品。即实际要购买 A、B、D 等多个商品，但是买家 C 只拍下高佣金商品 C，卖家发货后发现受骗。

提示 3：

设置高佣金有风险，请勿盲目参加高佣金活动。

购买什么商品就拍什么商品，千万不要拍下 A 商品实际发货 B 商品。

（3）创意管理

推广视频的管理上传及设置（如图 9-32 所示）。

图 9-32

（4）其他管理

其他管理主要包含返利管理和公告管理两项。

a．返利管理用于开启和关闭返利功能。关于返利的内容，页面会有详细讲解，本书也不再赘述（如图 9-33 所示）。

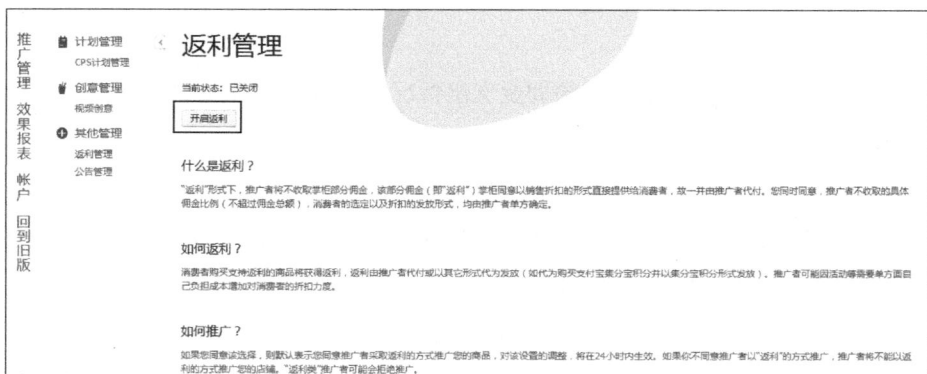

图 9-33

b. 公告管理用于将店铺信息展现给淘宝客，主要包含掌柜奖励、掌柜促销、掌柜热卖、其他（如图 9-34 所示）。

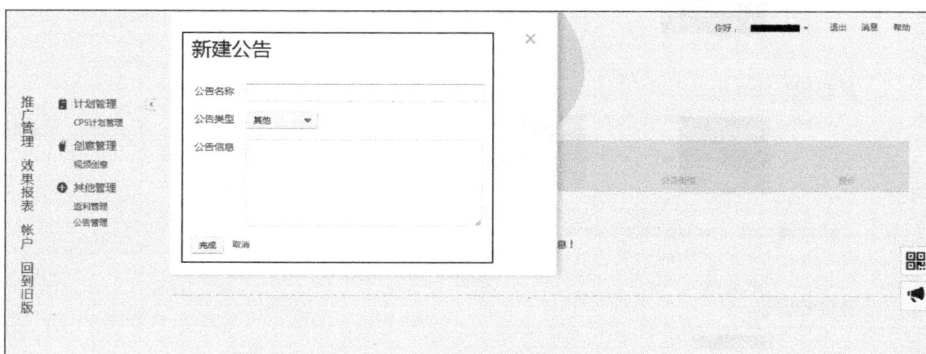

图 9-34

2. 效果报表（如图 9-35 所示）

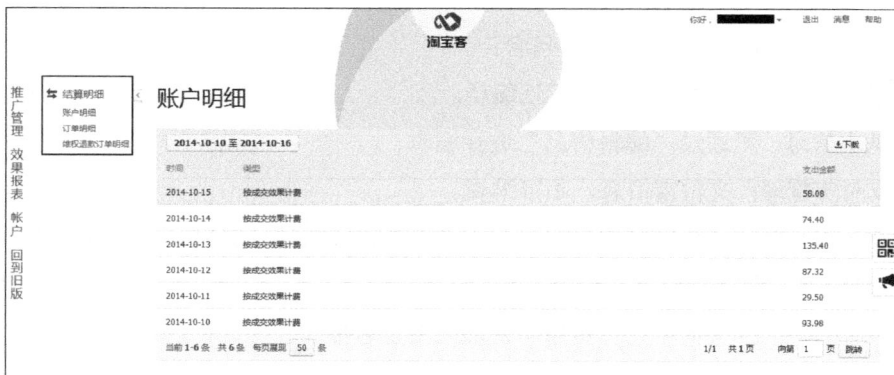

图 9-35

结算明细包含：

a.账户明细：主要用于展现每天的佣金支出情况，最多可以查询 90 天的记录。建议大家及时下载或记录。

b.订单明细：主要展现最近 90 天内的订单数据信息。

包含两个纬度选择：订单结算（您的订单已经成功支付佣金）及订单成功（您的订单买家已经确认收货，但还未支付佣金）。

c.维权退款订单明细：用于展现最近 90 天内的订单佣金推广情况。

3. 账户（如图 9-36 所示）

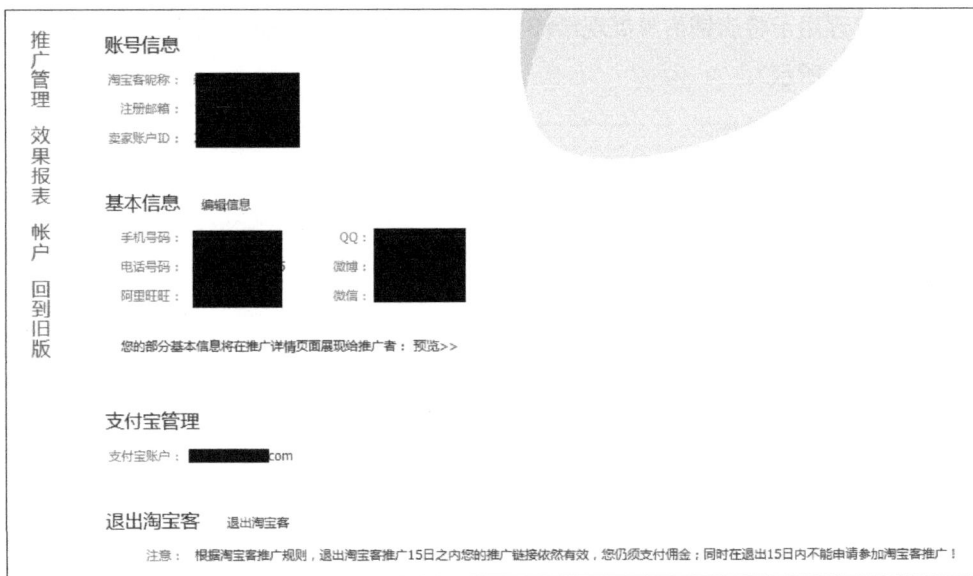

图 9-36

主要用于展现卖家的账户信息，包含：

a. 账号信息：注册时已确定，无法编辑。

b. 基本信息：可通过"编辑信息"进行编辑。

c. 支付宝管理：支付宝信息，不可编辑。

d. 退出淘宝客：若想退出淘宝客，可通过单击此按钮进行退出。退出后，推广链接在 15 天内仍然有效，仍需支付推广佣金。

退出淘宝客的 15 天内不允许重新申请加入淘宝客推广。

9.3.6　如何吸引淘客

1．如何获得淘客们的青睐

淘宝客推广除了你自身要有好的商品外，另外的一个关键点是要有优秀的淘客肯长期持续地来推广你的商品。想要让淘客来推广你商品，你就要让淘客获得他想要获得的东西——真正赚取到佣金。

首先，你需要了解淘客的需求。想要了解他们的需求，一方面你需要站在他们的角度去思考问题；另一方面你需要不断地与已经合作的淘客们进行沟通。

不要以为只要设置佣金就能满足淘客需求了，有很多时候淘客在推广时也是想更多地了解你的产品，当然如果你再能给一些他们所需要的素材那就更好了！所以保持双方的沟通就显得至关重要了。

如何保持良好的双向沟通？一方面你需要通过审核等方式来获取淘客们的联系方式，另外一方面你也要让想找到你的淘客能够找得到你，不要在资料上什么都没有（如图 9-37 所示）。

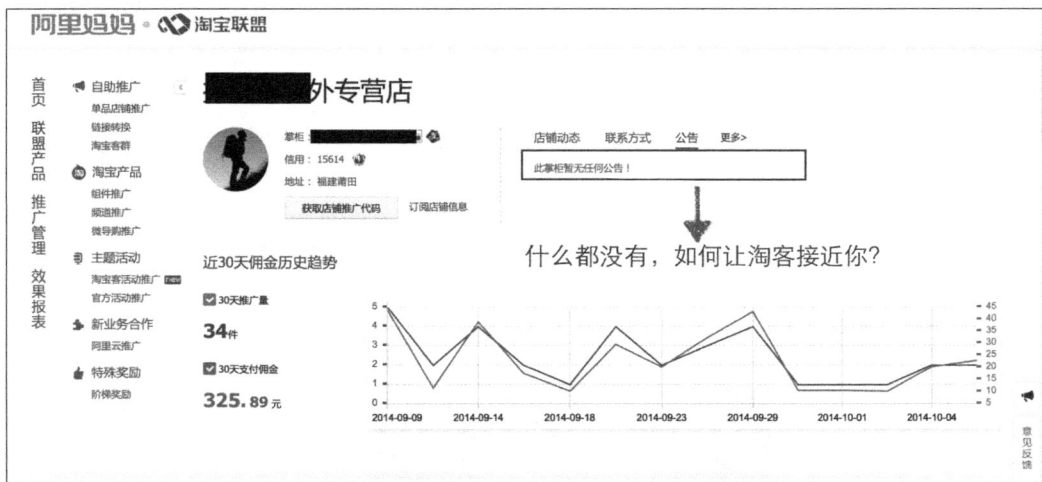

图 9-37

没有任何公告信息，淘客如何了解你的最新动态（如图 9-38 所示）？

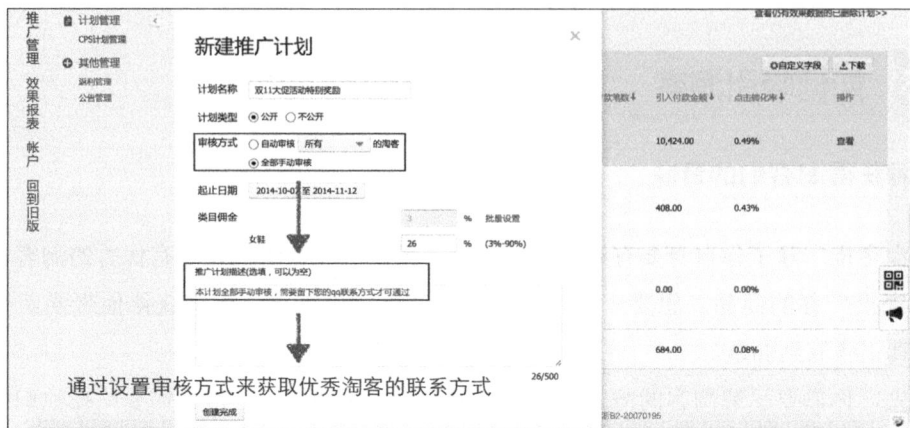

图 9-38

可以通过设置审核方式来获取淘客信息。

其次，你需要了解淘客的行为习惯，比如他们是如何选取推广商品的。他们想要的推广商品应该是什么样的？高佣金是必然的，但是并非高佣金就一定会获得他们的青睐。因为佣金即便再高，没有人购买，对于淘客们来说一切也都是徒劳的。

最后，你需要找个小号来加入淘客队伍。加入的目的不是让你成为淘客，而是让你了解淘客们的后台操作。了解淘客们是如何选取产品的，而你的产品是否能够展现到他们眼前（如图 9-39 所示）。

图 9-39

2. 增强自身产品竞争力

淘客进行宝贝推广与我们开店一样，需要根据自身的资源进行风格和类型的定位。根据这个定位，大部分淘客会在自己的淘宝客后台进行热销产品的搜索。通过搜索，他们会选择能让自己更快速地获得佣金的产品进行推广，所以你的产品自身的相关性及竞争力直接决定着淘宝客推广的成败。

很多时候我们在运营淘宝客推广时并没有经过筛选和思考，只是程序化地进行了推广设置，看看下面几个案例，是不是也是你曾经犯过或正在犯的错误？

接下来，我们模拟淘客选取产品进行推广的场景：

在搜索栏中搜索关键词"笔记本电脑"，弹出页面（如图 9-40 所示）。

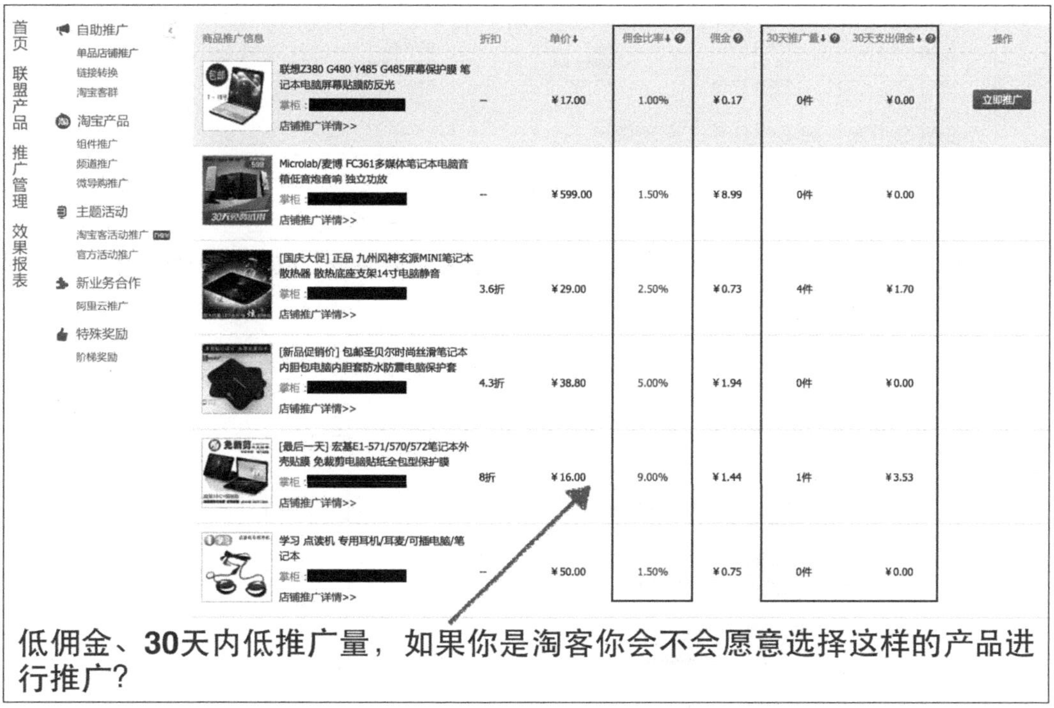

图 9-40

搜索的页面并不是很理想，接下来新的淘客一般会选择排序。首先是按佣金进行排序，排序出来的结果你会发现，有很多商家将佣金设置为最高 50%，但是看看他们的产品，如果你是淘客你会选择推广吗（如图 9-41 所示）？

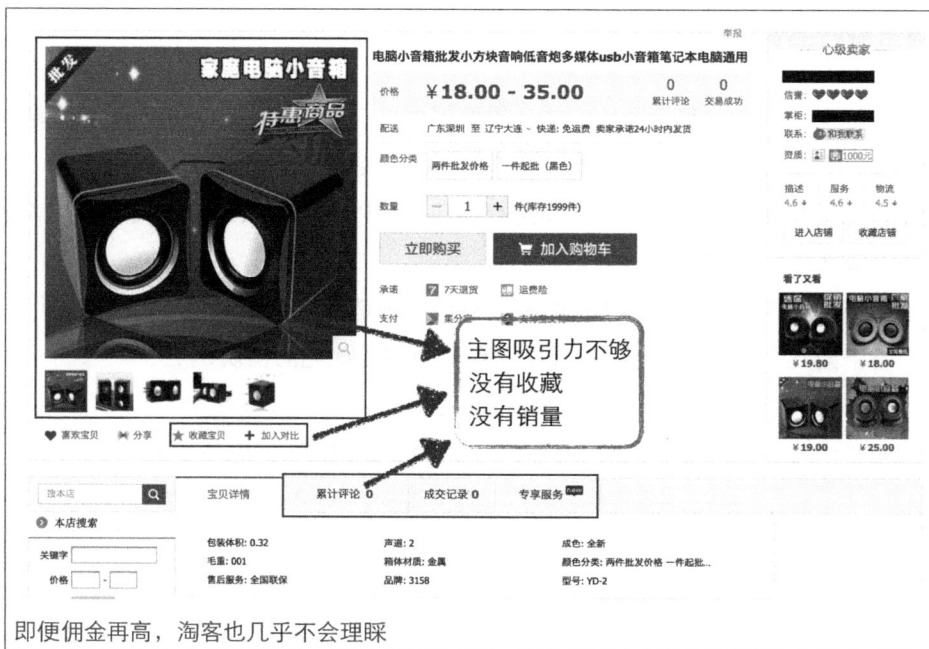

图 9-41

佣金排序不理想，接下来，淘客会进行按"30 天支出佣金"或"30 天推广量"进行排序（如图 9-42 所示）。

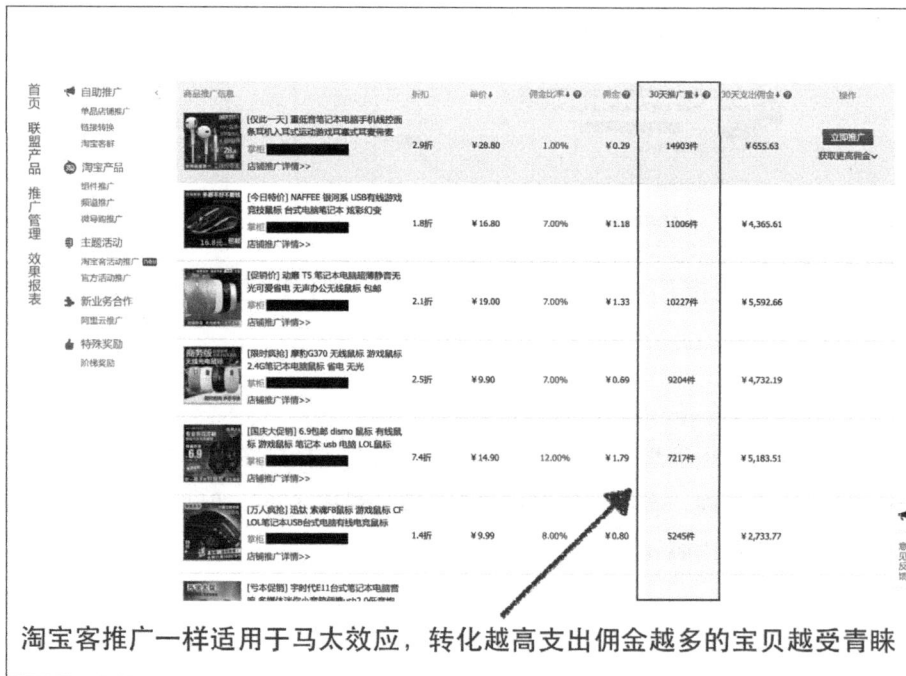

图 9-42

再给大家看个有意思的现象（如图 9-43 所示）。

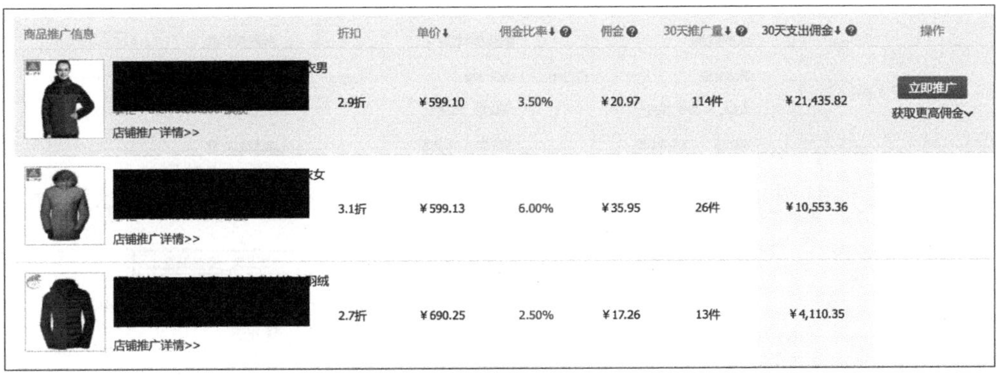

图 9-43

大家看下排在前面几位的数据，你只要仔细查看并计算下数据就会发现其中的猫腻儿。

随着淘客竞争的白热化，越来越多的中小淘客已经不复存在了，取而代之的是更多的掌握流量的网站站长或者成熟的流量合作商。而他们也在越来越强大起来，所以如果你的产品不能很快地吸引到他们，基本上他们是不会主动推广你的产品的。而对于那些职业淘客也是相同的道理，他们会力求在有限的精力下创造出最大的利润来，所以你的商品本身将起到非常重要的作用。

一个优质的淘客推广商品应该具备：

（1）拥有足够吸引力的主图，高点击。

（2）有效促成交易的宝贝描述，高转化。

（3）已经产生的可观销量。

（4）拥有不错的淘宝客推广 30 天内的支付推广佣金数额和推广销量。

（5）合理的推广佣金和计划。

最后提醒你一下，不要总是纠结于是否为新店，是否为新品，只要方法得当，其实很多数据都是可以人为操控的。

3. 划分淘客等级，建立淘客晋升机制

阶梯式的淘客晋升制度有利于激发淘客的工作热情，强者多赚也更符合市场发展规律（如图 9-44 所示）。

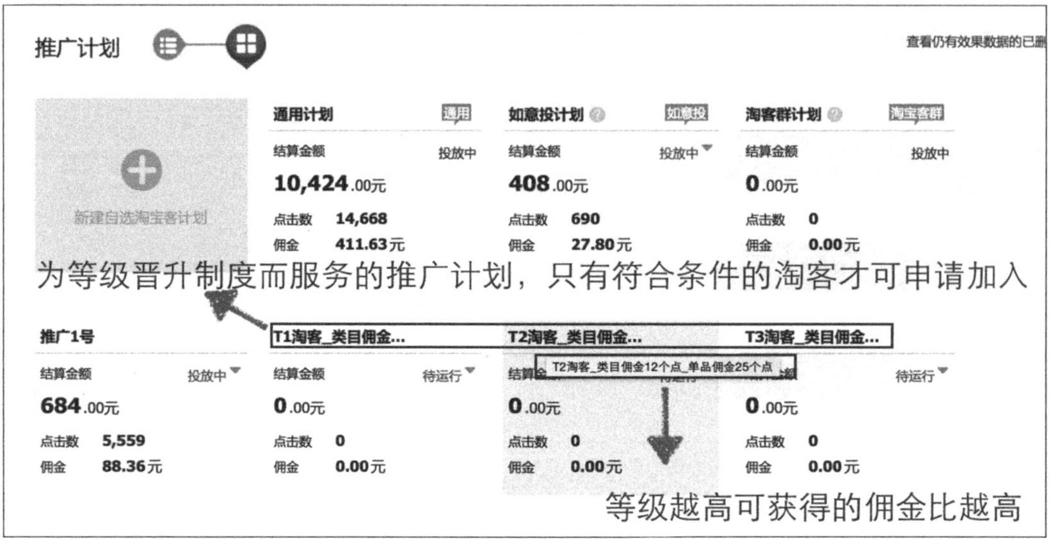

图 9-44

（1）学会查看竞争对手的淘客晋升计划

通过淘宝客的后台，我们也可以去借鉴他人的淘客晋升等级制度（如图 9-45 所示）。

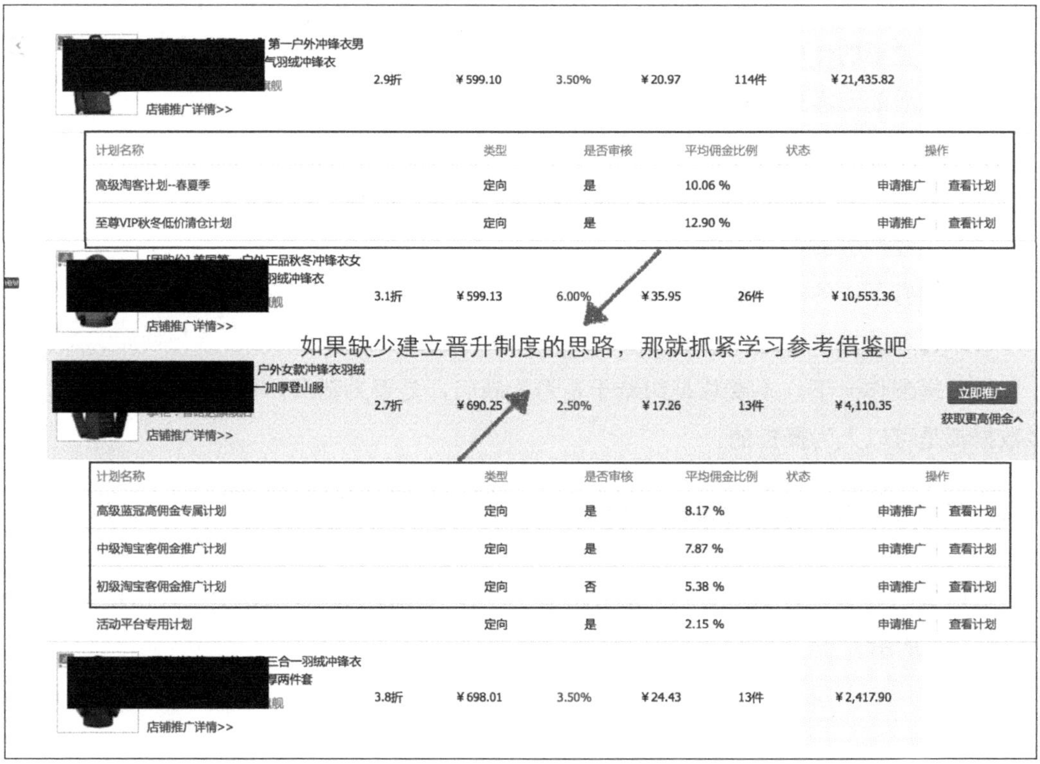

图 9-45

（2）比较常见的晋升制度范例：

初级淘客：类目推广佣金比 8%。

中级淘客：类目推广佣金比 12%，单品推广佣金比 18%。

高级淘客：类目推广佣金比 16%，单品推广佣金比 26%。

殿堂级淘客：类目推广佣金 25%，单品推广佣金比 35%。

……

制度范例中的佣金比根据不同类目、不同利润比例进行调整，切勿直接套用。只要保证，不同级别之间的佣金比设置比较合理即可。

（3）额外奖励

除了正常的晋升制度外，还可以设置额外奖励，对每周、每月、每年的淘宝客推广冠军进行一次性奖金的额外奖励。

（4）线下结算

线下结算是指商家与其合作的淘宝客除了以阿里妈妈后台结算的基本佣金外，还有大部分佣金将以走私账为主的方式结算，并且还会在推广前期缴纳部分活动押金。

如果要采用这样的结算方式，必须要建立在对淘宝客的绝对了解和绝对信任的基础上，且不可盲目预付推广佣金，以免造成不必要的损失。

4．设置合理佣金制度

（1）佣金比究竟该设置多少的问题，仁者见仁，智者见智。但思路上，不可局限在某款产品在某次推广上的稳赚不赔。对于很多人，如果让他亏本去设置直通车，他会去做，但是要让他设置亏本的淘客佣金，他却不愿意做。归根结底就是 CPS 模式最初宣传的"稳赚不赔"。

在这一点上，建议大家对于不同的淘客一定要区别对待。对于一般性的淘客，大家坚持稳赚不赔的原则来设置佣金比无可厚非。但是对于优质淘客，就略显失当了。因为这些优质淘客在为我们带来每笔成交的同时还会带来非常多的优质 UV。所以，你就不能将他们的佣金价值局限在某一款产品上了，而是要全局来看。请相信，损失一个优质淘客给你带来的损失一定会超出你的想象。

（2）佣金设置完成后，审核一定要认真仔细，尤其是高级别的淘客计划。这样做的好处是防止浏览器"打劫"现象的发生。以免你付了超高的佣金，但却没有收获任何流量和入口（如图 9-46 所示）。

图 9-46

如果你发现你的一个淘客，连续 15 天左右他的点击转化率超过 9%左右，那么你就要开始留意他了，他很有可能是来"劫持"的。

（3）设置好淘宝客推广，如果你不会进行维护，那么建议将类目佣金设置为最低，以免被"劫持"。

5. 如何招募淘客

（1）为什么你发布的招募帖没有招募到任何淘客

论坛发帖就如同找工作的一份"简历"一样，你不需要很炫，但是一定要在短时间内展现出自己的优势。

如果你的招募帖有很多人阅读但是却没有人推广你的商品，那么可能是因为你的商品很差，推广难度比较大；也可能是因为你的佣金太少或者是你的奖励制度不够完善。

如果你的招募帖根本没有阅读量，那么除了论坛没人看的原因外只有一个原因了，那就是你的帖子标题根本对淘客没有任何吸引力。

如何让你的招募帖变成吸金帖？

a. 编写一个能够吸引淘客的标题

招募帖的标题设置其实并不难，只是因为有了太多的"经验谈"才导致了大部分商家本末倒置，过于去追求创意而忽略了淘客的真正需求。

一个好的招募帖标题不需要有过多花哨的创意，只要可以在有限的字句内交代出品牌（或店铺）、佣金比（类目及单品的）、产品风格、所属类目、自身实力等淘客需要且能吸引其眼球的信息即可（如图 9-47 所示）。

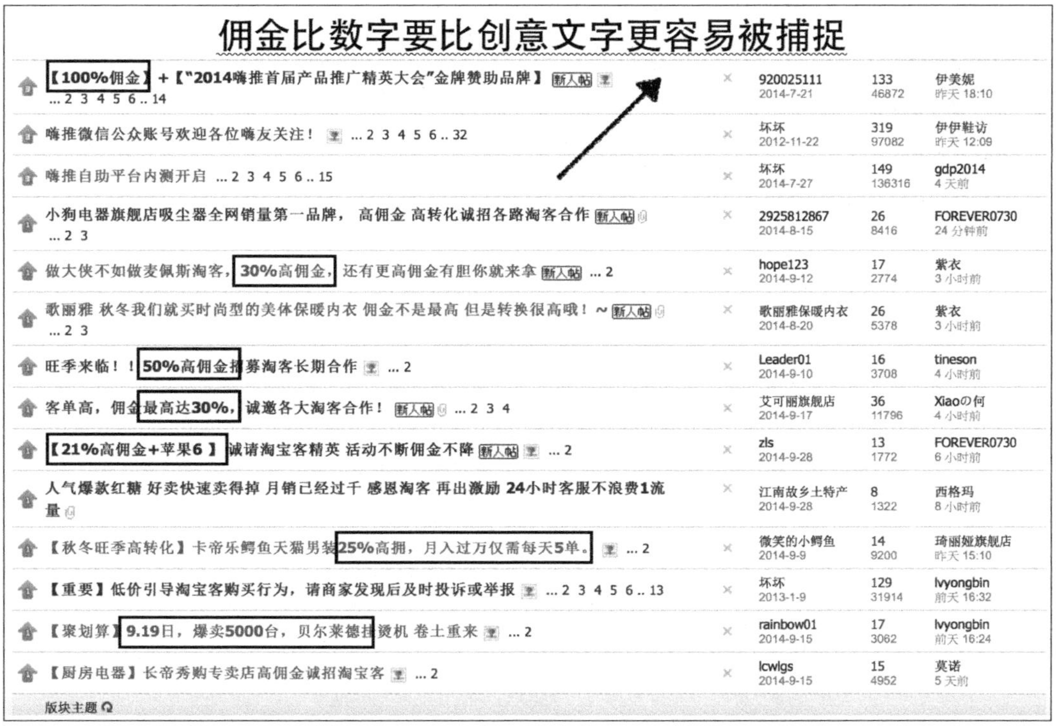

图 9-47

b. 能够留住淘客的帖子内容

帖子的内容，首先一定要遵照论坛的要求，以免被删除。其次，帖子内容一定要能足够详细地介绍出你的实力，以及你能为淘客所提供帮助，要以数据为主，切勿空谈阔论（如图 9-48 所示）。

图 9-48

韩都衣舍招募帖，除了按照论坛要求格式完成编写外，还用更多的数据来展现自己的实力，来达到吸引淘客的目的（如图 9-49 所示）。

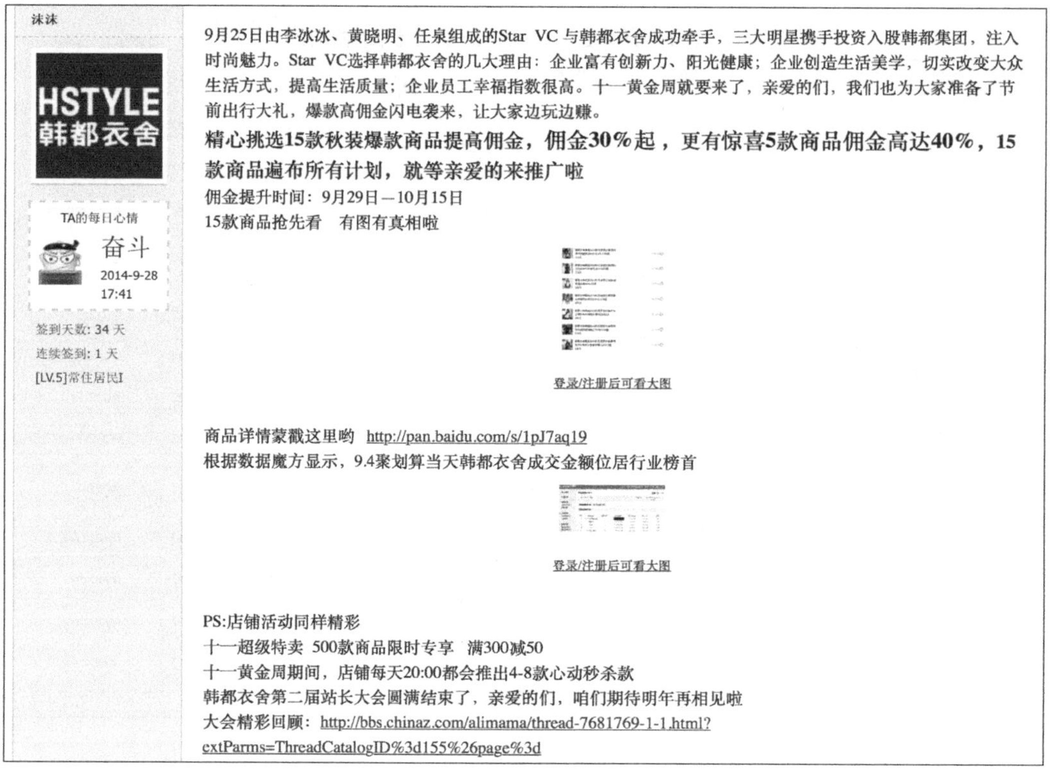

沫沫

HSTYLE 韩都衣舍

TA的每日心情 奋斗 2014-9-28 17:41

签到天数：34 天

连续签到：1 天

[LV.5]常住居民I

9月25日由李冰冰、黄晓明、任泉组成的Star VC与韩都衣舍成功牵手，三大明星携手投资入股韩都集团，注入时尚魅力。Star VC选择韩都衣舍的几大理由：企业富有创新力、阳光健康；企业创造生活美学，切实改变大众生活方式，提高生活质量；企业员工幸福指数很高。十一黄金周就要来了，亲爱的们，我们也为大家准备了节前出行大礼，爆款高佣金闪电袭来，让大家边玩边赚。

精心挑选15款秋装爆款商品提高佣金，佣金30%起，更有惊喜5款商品佣金高达40%，15款商品遍布所有计划，就等亲爱的来推广啦

佣金提升时间：9月29日—10月15日

15款商品抢先看　有图有真相啦

登录/注册后可看大图

商品详情蒙戳这里哟 http://pan.baidu.com/s/1pJ7aq19

根据数据魔方显示，9.4聚划算当天韩都衣舍成交金额位居行业榜首

登录/注册后可看大图

PS:店铺活动同样精彩

十一超级特卖 500款商品限时专享 满300减50

十一黄金周期间，店铺每天20:00都会推出4-8款心动秒杀款

韩都衣舍第二届站长大会圆满结束了，亲爱的们，咱们期待明年再相见啦

大会精彩回顾：http://bbs.chinaz.com/alimama/thread-7681769-1-1.html?extParms=ThreadCatalogID%3d155%26page%3d

图 9-49

c．推广你的帖子

不要把帖子编写完成发到论坛后，就开始坐等淘客上门。一定要主动推广你的帖子，让更多的人看到。正所谓“酒香也怕巷子深”，帖子再完美，看到的人不够多，也不会展现出应有的效果。

经常在论坛回帖，跟其他人交流会让你有意想不到的收获。要有周期性的顶帖，最好能够与其他人在帖子回复中产生交流，交流也是另一种推广。

除了顶帖外，还可以以更直接的方式来推广自己的帖子，购买论坛的广告位或者推荐置顶位（如图 9-50 所示）。

论坛招募淘宝客的办法还有很多，不同的人会有不同的办法，这里的内容只是给大家抛砖引玉。其实很多时候，不是有什么秘密你不知道而导致你做不好淘宝客招募，只是你没有去尝试到底，没有去琢磨自己的方法。所以，学习不是目的，重要的是去执行和总结。

（2）借助淘客 QQ 群资源

a．如何搜集淘客 QQ 群

图 9-50

　　其实办法非常简单，求助"百度"等搜索浏览器，你就可以获得大量的淘客 QQ 群信息。得到的数据信息量会非常大，接下来就要靠你自己一一去筛选，筛选出你所需要的信息（如图 9-51 所示）。

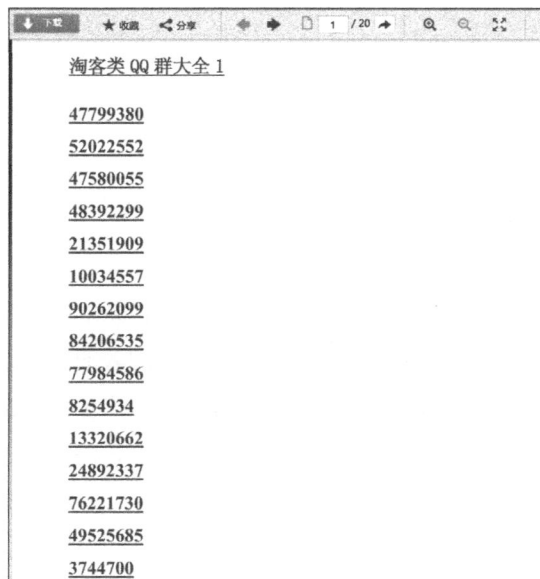

图 9-51

b．如何在群中找到优秀的淘客

这个工作其实比较烦琐，你需要先筛选出活跃的群，然后潜伏下来，经常跟大家交流，找到优质的淘客，私聊拉入自己的阵营。这是比较有针对性的办法。还有一种办法，是利用软件功能，将群成员导出，进行批量筛选，之后再逐一加为好友。

（3）主动寻找达人、博主等个人站长或网站合作

主动出击，找到爱淘宝、美丽说、微博、蘑菇街等门户分享网站的达人以及 U 站等个人站长直接付费合作。

这种合作方式就等同于购买广告，合作前需要对相应达人及网站的风格进行调研，相关度一定要高，否则付出成本却没有回收就得不偿失了（如图 9-52 所示）。

	平台	联系方式	合作方式	链接	备注
1					
2	蘑菇街达人	191' 06	女装300元一 款	博客: http://cherrycat1121.blog.163.com/	微 亲把产品寄过来后，喵喵会
3	美丽说资深超级	530 6	发布分享一个宝贝	http://www.meilishuo.com/person/u/23651398	在我的美丽说资深超级主编
4	美丽说达人	605 32	分享15元2款	http://www.meilishuo.com/person/u/4444550?frm=headerprofile	
5	巧麻大人	395 351	亲真人秀的话是一	http://myfi.qq.com/home.php?mod=space&uid=72	有发微信还有腾讯
6	蘑菇街达人	102: 549	搭配的话 150哈	http://guang.taobao.com/detail/index.htm?sp	
7	淘宝达人，时尚博	676 362	1件100元	http://xuan8711.i.sohu.com/	
8	微博主	73 419	八百，微博，博客	http://weibo.com/1561285607/profile	
9	微博主	131 92	微博一条200-300	http://www.weibo.com/zengfeifei?from=profile&wvr=5&loc=infdomain htt	
10	pclady资深达人、	46 724	600元一件 发布	http://missmmm.blog.sohu.com/ http://weibo.com/2272814962/profile?top	
11	蘑菇街达人	8641 103	200一款	http://www.mogujie.com/xixili	真人秀啊，拍照发布各个平台
12	美丽说达人	1241 96	具体讨论	http://stellaisme.i.sohu.com/ http://weibo.c	他们是有摄影师来外拍 他们
13	微博主	249 038	一条微博一件或一	http://weibo.com/u/1989042943	具体再商量
14	蘑菇街达人	707 611	一套或者一款，价	http://www.mogujie.com/cover/u/1h0ycc	具体再商量
15	美丽说达人	137- 922	微博直发400，博	http://weibo.com/dream8965	
16	蘑菇街	381 713	300/款 博客+微博	http://www.mogujie.com/maiqila	
17	搜狐专栏的达人	164 445	服装的话~一篇 5	http://vivianandalex.blog.sohu.com/	
18	论坛的达人	370 240	500一套	http://weibo.com/2810445594/profile?topnav=1	搜狐博客，微博，YOKA和PC等
19	YOKA美妆达人，博	635 171	500，可以发yoka,	http://weibo.com/2768380215/profile?topnav=1	推荐YOKA等的首页哦
20	美丽说达人	304 020	服饰真人秀 一款	http://www.mogujie.com/patty/cover	http://ruoxuepatty.blog.sohu.com/
21	美丽说达人	934- 320	微博 博客 蘑菇	http://weibo.com/jun0719 http://aijunde.com	关键看转化 进货我有自己的
22	微博达人	278 411	具体商量	http://weibo.com/caomeiki	没和商家合作过
23	美丽说达人	286 303	微博是一条300	http://space.yoka.com/blog/2871881/ http://weibo.com/209696058 http:	
24	美丽说大人	99 248	微博和美丽说一起1000		微博和美丽说一起1000

图 9-52

资料图片转自网络

6．诚信维护，永续发展

淘宝客推广是一种需要长期用心维护的推广方式，它见效慢，但一但形成，相对其他推广方式的稳定性也非常高。而这种稳定是建立在众多淘客的基础之上的。最后在这里絮叨一些大家都知道的道理，就是诚信。想要让淘客一直推广你的产品，一定要给予其足够的帮助和回报，设定的奖励，一定要执行，要严格遵守既定的淘客晋升制度，切勿因为眼前的蝇头小利，丢掉未来的淘客大军。相信道理大家都懂，在这里我便不再赘述了。

9.4　做淘宝客必须知道的 2 大平台

9.4.1　淘宝 U 站

做淘宝客必须要知道的一大平台是淘宝 U 站。

1. 什么是淘宝 U 站

淘宝 U 站是基于淘宝的开放平台，支持第三方（站长）进入淘宝内部，为消费者提供多样化丰富的资讯内容、服务、玩法的社会化的网络导购平台（如图 9-53 所示）。

图 9-53

对于买家来讲，淘宝 U 站是一个类似于美丽说、蘑菇街类的购物分享平台，在这里，买家可以根据自己的兴趣爱好选择自己喜欢的小站进行关注。

对于商家来讲，淘宝 U 站是一个 CPS 的推广平台。在这里，卖家在参加淘宝客推广后，可以根据自己的商品风格选择适合自己的小站进行商品推广。

淘宝 U 站（uz.taobao.com）：淘宝官方第一导购平台，为个人、专业达人和第三方导购者等各类人群提供导购内容分享和交流互动（如图 9-54 所示）。

图 9-54

淘宝 U 站中心（uz.tp999.net）：淘宝 U 站中心是淘宝 U 站的聚合地，每天更新所有淘宝 U 站数据信息，及时了解各淘宝 U 站的动态、淘宝 U 站排名等信息（如图 9-55 所示）。

图 9-55

2. 如何加入淘宝 U 站进行商品推广

（1）通过"联合营销"麦麦后台的优站招商（如图 9-56 所示）。

图 9-57

（2）登录"淘宝优站中心"，找到想要在其中推广商品的 U 站，一般在首页会有"招商合作"等字样，点击进去，按照条件进行报名。如果没有字样，可以找到 U 站联系方式，进行咨询报名（如图 9-58 所示）。

图 9-58

9.4.2　爱淘宝

1. 什么是爱淘宝（ai.taobao.com，如图 9-59 所示）？

图 9-59

爱淘宝（原淘宝特卖频道）是淘宝网旗下购物分享网站。目前爱淘宝日均 600 万 UV 以上，且正在不断增长中。

爱淘宝网是淘宝网"淘宝客特约合作网站"，是由淘宝网淘宝客业务经严格审核认可，并颁发统一形式的识别标志，其网站可选取官方平台上的淘宝商品作导购，但最终成交过程还需在淘宝网上进行，为广大买家提供便捷与安全的网络购物。目前爱淘宝是如意投的商品主要投放平台。

2. 如何加入爱淘宝推广自己的商品？

只要计入淘宝客 15 日以上并开通如意投，商品会自动进入爱淘宝商品池进行综合排名投放。

3. 如何申请创意图片上传权限来获得更多的排名权限？

商家使用如意投添加创意图片投放至爱淘宝的商品将有机会展现在"爱淘宝—潮流单品页"及"爱淘宝—综合搜索结果页"。

如何申请创意图片上传权限？

（1）要加入爱淘宝推广自己的商品必须先开通如意投。

（2）满足爱淘宝商品报名的店铺准入条件：

a. 集市卖家信用等级须在一皇冠及以上。

b. 商城店铺自由报名。

c. 主营类目要求，如下表：

行　业	内　容	对应一级类目
女人男人	女装	女装/女士精品
	女鞋	女鞋
	女包	箱包皮具/热销女包/男包
	内衣	女士内衣/男士内衣/家居服
	配饰	饰品/流行首饰/时尚饰品新
		服饰配件/皮带/帽子/围巾
		珠宝/钻石/翡翠/黄金
		ZIPPO/瑞士军刀/眼镜（仅限天猫卖家）
		手表（仅限天猫卖家）
	男装	男装
		运动服/休闲服装
	男鞋	流行男鞋
美妆护肤	彩妆	彩妆/香水/美妆工具
	美发	美发护发/假发
	护肤	美容护肤/美体/精油
生　活	居家日用	清洁/卫浴/收纳/整理用具
		厨房/餐饮用具
		居家日用/婚庆/创意礼品
	家饰家纺	床上用品/布艺软饰
		家居饰品
		特色手工艺
	家具建材	住宅家具
		家装主材
	美食特产	零食/坚果/特产
		茶/咖啡/冲饮
数码家电	3C 配件	3C 数码配件
	手机	手机
	相机	数码相机/单反相机/摄像机
	影音	影音电器
		MP3/MP4/iPod/录音笔
	电脑数码	笔记本电脑
		电脑硬件/显示器/电脑周边
		闪存卡/U 盘/存储/移动硬盘
		平板电脑/MID
		台式机/一体机/服务器
		国货精品数码
	家用电器	生活电器
		厨房电器
		大家电

续表

行　业	内　容	对应一级类目
	电子产品周边	电子词典/电纸书/文化用品
		数字阅读
母婴玩具	童装童鞋亲子装	童装/童鞋/亲子装
	孕产用品	孕妇装/孕产妇用品/营养
	婴儿用品	奶粉/辅食/营养品/零食
		尿片/洗护/喂哺/推车床
	玩具	玩具/模型/动漫/早教/益智
运动汽配	运动休闲	运动/瑜伽/健身/球迷用品
		户外/登山/野营/旅行用品
		运动鞋 new
		运动包/户外包/配件
	汽摩配件	汽车/用品/配件/改装
		摩托车/配件/骑士装备
		新车/二手车

d. 参加考试并通过（100 分满分，80 分通过），即为成功申请了创意图片上传权限。

考试地址：http://tb.cn/HDW8Hey

e. 考试通过的 10 个工作日内，小二将开通上传权限。

（3）创意图片上传的基本要求：

a. 图片尺寸>=700 px，大小在 800KB 以内，宽度:高度控制在 1:1～1:3 之间。

具体行业图片比例如下表：

行　业	范　围	图片尺寸
女人	女装	比例 1:1～1:1.4
	女鞋、女包、内衣、配饰	比例 1:1～1:1.2
		其中：ZIPPO/瑞士军刀/眼镜、手表，比例 1:1
男人	男装、男鞋、男包、内衣、配饰	比例 1:1～1:1.2
		其中：男鞋、ZIPPO/瑞士军刀/眼镜、手表，比例 1:1
美妆护肤	彩妆、美发、护肤	比例 1:1
生活	居家日用、家饰家纺、家具建材、美食特产	比例 1:1
		其中：家居饰品、特色手工艺，比例 1:1～1:1.2
数码家电	3C、家电	比例 1:1
母婴玩具	童装童鞋亲子类	比例 1:1～1:1.2
	孕产用品、婴儿用品、玩具	比例 1:1
运动汽配	运动休闲	比例 1:1

续表

行　业	范　围	图片尺寸
		其中：户外/登山/野营/旅行用品、运动包/户外包/配件，比例 1:1～1:1.2
	汽摩配件	比例 1:1

b．图片清晰、无边框、无水印、宝贝居中显示。

c．图片必须是与推广商品相符。

d．图片格式支持 PNG、JPEG、BMP。

e．女人版块类目：图片尺寸高度>=宽度。

f．美妆类目和饰品类目建议：图片背景不允许过深，如黑色；以白底为佳。

g．内衣、内裤类目建议：严禁真人模特，全部用平铺的方式拍摄。

不同类目的上传标准还会不断补充和完善，具体变化请参照阿里妈妈社区"如意投"版块通知。

（4）创意图片处罚规则。触犯以下规则，将会被关闭上传权限。

a．发布与推广商品不相符的图片，即图片与商品无关。

b．上传带有水印或边框的图片达 3 次及以上。

c．上传图片大小不符合要求（比例），导致变形，3 次以上。

（5）创意图片的上传方法：

a．淘宝客联盟卖家平台。

b．在如意投推广计划后单击"查看"。

c．单击"创意管理"。

d．将鼠标移动到要添加创意图片的宝贝栏上，在"操作"下单击"添加新创意"。

e．按提示上传创意图片。上传成功后等待审核（三个工作日内）结果。

审核通过后，添加了创意图片的商品将有机会被展现。

9.5　淘宝客推广的未来发展趋势预测

1．爱淘宝的出现，将会促使如意投与淘宝直通车、站外推广配合使用，两者的结合运用将会给商家带来更大的回报。

2．当越来越多的商家意识到站外流量的重要性时，淘宝客的推广成本将会逐步加大。

3．淘宝客的推广将会进一步趋向季节性、活动性。

4．站外流量的迅速引入将会促使爱淘宝等单纯的淘宝客导购网站加入其他竞价模式。日后的淘宝客推广想要获得更大的收益，则需要配合其他推广工具的使用。

以上发展趋势的预测仅代表本书作者的个人观点。

第10章

钻石展位

钻石展位推广，是一门进阶推广工具，想要做好钻石展位，必须要懂得定向推广。没有之前的商品定位，你很难在钻石展位上有所收获。本章我们将着重为你介绍钻石展位的使用及推广技巧。

10.1　钻石展位简介

10.1.1　钻石展位概述

钻石展位（如图 10-1 所示）简称"钻展"，是面向全网精准流量实时竞价的展示推广平台，以精准定向为核心，为客户提供精准定向、创意策略、效果监测、数据分析等一站式全网推广投放解决方案，帮助客户实现更高效、 更精准的全网数字营销。

图 10-1

10.1.2　钻石展位 4.0

相对于钻石展位的 2.0 版本，钻石展位 4.0 版本有了以下变化（如图 10-2 所示）。

1．结束流量黑盒化时代，全网投放可视化。

2．计划最低预算调至 300 元（最低 300 元，最高 1000 万元）。

3．计划功能实现多层级账户管理，计划下有单元，单元下有资源位、创意、定向。一个计划可创建多个单元，更易于推广管理。

新功能	升级说明	价值点
账户结构升级	标准化的 4 层帐户结构 （帐户、推广计划、推广组、创意）	归纳大量重复操作，计划承接独立的营销目标便于投放管理
流量可见	全网流量透明化	流量选择更灵活可控，各种流量需求均可满足
流量进出标准	以可视展现为基础、细化到 PV 的流量筛选，以基础转化能力为底限进行低质流量清出	让 CPM 出价更合理更安心
基础功能升级	PC/无线可以地域、时段进行精细化投放管理	细化投入设置，最大化投放回报
	报表可视化（透视图），提供各个维度的实进和历史数据	直观了解数据，方便即时调整
	资源列表提供行业、热门、量新等快捷筛选，可查看资源的类目数据，方便广告主选择	资源的价值解读和快捷筛选
	全天后台可操作，取消 21 点-0 点不能建立计划的限制	

图 10-2

4．计划、单元均可直接复制，更便于投放效果测试对比。

5．新增"物料库"功能。

6．数据报表展现更加直观、易懂。

7．一些操作上的变动（稍后会讲解如何设置操作，这里便不再一一展现）。

这次钻展平台的升级，除了在给卖家带来很多方便外，也预示着未来推广的走向将会变得更加透明、细化，广告的投放也将不会再是以技巧和资金为制胜关键的推广方式，取而代之的将会是品牌自身实力以及对消费群体的精准定位。而这一点，也不仅仅只是钻展独有的变化，而是所有推广工具的变化，营销大环境的变化。未来的推广，一定是"千人千面"，谁拥有客户的精准定位，谁就掌握了未来。

10.1.3 钻石展位与直通车的对比

1. 钻展相对于直通车流量更广泛，没有直通车的流量瓶颈

直通车推广主要依靠类目及"关键词"，比如，你想推荐一款女包，你只能在箱包类目竞价关键词，但事实上，女装类目一样有你的潜在客户，而此时，流量就受到约束。当然，大部分时间，直通车推广会更精准一些，因为它所针对的是有更强烈潜在需求并可以主动去搜索的客户，但是在定向及激发客户潜在需求上相对于钻展就略逊一筹了。可以说直通车带来的是更精准的点击，而钻展带来的则是更全面的流量。

2. 广告投放更加自由，没有类目限制

直通车只能在你产品所在的类目进行推广，钻展则没有类目限制，你可以利用钻展针对你想要的人群进行合理推广。

3. 见效更快，直通车需要长期优化才会有效果，钻展可以很快有收效

直通车优化关键在于养词，而养词就必定需要时间的积累。钻展相对于直通车而言就简单得多，只要你成功提交素材，进行竞价，就会有流量的展现。当然，如果运营不好，钻展所付出的代价也要远大于直通车。

10.2　钻展推广前的准备

很多人都说钻展"烧钱"，其实任何形式的推广做不好都是在"烧钱"。所以，关键点不在于工具本身，而是在于怎么用、如何用。对于淘宝直通车和钻石展位这样的推广工具，切勿以"初生牛犊不怕虎"的精神去尝试，除非你有非常庞大的资金资源，否则，冒失的行动一定会让你追悔莫及。那么，做钻展前，我们需要做哪些工作呢？

10.2.1　钻展的基本操作

1. 钻石展位的开通

（1）钻石展位的开通条件（2014 年 10 月 8 日修订规范）

钻石展位店铺主营类目下特殊类目准入明细（下表未提及主营类目的店铺均准许加入）：

店铺主营类目	钻展准入条件
国货精品数码	不开放
自用闲置转让	不开放
OTC 药品/医疗器械/隐形眼镜/计生用品	不开放
成人用品/避孕/计生用品	不开放
服务市场	不开放
服务商品	不开放
其他	不开放
床上用品/布艺软饰	仅支持符合床品类目要求客户

店铺主营类目	钻展准入条件
运动鞋 new	仅支持天猫客户
手机	仅支持天猫客户
手表	仅支持天猫客户
3C 数码配件	仅支持天猫客户及符合 3C 数码配件类目推广要求客户
MP3/MP4/iPod/录音笔	仅支持天猫客户
电脑硬件/显示器/电脑周边	仅支持天猫客户
平板电脑/MID	仅支持天猫客户
数码相机/单反相机/摄像机	仅支持天猫客户
台式机/一体机/服务器	仅支持天猫客户
闪存卡/U 盘/存储/移动硬盘	仅支持天猫客户
影音电器	仅支持天猫客户
电玩/配件/游戏/攻略	仅支持天猫客户
电子词典/电纸书/文化用品	仅支持天猫客户
音乐/影视/明星/音像	仅支持天猫客户
书籍/杂志/报纸	仅支持天猫客户
网店/网络服务/软件	仅支持天猫客户
网络设备/网络相关	仅支持天猫客户
腾讯 QQ 专区	仅支持天猫客户
网络游戏点卡	仅支持天猫客户
手机号码/套餐/增值业务	仅支持天猫客户
移动/联通/电信充值中心	仅支持天猫客户
网游垂直市场根类目	仅支持天猫客户
网游装备/游戏币/帐号/代练	仅支持天猫客户
外卖/外送/订餐服务	仅支持天猫客户
个性定制/设计服务/DIY	仅支持天猫客户
本地化生活服务	仅支持天猫客户
餐饮美食	仅支持天猫客户
休闲娱乐	仅支持天猫客户
景点门票/度假线路/旅游服务	仅支持天猫客户
特价酒店/特色客栈/公寓旅馆	仅支持天猫客户
电影/演出/体育赛事	仅支持天猫客户
电子凭证	仅支持天猫客户
交通票	仅支持天猫客户
特色手工艺	仅支持天猫客户
淘花娱乐	仅支持天猫客户
新车/二手车	仅支持天猫客户
保险	仅支持天猫客户
教育培训	仅支持天猫用户

淘宝网卖家钻石展位准入条件：

① 店铺主营类目在支持投放的主营类目范围内；

② 店铺每项 DSR 在 4.5 以上（特殊类目无 DSR 要求或者可相应放宽，由阿里妈妈根据特殊类目的具体情况另行确定），店铺好评率在 98% 以上，信用等级在三钻以上；

③ 店铺出售中的商品数量在 10 件以上；

④ 店铺未因违反《淘宝规则》中关于出售假冒商品相关规定而被淘宝处罚扣分；

⑤ 店铺未因违反《淘宝规则》中关于严重违规行为（除出售假冒商品之外）相关规定被扣分累计大于或等于 6 分，如大于或等于 6 分，应符合如下条件：

a. 店铺未处于因前述原因被扣分累计大于或等于 6 分且小于 12 分之日起三十天内；

b. 店铺未处于因前述原因被扣分累计等于 12 分之日起九十天内；

c. 店铺未处于因前述原因被扣分累计大于 12 分且小于 48 分之日起三百六十五天内。

⑥ 店铺未因违反《淘宝规则》虚假交易规定被扣分大于 12 分，或未处于因违反《淘宝规则》虚假交易规定被扣分 12 分之日起九十天内的；

⑦ 未因违规被终止过钻石展位服务；

⑧ 在使用阿里妈妈其他营销产品服务时未因违规而被暂停或终止服务。

天猫卖家钻石展位准入条件：

① 店铺主营类目在支持投放的主营类目范围内；

② 店铺每项 DSR 在 4.5 以上（特殊类目无 DSR 要求或者可相应放宽，由阿里妈妈根据特殊类目的具体情况另行确定）；

③ 店铺出售中的商品数量在 10 件以上（主营类目为"新车/二手车"的店铺除外）；

④ 店铺未因违反《天猫规则》中关于出售假冒商品相关规定而被天猫处罚扣分；

⑤ 店铺未因违反《天猫规则》中关于严重违规行为（除出售假冒商品之外）相关规定被扣分累计大于或等于 6 分，如大于或等于 6 分，应符合如下条件：

a. 店铺未处于因前述原因被扣分累计大于或等于 6 分且小于 12 分之日起三十天内；

b. 店铺未处于因前述原因被扣分累计等于 12 分之日起九十天内；

c. 店铺未处于因前述原因被扣分累计大于 12 分且小于 48 分之日起三百六十五天内。

⑥ 店铺未因违反《天猫规则》虚假交易规定被扣分大于 12 分，或未处于因违反《天猫规则》虚假交易规定被扣分 12 分之日起九十天内的；

⑦ 店铺未处于违反下述规则被扣分之日起三十天内的：违反《天猫规则》"描述不符"中"商家对商品材质、成分等信息的描述与买家收到的商品严重不符，或导致买家无法正常使用的"。

⑧ 未因违规被终止过钻石展位服务；

⑨ 在使用阿里妈妈其他营销产品服务时未因违规被暂停或终止服务。

（2）钻石展位的开通流程

a．进入"卖家中心"，单击"营销中心"的"我要推广"，进入"营销入口"页面。也可以通过网址：http://zuanshi.taobao.com/web/index.html 直接进入报名页面（如图 10-3 所示）。

图 10-3

b．单击"钻石展位"进入钻石展位首页。

c．单击首页右侧的"加入钻石展位"按钮，提出加入申请（如图 10-4 所示）。

图 10-4

d．进入下一页面后，单击"钻展新人考试"，进行考试（如图 10-5 所示）。

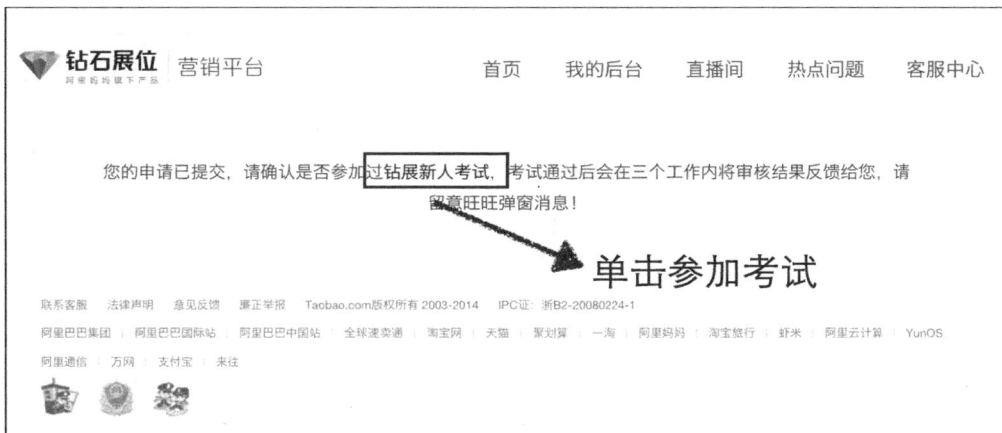

图 10-5

如果不小心关掉了这个页面，也可以通过网址：http://wtsy.zhongzhihui.com/exam-web/examing/eee3a6b73cb74a6b9ca98154905e8e74?prepare 进入考试。

需要注意的是每期考试截止时间是周五的上午 11 点，超过这个时间考试自动记为 0 分。

考试页面，如图 10-6、10-7 所示。

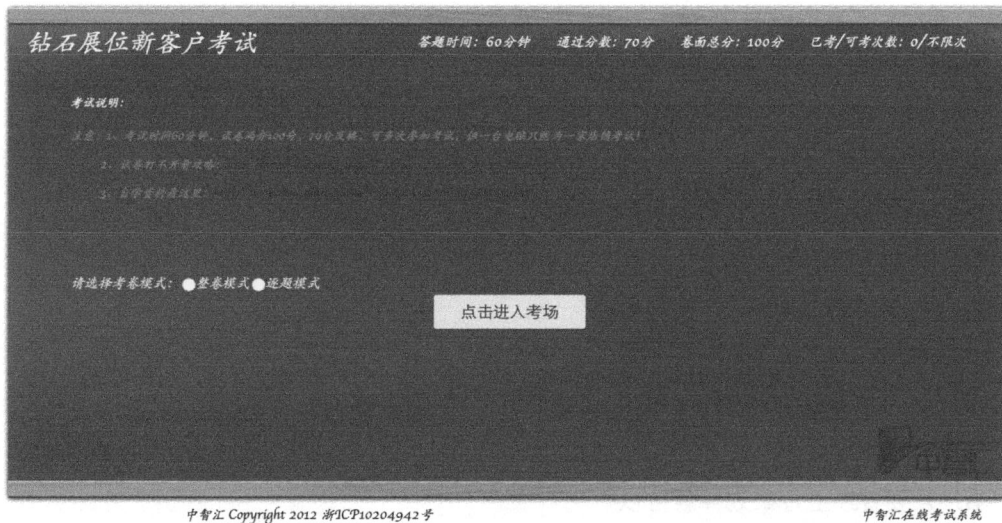

图 10-6

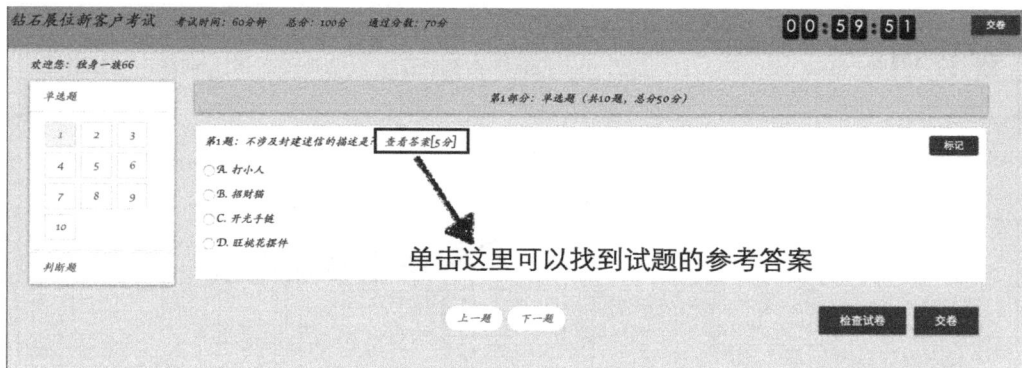

图 10-7

前面的选择题，会有"查看答案"选项，供卖家查阅参考资料。其实考试不是目的，目的是让卖家能够掌握更多的钻展常识。

在这里给大家提供一份钻展考试的试题和正确答案，供大家考试时以备不时之需，但是建议大家不要直接照搬照抄，最好先一边答题一边学习钻展常识，当真的不会的时候再拿本份考卷做参考。

第1部分：单选题（共10题，总分50分）

第1题：以下哪一时效性描述是创意图片上可以使用的 [5分]

A. 仅限一天

B. 错过今天，后悔一年

C. 错过今天，明天别来了

D. 10月1日当天

正确答案 D

第2题：卖家的广告信息中能出现聚划算字样吗？ [5分]

A. 可以随便用

B. 只要曾经上过聚划算就可以

C. 必须在聚划算排期期间内使用

D. 只要以后有可能上聚划算都可以用

正确答案 C

第3题：钻石展位审核中素材不能出现低俗文案：以下哪个描述不属于低俗 [5分]

A. 纳尼

B. 尼玛

C．黑木耳

D．紫葡萄

正确答案　A

第 4 题：以下哪些描述在钻石展位推广中可以使用　[5 分]

A．最后一天

B．最爱的人

C．终极秒杀

D．极品茶叶

正确答案　B

第 5 题：以下哪些描述不需要提供资质　[5 分]

A．《越淘越开心》推荐

B．专利技术

C．中国驰名商标

D．缓解色斑

正确答案　D

第 6 题：以下哪些描述不属于绝对化用语　[5 分]

A．性价比之王

B．最低价

C．全球首发

D．原创

正确答案　D

第 7 题：以下哪些描述在钻石展位中能使用？　[5 分]

A．纯天然

B．无添加

C．一瓶搞定

D．防癌抗癌

正确答案　B

第 8 题：以下关于淘宝数据的描述哪一个是错误的？　[5 分]

A．经审核通过的官方平台数据资质，如数据魔方统计数据，客户可以自由发挥创作广告文案

B．关于"销量第一"描述，须完整显示商品所属类目、数据截取时段、统计工具，文字大小不能小于 16 像素，必须清晰可辨，否则无法通过审核

C．数据截取时段　（统计单位至少要一个自然月）

D．所有数据源必须从官方统计工具中截取（数据魔方或淘数据），如广告图片中体现品牌总数据，必须取得品牌方的数据使用授权

正确答案　A

第9题：关于钻石展位描述，下列不需要提供资质的是？ **[5分]**

A．专柜正品

B．明星同款

C．杂志款

D．本店明星产品

正确答案　D

第10题：不涉及封建迷信的描述是？ **[5分]**

A．打小人

B．招财猫

C．开光手链

D．旺桃花摆件

窗体底端

正确答案　B

第2部分：判断题（共10题，总分50分）

第1题：钻石展位展现顺序是按照出价高进行排序[5分]

正确答案　Y

第2题：钻石展位可以定向到某一店铺的用户吗？[5分]

正确答案　Y

第3题：钻石展位展现收费，点击不收费[5分]

正确答案　Y

第4题：钻石展位的报表可以查看时间段数据[5分]

正确答案　Y

第5题：创意素材被拒绝计划就无法正常投放[5分]

正确答案　Y

第6题：预算会影响钻石展位流量的购买？[5分]

正确答案　Y

第7题：可以通过尺寸大小选择资源位[5分]

正确答案　Y

第 8 题：钻石展位上允许出现国旗[5 分]

正确答案　N

第 9 题：创意图片不会影响到创意的点击率[5 分]

正确答案　N

第 10 题：CPM 指的是每一千次点击收费 [5 分]

正确答案　N

e. 考试通过后，隔周的周一会通过审核，此时，便可以卖家账号登录钻展后台，进行编辑了（如图 10-8、10-9 所示）。

图 10-8

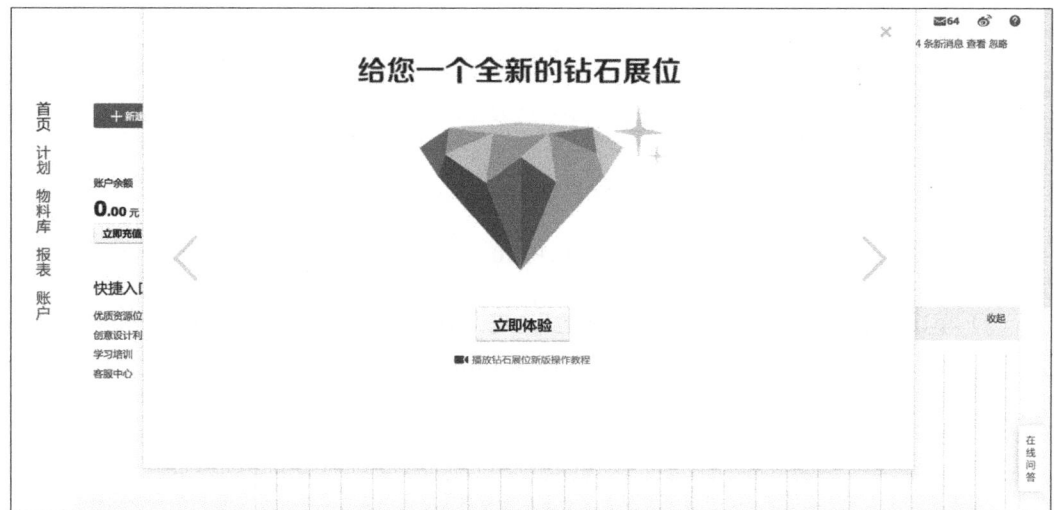

图 10-9

开通时间说明：如果是周四下午 14 点前报名的，开通时间是下周一；如果是周四下午 14 点之后报名的，开通时间要等到下下周的周一；如果想缩短开通所需时间，尽量在周四下午 14 点前报名和考试。

（3）未能开通权限的原因可能有：

a．未报名/报名不成功；

b．未提交考试问卷；

c．考试未通过；

d．店铺不符合钻展要求。

当考完试以后，无论开通与否，一般都会收到旺旺弹出消息反馈，若没有收到，可以自行登录后台检查是否已经开通钻展服务。

2．推广计划的建立

（本小节只为大家呈现钻石展位的基本操作，至于如何建立一个好的计划，如何设定好的资源位及定向等策略内容，将会在本章的后半章呈现。）

（1）进入钻石展位后台首页，单击"新建营销计划"按钮，进入选择新建营销人群方式页面（目前"视频网络"方式还未上线，所以本书暂以"展示网络"方式进行讲解，如图 10-10 所示）。

图 10-10

（2）单击"展示网络"下的"立即创建"，进入计划创建页面（如图 10-11 所示）。

图 10-11

（3）填写计划的基本信息。

需要注意的是，每日投放预算金额，填写完成后，账户会冻结相应数额。如果数额大于账户金额，无法冻结，则计划无法推广。如果要改动预算数额，则需要等到第二天的 0点后才能生效。

举个例子，比如你目前账户里充值了 1000 元，账户余额 1000 元。你在新建计划的时候，计划中的每日投放预算设置为 3000 元，当你的计划建立完成后，系统会自动先冻结相同金额的账户余额，也就是要冻结 3000 元。而此时，你的账户只有 1000 元，系统无法冻结，所以会导致计划无法上线推广。如果此时，你不想充值，只想改小每日投放预算到 300元，当你操作改动后，预算金额需要在第二天的 0 点后才能生效（如图 10-12 所示）。

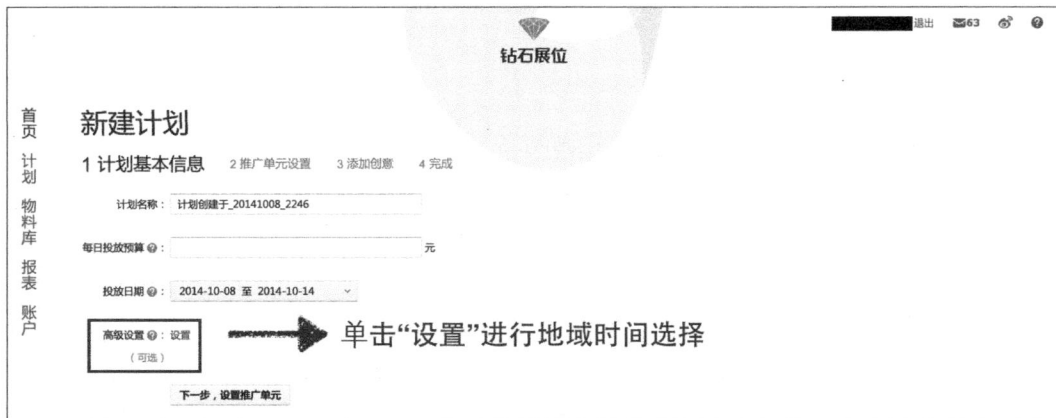

图 10-12

（4）单击"高级设置"后的"设置"，进入投放地域、投放时段、投放方式的选择，选择完成后，单击"确定"，再单击"下一步，设置推广单元"，进入推广单元设置页面（如图 10-13 所示）。

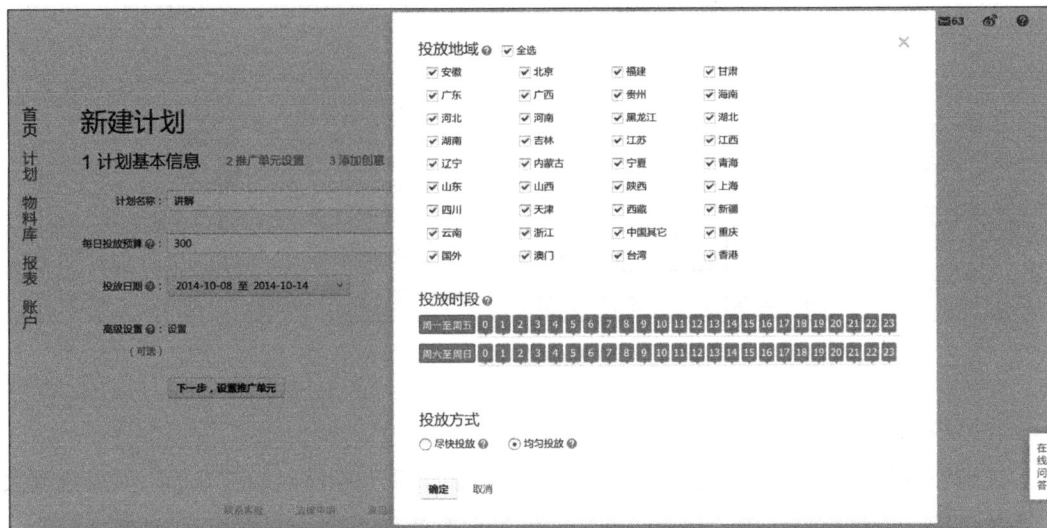

图 10-13

（5）填写推广单元名称。单击"增加资源位"来添加你要推广的资源位置，并设置出价（如图 10-14、10-15 所示）。

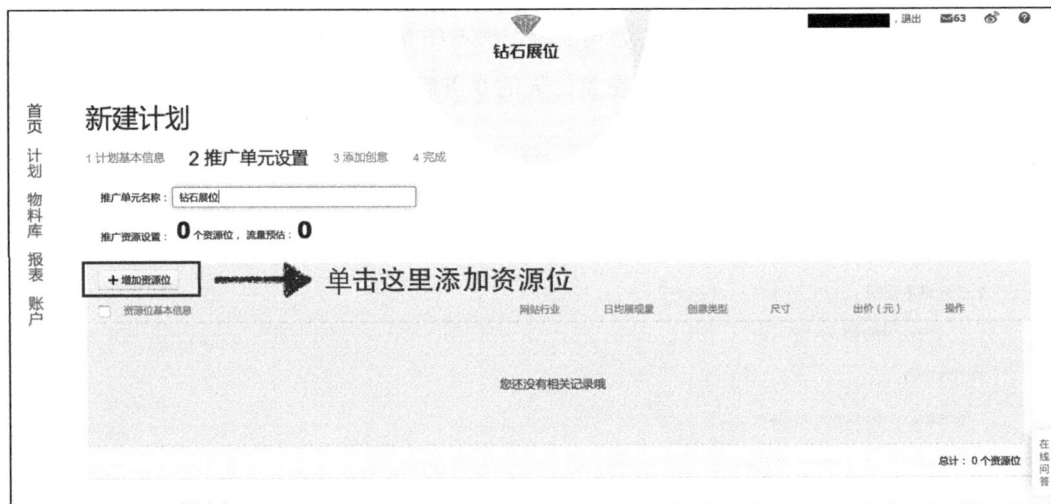

图 10-14

图 10-15

系统会为卖家将资源默认分为：

a. **精选推荐**：系统根据商家所在的行业推荐的资源位。

b. **热门资源**：系统竞选的优质资源位。

c. **最新上线**：近期上线的资源位。

d. **收藏资源**：商家自己收藏的资源位列表。

e. **卖家定向资源**：展现给淘宝卖家的资源位（如图 10-16 所示）。

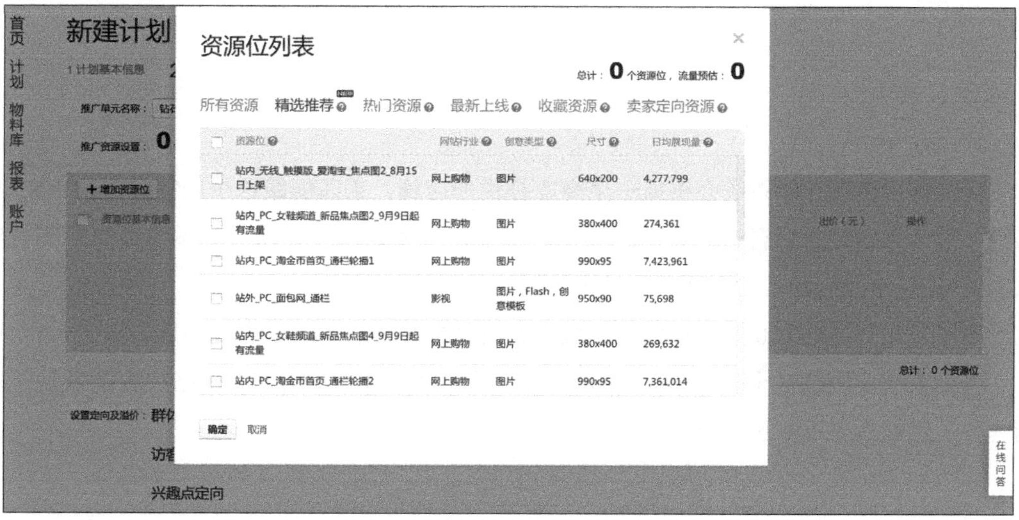

图 10-16

（6）设置定向及溢价。

① 群体定向

单击"群体定向"，在弹出页面进行定向设置，最多可设置 5 个群体定向。

a．系统推荐群体定向：通过添加自己店铺或与自己类似的店铺 ID 来获取定向信息。

b．新增群体定向：如果在系统推荐群体定向中，获取的定向信息不够充足，可以通过群体定向进行补充。

c．历史设置：曾经在计划中设置过的定向（如图 10-17 所示）。

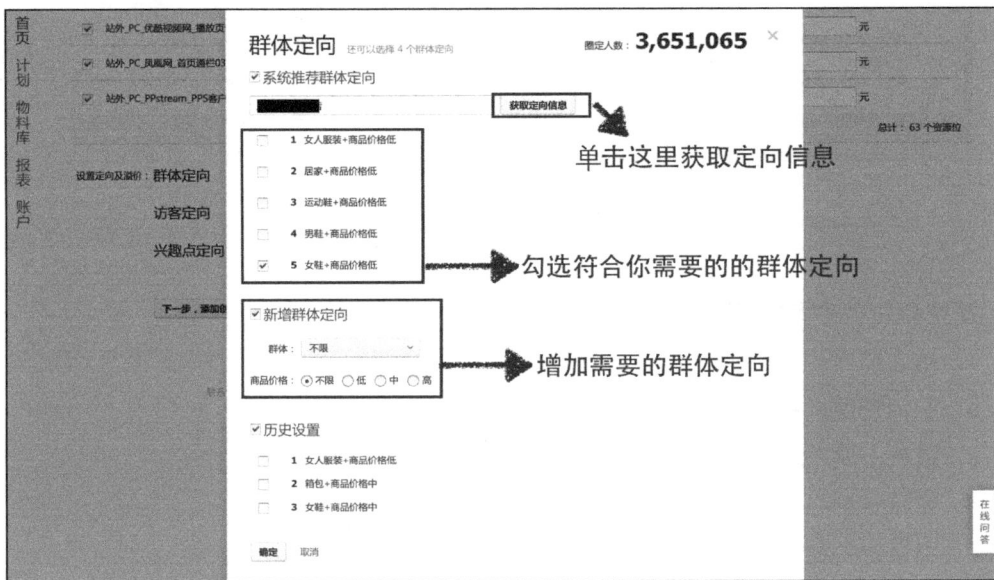

图 10-17

② 访客定向

a．添加种子店铺

何谓种子店铺？即系统会根据一个商家提供的店铺，来匹配跟这个店铺类似的 150 家店铺（因为系统是在后台进行匹配，不做前端显示，所以商家无法看到系统匹配了哪 150 家店铺），这个商家提供的店铺就是种子店铺。

那些曾经到过这 150 家店铺的客户则为系统根据种子店铺而定向的访客。

因为系统要围绕这个种子店铺展开匹配，所以力求精准，建议用自己的店铺做种子店铺，种子店铺最多可添加 5 个。

b. 自主添加店铺

种子店铺的匹配是由系统进行自动匹配的，所以会有一定的局限性。如果你对你的竞争对手比较了解，那么这时你可以通过自主添加店铺来进行更精准的访客定向。自主添加店铺最多可以添加 100 家店铺（如图 10-18 所示）。

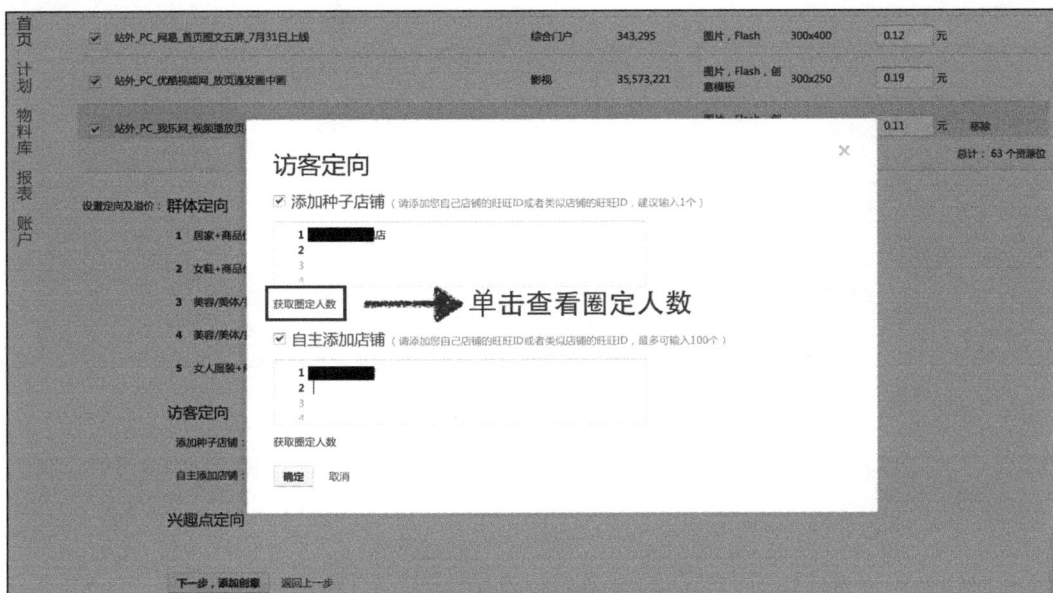

图 10-18

③ 兴趣点定向

兴趣点定向是指通过自己的店铺定向到客户的兴趣点、喜欢的风格及产品特点，通过这项定向，可以使客户定向更加精准，真正做到"千人千面"。

当然你也可以在这里输入竞争对手的店铺，来获取它的推荐兴趣点，如果你要这么做，前提一定是要你们的店铺足够类似，又或者是你已经做好来抢它客户的充分准备了。

除了通过店铺获取兴趣点外，还可以通过输入单品的 ID 来获得单品客户的兴趣点。其实这个功能也可以用在分析对手爆款的客户定位上（如图 10-19、10-20 所示）。

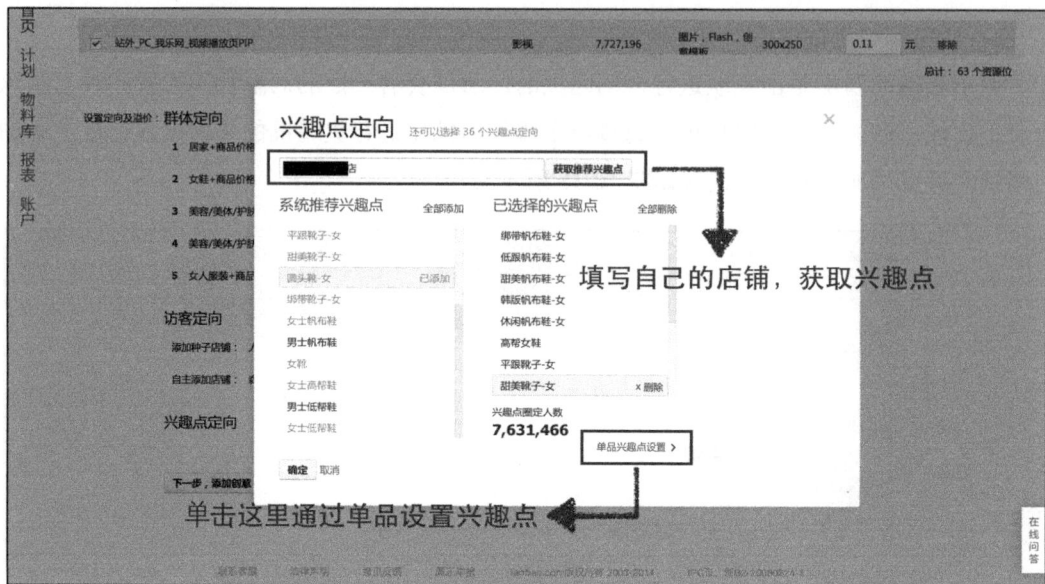

图 10-19

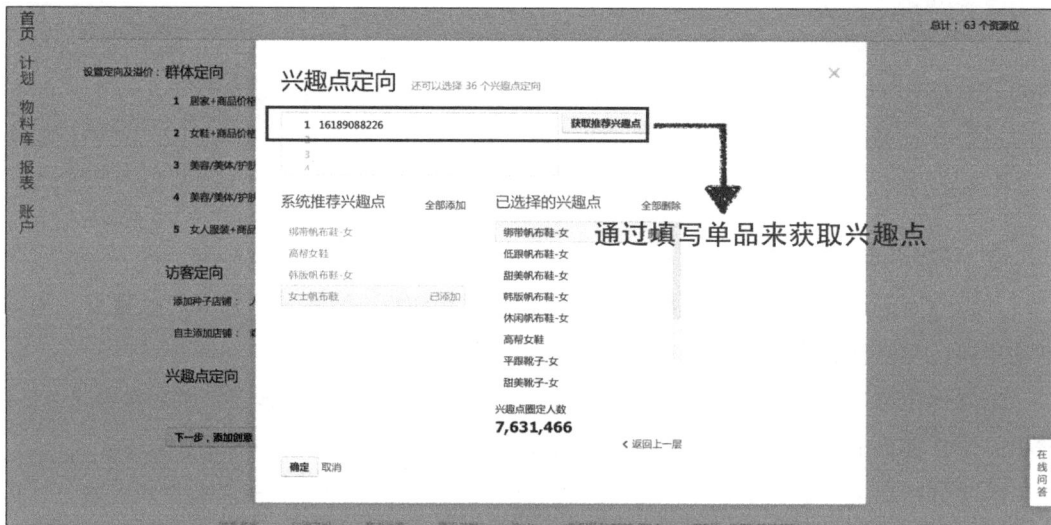

图 10-20

④ 溢价

填写溢价。当你每次要填写溢价的时候，系统会自动弹出一个推荐溢价来作为你的参考。当然，你也可以不溢价，把所有定向的溢价填写为"0"（如图 10-21、10-22 所示）。

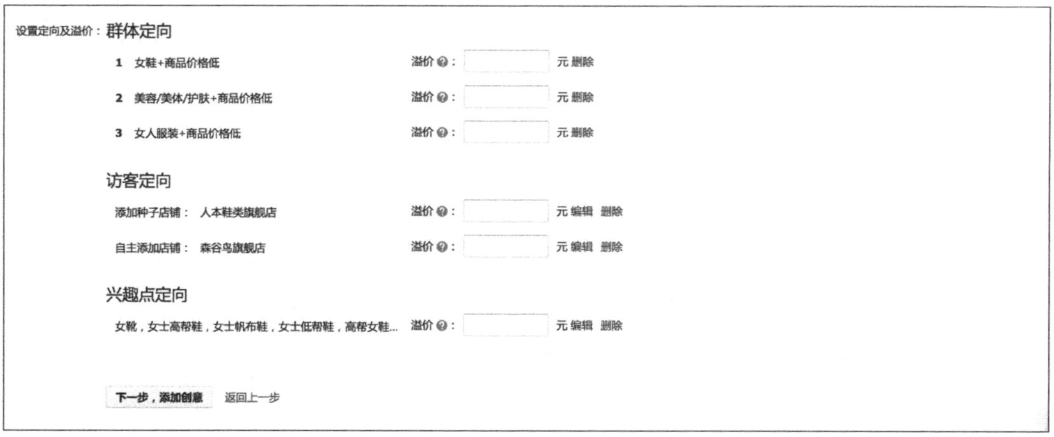

图 10-21

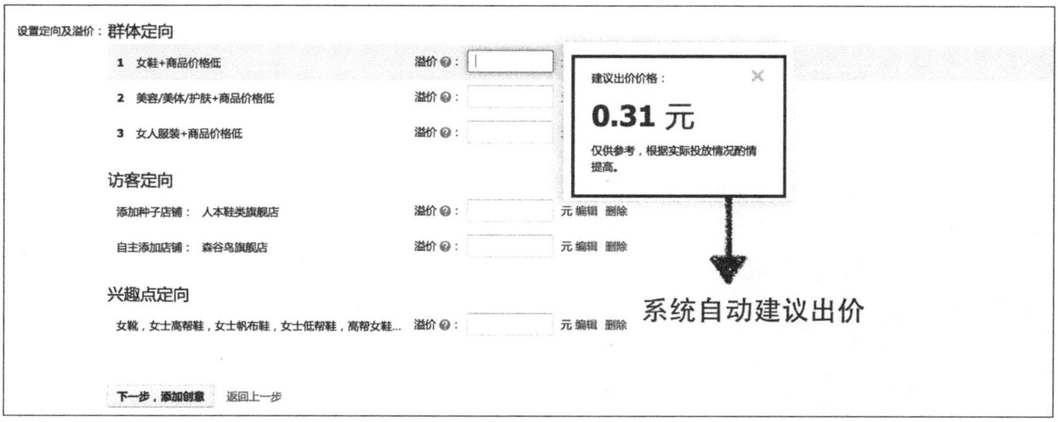

图 10-22

（7）根据资源位创意尺寸进行创意素材上传。单击"本地上传"进行上传。第一次开通钻展，创意库一定是空空如也，当你推广一段时间后，就可以通过"从创意库选择"进行素材选择了（如图 10-23、10-24 所示）。

（8）创意上传完毕后，单击"下一步，完成"，计划创建成功。

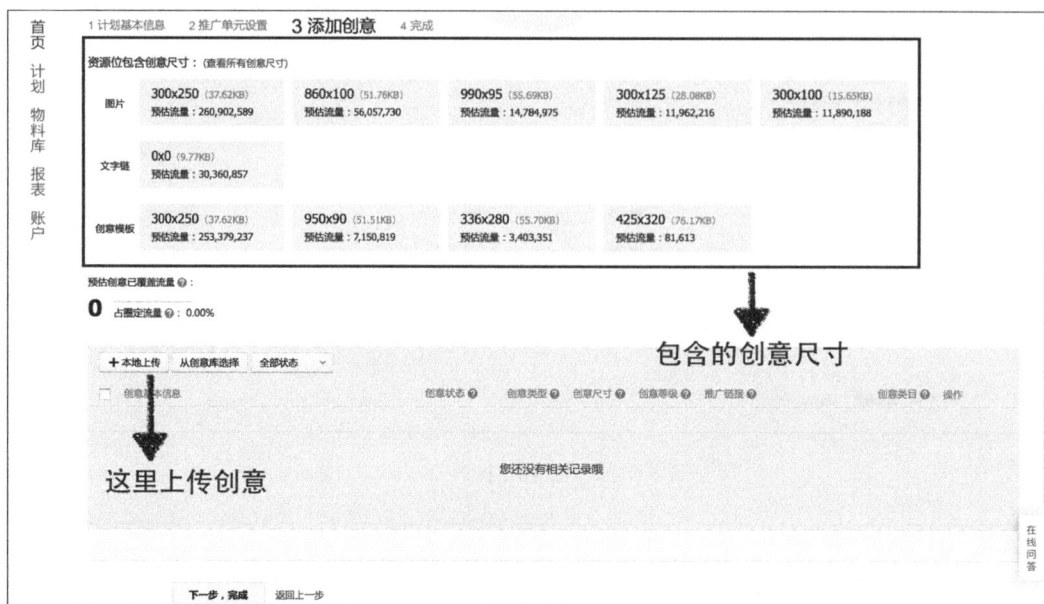

图 10-23

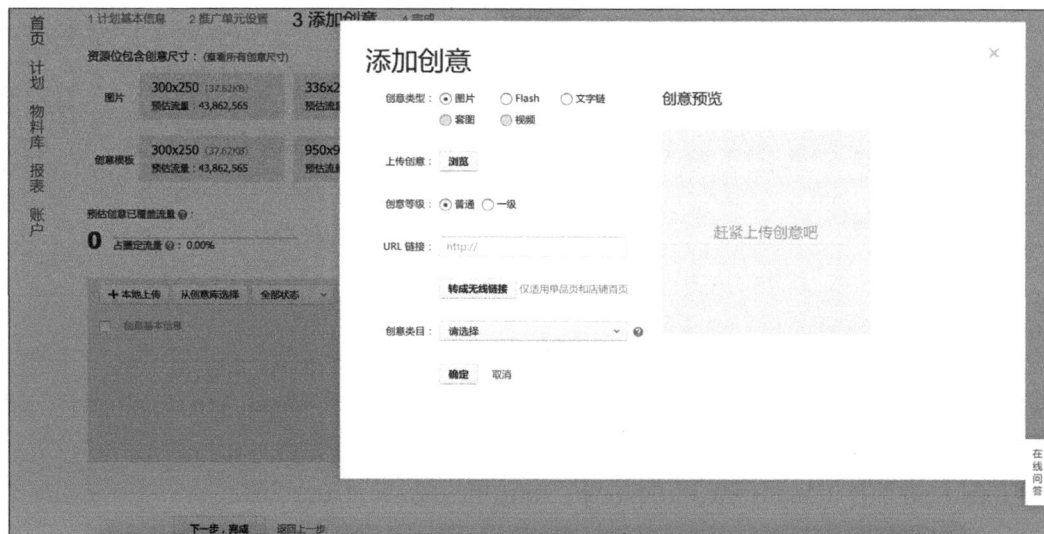

图 10-24

补充：

a. 计划和单元都可以直接通过复制进行添加（如图 10-25 所示）。

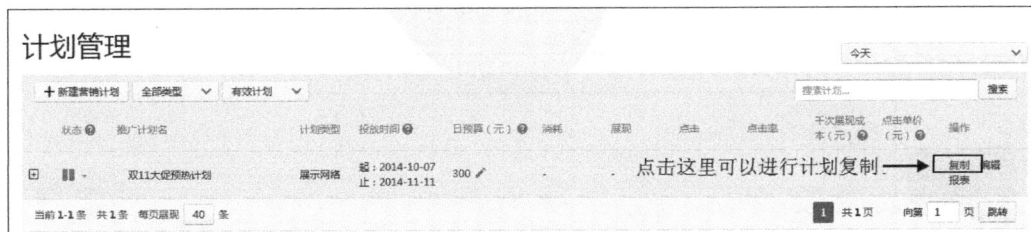

图 10-25

b．计划和单元无法删除，可以选择批量暂停或者单个暂停。资源位可以移除，单元和计划名称可以做修改。

3．物料库

物料库是钻石展位 4.0 新上线的功能，它的出现让钻石展位的创意变得更加简单，即便你没有优秀的设计师，但是只要你会应用物料库的功能，你也可以做出可投放的优质素材来（如图 10-26 所示）。

图 10-26

（1）资源位

资源位主要包含两个内容："资源位列表"及"我的收藏"。在"资源位列表"中，我们可以对投放资源进行一一查看，了解资源位的动态，做到知己知彼。同时，可以对优质的资源位进行收藏，以便在使用时方便调用（如图 10-27 所示）。

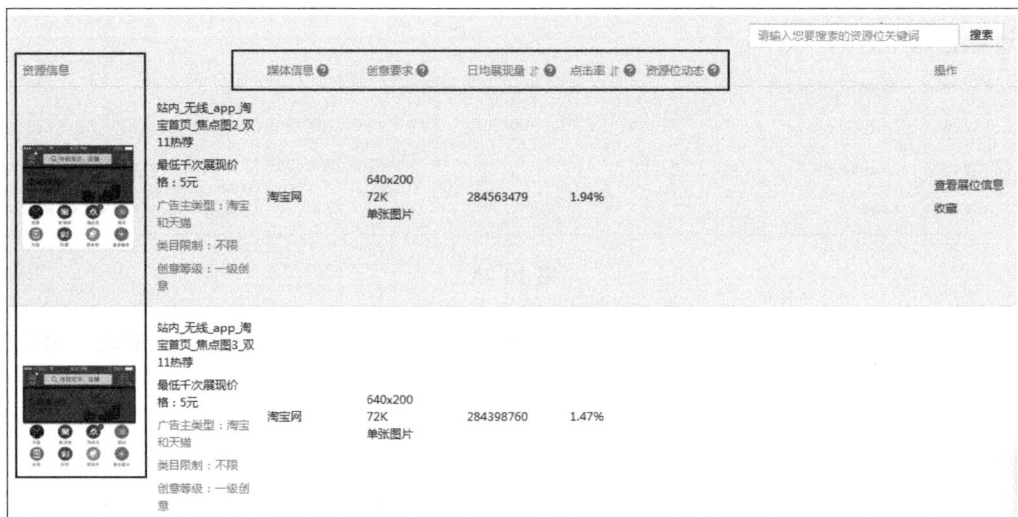

图 10-27

（2）创意

创意即创意管理，在这里商家可以上传创意，同时也可以查看到每个创意的审核状态及推广链接等信息（如图 10-28 所示）。

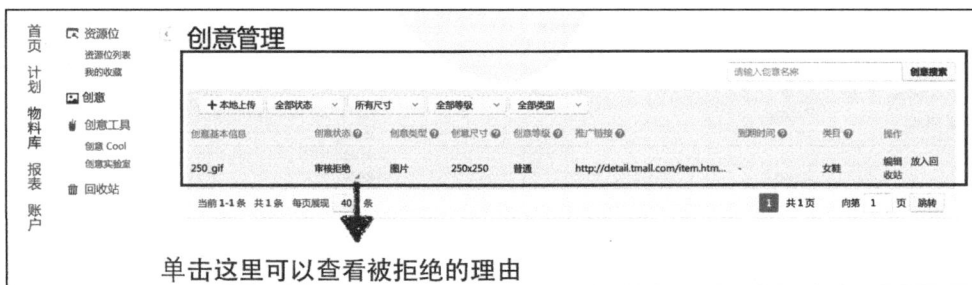

图 10-28

新版的创意管理中，拒绝理由将会变得更加详细，商家可以直接在后台看到违规截图（如图 10-29、10-30 所示）。

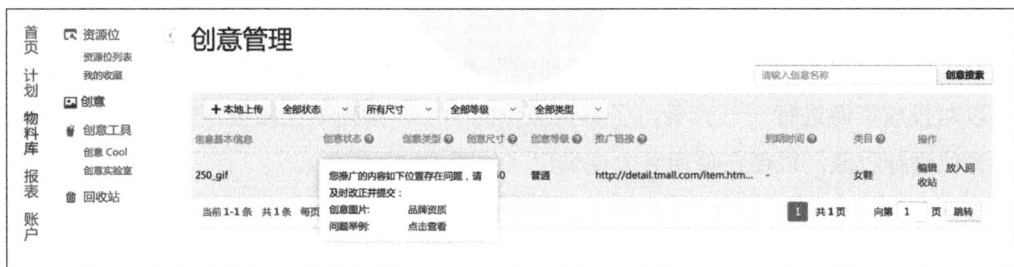

图 10-29

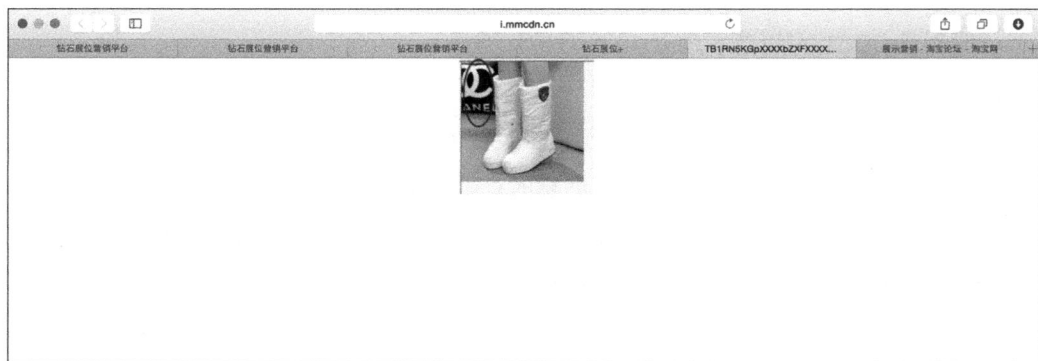

图 10-30

（3）创意工具

① 创意 COOL

a. 什么是创意 COOL？

创意 COOL 是钻石展位为钻展用户搭建的优秀创意分享平台，商家可以通过该平台及时、有效地了解钻展优秀的创意，获得第一手的优质创意信息。

创意 COOL 选出的优秀创意一般是指当月消耗达到对应类目及展位当月消耗的平均值，且当月创意点击率达到类目平均水平及以上，点击率优秀的创意（如图 10-31 所示）。

图 10-31

b. 如何开通创意 COOL？

登录钻展后台左侧创意模块，进入"创意 COOL"标签下，签署"创意共享协议"即可开通。

一般创意 COOL 可以查看最近 12 个月的优秀作品。

② 创意实验室

创意实验室为商家提供了基础的动画模板及范例，让商家的创意制作变得简单容易。

一般来讲，广告的站外投放，Flash 创意的点击率是静态图片的 3 倍。所以对于很多不会制作 Flash 的商家来讲，创意实验室恰恰可以帮助商家来补足这方面的短板。在这里，商家只需要通过简单的图片替换，便可完成创意 Flash 的制作（如图 10-32 所示）。

图 10-32

（4）回收站

商家可以在回收站查看曾经放入回收站的创意图片，并执行相应的操作。

4．报表

报表的作用主要是用于给商家展现：展示账户整体报表及广告报表。同时提供报表数据下载。通过这些报表，商家可以更直观、及时地掌握推广动态，并作出相应的优化调整（如图 10-33 所示）。

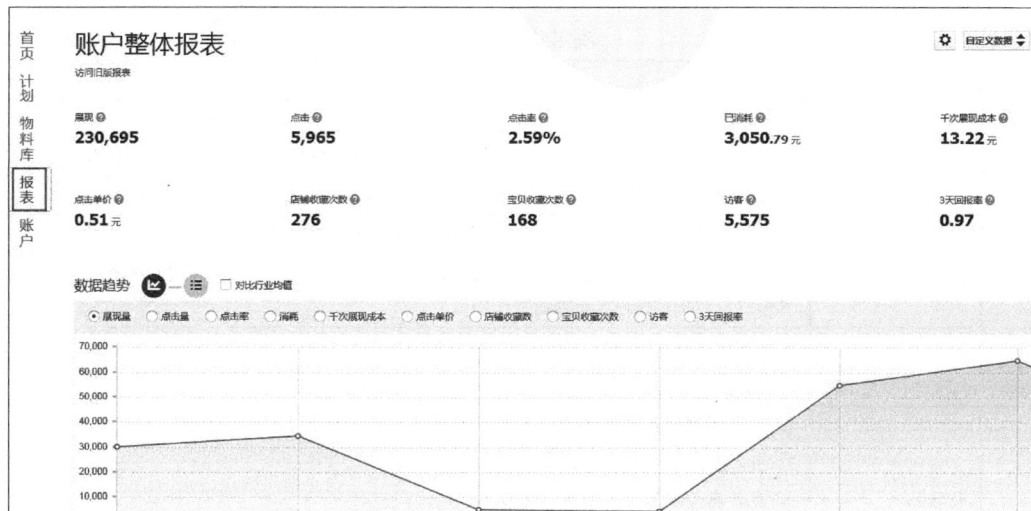

图 10-33

报表中数据指标的解释：

展现：所有创意在钻石展位资源位上被买家看到的次数。

点击：所有创意在钻石展位资源位上被买家点击的次数。

点击率：点击 / 展现。

已消耗：所有创意在钻石展位资源位上被展现后所产生的费用。

千次展现成本：消耗 / 展现 / 1000 次（即千次展现后所产生的平均费用）。

点击单价：消耗 / 点击（即创意每获得 1 次点击后所产生的平均费用）。

店铺收藏次数：钻石展位投放后在 1 天内带来的店铺收藏总数。

宝贝收藏次数：钻石展位投放后在 1 天内带来的宝贝收藏总数。

访客：通过点击钻石展位的创意进入店铺的买家数量。

3 天顾客订单数：钻石展位投放后在 3 天内带来的顾客订单总数。

7 天顾客订单数：钻石展位投放后在 7 天内带来的顾客订单总数。

15 天顾客订单数：钻石展位投放后在 15 天内带来的顾客订单总数。

5. 账户

（1）账户明细：用于查看钻石展位资金的充值与支出数据，数据可下载。

（2）资质管理：在这里添加店铺的各项资质。包括：行业资质、品牌商标、媒介资质、数据资质、活动资质、其他资质。当推广广告涉及特定内容时，则需要提交相应的资质，如下表所示。

淘宝集市店铺

子项	类目	您所需要提交的资质	
如您广告推广所涉及的商品属于品牌商品和（或）进口商品的，需提供下述资质材料进行备案			
商品资质	品牌商品	商标注册证（化妆品、保健品、食品、酒类、运动户外仅受理 R 标）、商标持有公司营业执照/商标持有人身份证，品牌持有者给店铺的销售及 LOGO 使用授权书	
	进口商品	进口化妆品提供进口报关单，进口化妆品备案凭证；进口保健品提供进口报关单，进口保健食品批准证书；进口酒类及进口食品提供进口报关单，出入境检验检疫证明；其他类目提供进口报关单即可	
子项	类目	您所需要提交的资质	
如您广告推广所涉及的商品属于下述类目范畴，除需提供商品资质外，还需要提供下述资质材料进行备案			
类目资质	化妆品	1. 化妆品《生产许可证》 2. 化妆品《卫生许可证》 3. 如广告主不能自主生产，须提供委托加工证明 4. 如为特殊功效商品（育发、染发、烫发、脱毛、美乳、健美、除臭、祛斑、防晒等），须提供国务院卫生行政部门核发的《特殊用途化妆品卫生许可批件》	
	保健品	1. 广告主食品流通许可证 2. 广告主保健品的《广告批准文件》	
	食品	1. 广告主食品流通许可证	
	农产品	蔬果类：企业营业执照 螃蟹类：企业营业执照，检验检疫证明，标明产品的品名、产地、生产者、生产日期、保质期、产品质量等级等内容，营业执照公司对店铺的授权书	
	房地产	1. 广告主需提供企业营业执照副本，且经营范围内必须含有房地产开发、房地产销售、房地产代理、房地产中介、房地产经纪中至少一项资质； 2. 参加推广的楼盘需提供《预售许可证》或《销售许可证》； 3. 如是预售许可证但广告中提到是现房的话，还需提供两书一表：商品房《质量保证书》、商品房《使用说明书》和《房屋竣工验收备案表》； 4. 如广告内容涉及优惠购买等活动，广告主须出具《商家活动确认书》； 5. 如非开发商广告主需出具开发商盖章的《楼盘销售授权书》和《楼盘广告确认书》，确认书内容须与广告内容需相符	
	其他	其他根据法律法规及淘宝规则需要提供证明资质的情况	
子项	子子项	您所需要提交的资质	
创意资质指的是创意出现以下情况需要提供对应资质材料备案，审核通过后才能提交创意素材			
媒体类	品牌商标/卡通形象	适用案例：广告信息出现注册的品牌商标、卡通形象、在线表情等情况 需提供资质： 1. 商标/卡通形象注册证；企业营业执照，如个人须提供身份证； 2. 商标/卡通形象持有者（公司或个人）给店铺的销售及 LOGO 使用授权书 （必须提及该商标/动漫形象可以用于网络推广）	

续表

子项	类目	您所需要提交的资质	
	明星	适用案例：创意出现明星图片、明星代言、明星推荐、明星同款等情况 需提供资质： 1. 明星本人/经纪公司与品牌方签订的肖像使用合同或代言合同； （合同必须是双方签定的包含两方权益范围的法律文本，且合同中必须含有明星肖像适用于网络等条款） 2. 品牌方出具《同意该明星肖像在***店铺使用的授权书》	
	奖项/专利	适用案例：创意出现获得奖项、专利、老字号、驰名商标等情况 需提供资质：奖项、专利、老字号、驰名商标等证明资质	
	杂志/电视节目/ 会议合作	适用案例：创意出现杂志推荐、杂志款、节目推荐、会议合作伙伴、会议制订商品等情况 需提供资质：合作双方签订的合同/协议	
数据类		适用案例：创意出现线上销量数据，如月销量、某一时间段累计销量等淘宝平台数据情况 需提供资质：通过数据魔方/淘数据等淘宝官方工具提取的数据截图数据 数据提取要求： 1. 明确数据统计工具，如数据魔方/淘数据等； 2. 明确类目，类目深度不能低于三级； 如：一级类目"数码相机/单反相机/摄像机"-二级类目"胶卷相机"-三级类目"傻瓜相机"； 3. 明确数据截取时段，需大于等于一个自然月； 4. 描述具体排名类型，如热销品牌排名第一等； 5. 文案要求：类目、数据截取时段、统计工具等文案高度不能小于 16 像素；字色必须清晰可辨； 数据提取具体方法，详见：http://bbs.taobao.com/catalog/thread/14181510-258851659.htm PS：线下数据因无法佐证，故不采纳	
活动类	联合推广	适用案例：多个品牌、多个店铺联合推广活动等情况 需提供资质： 1. 联合推广发起方需提前 15 个工作日，发起审核需求进行活动报备。 2. 联合推广会签流程和提供审核材料，根据发起方主体形式的不同会有所区别， 详见：http://yunpan.taobao.com/share/link/512qgKe8c	
	公益/自发评比 类活动	适用案例：创意出现公益类或自发的消费者参与评比类活动等情况 需提供资质：公证处出具的公证书	
其他	集市女包	适用案例：页面出现外籍模特图片 需提供资质：请提供实拍原始图	
	其他	其他根据法律法规及淘宝规则需要提供证明资质的情况	

天猫店铺

子 项	类 目	您所需要提交的资质
如您广告推广所涉及的商品属于下述类目范畴，除需提供商品资质外，还需要提供下述资质材料进行备案		
类目资质	化妆品	如您推广的为特殊功效化妆品（育发、染发、烫发、脱毛、美乳、健美、除臭、祛斑、防晒等）或者化妆品功效描述出现前述文案，须提供国务院卫生行政部门核发的《特殊用途化妆品卫生许可批件》
	保健品	广告主保健品的《广告批准文件》
	房地产	1. 广告主需提供企业营业执照副本，且经营范围内必须含有房地产开发、房地产销售、房地产代理、房地产中介、房地产经纪中至少一项资质； 2. 参加推广的楼盘需提供《预售许可证》或《销售许可证》； 3. 如是预售许可证但广告中提到是现房的话，还需提供两书一表：商品房《质量保证书》、商品房《使用说明书》和《房屋竣工验收备案表》； 4. 如广告内容涉及优惠购买等活动，广告主须出具《商家活动确认书》； 5. 如非开发商广告主需出具开发商盖章的《楼盘销售授权书》和《楼盘广告确认书》，确认书内容须与广告内容需相符
	其他	其他根据法律法规及淘宝规则需要提供证明资质的情况
子项	子子项	您所需要提交的资质
创意资质指的是创意出现以下情况需要提供对应资质材料备案，审核通过后才能提交创意素材。		
媒体类	品牌商标/ 卡通形象	适用案例：广告信息出现注册的品牌商标、卡通形象、在线表情等情况 需提供资质： 1. 商标/卡通形象注册证；企业营业执照，如个人须提供身份证； 2. 商标/卡通形象持有者（公司或个人）给店铺的销售及 LOGO 使用授权书 （必须提及该商标/动漫形象可以用于网络推广） 备注：卡通形象天猫店铺都需要提供全部资质；品牌资质天猫店均无须提供
	明星	适用案例：创意出现明星图片、明星代言、明星推荐、明星同款等情况 需提供资质： 1. 明星本人/经纪公司与品牌方签订的肖像使用合同或代言合同； （合同必须是双方签定的包含两方权益范围的法律文本，且合同中必须含有明星肖像适用于网络等条款） 2. 品牌方出具《同意该明星肖像在***店铺使用的授权书》
	奖项/专利	适用案例：创意出现获得奖项、专利、老字号、驰名商标等情况 需提供资质：奖项、专利、老字号、驰名商标等证明资质
	杂志/电视 节目/会议 合作	适用案例：创意出现杂志推荐、杂志款、节目推荐、会议合作伙伴、会议制订商品等情况 需提供资质：合作双方签订的合同/协议
数据类		适用案例：创意出现线上销量数据，如月销量、某一时间段累计销量等淘宝平台数据情况 需提供资质：通过数据魔方/淘数据等淘宝官方工具提取的数据截图数据 数据提取要求： 1. 明确数据统计工具，如数据魔方/淘数据等； 2. 明确类目，类目深度不能低于三级； 如：一级类目"数码相机/单反相机/摄像机"-二级类目"胶卷相机"-三级类目"傻瓜相机"

子　项	类　目	您所需要提交的资质
数据类		3. 明确数据截取时段，需大于等于一个自然月；
		4. 描述具体排名类型，如热销品牌排名第一等；
		5. 文案要求：类目、数据截取时段、统计工具等文案高度不能小于 16 像素；字色必须清晰可辨
		数据提取具体方法，详见：http://bbs.taobao.com/catalog/thread/14181510- 258851659.htm
		PS：线下数据因无法佐证，故不采纳
活动类	聚划算	适用案例：创意出现聚划算文案或 logo 等情况
		需提供资质：需提供聚划算终审通过排期图、保证金冻结图
	联合推广	适用案例：多个品牌、多个店铺联合推广活动等情况
		需提供资质：1）联合推广发起方需提前 15 个工作日，发起审核需求进行活动报备；
		2）联合推广会签流程和提供审核材料，根据发起方主体形式的不同会有所区别
		详见：http://yunpan.taobao.com/share/link/512qgKe8c
	公益／自发评比类活动	适用案例：创意出现公益类或自发的消费者参与评比类活动等情况
		需提供资质：公证处出具的公证书
其他	集市女包	适用案例：页面出现外籍模特图片
		需提供资质：请提供实拍原始图
	其他	其他根据法律法规及淘宝规则需要提供证明资质的情况

（3）优质展位权限

目前优质展位（如淘宝首页焦点图、微博等展位，由淘宝单方确定）采用审批制制度，淘宝将根据店铺综合质量、用户对钻石展位的了解及使用能力等综合判断是否向用户开放；仅开放了投放权限的用户可以在钻石展位服务系统中看到可查询的展位。

在这里商家可以申请钻石展位的优质展位。很多商家都纠结申请理由，其实申请理由并不是多么重要，重要的是你的店铺实力。你的店铺实力如果够了，你就很容易申请到，如果你的实力不够，即便你有天大的理由依然不会有被批准的机会（如图 10-34 所示）。

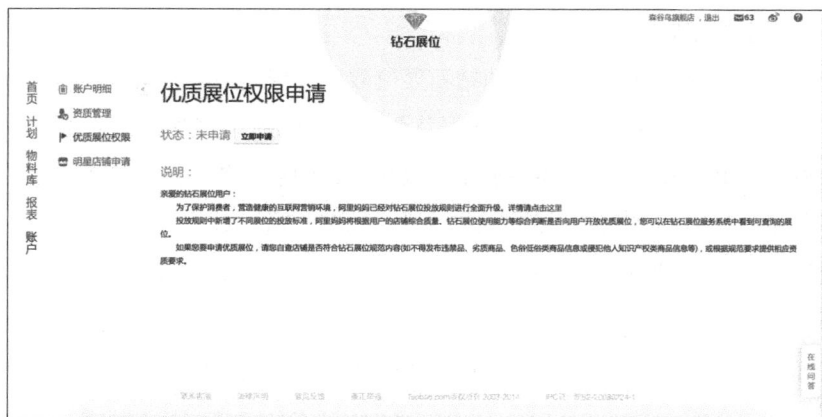

图 10-34

优质资源位的审核需要 7 个工作日。在审核期间及被拒绝后的 30 天内（含 30 天），商家不可重复申请（如图 10-35 所示）。

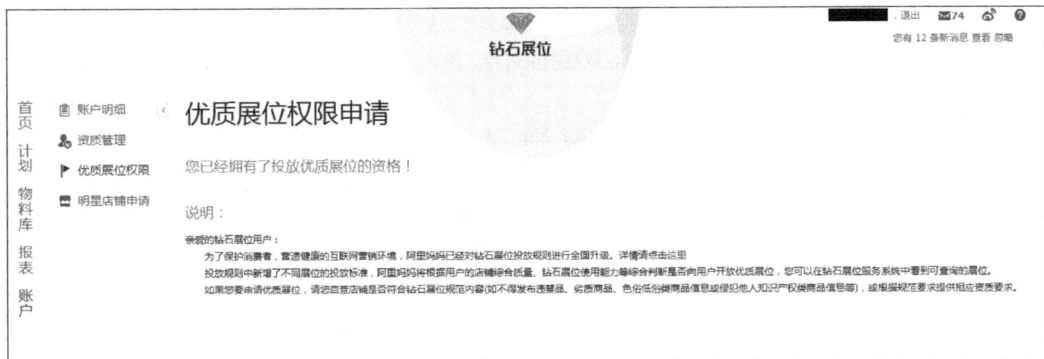

图 10-35

（4）明星店铺申请

① 明星店铺的定义

2014 年 10 月中旬，明星店铺产品由淘宝直通车迁移至钻石展位。

"明星店铺"是钻石展位的增值营销服务，按千次展现计费，仅向部分钻石展位用户开放。主要展现位置在 PC 端及无线端特定搜索结果的顶部。

明星店铺服务需要申请开通。目前要求申请的用户店铺至少名称稳定，店铺品牌需要符合一定的"品牌知名度"，即买家在淘宝和天猫上对该店铺的认知和关注度。淘宝方面将参考品牌词是否为自有注册商标、是否涉及他人商标、商标类别与主营类目一致性、品牌词搜索量、搜索进店率、店铺访问量以及其他相关因素进行综合判断。

新迁移的钻石展位明星店铺的功能也有所增加。除了开通无线端的资源位外，不同资源位的设置也将由原来的一体化分离开，可分别进行个性设置。

② 明星店铺的优势

a. 明星店铺作为搜索展示广告，和钻石展位双剑合璧之后将更好地发挥其品牌溢价和明星效应，位置在搜索结果页最上方，占据黄金的推广位置，投资回报更高。

b. 实现明星店铺 PC 端和无线端独立投放和设计创意，便于广告主专门为无线营销场景设计品牌创意，同时明星店铺投放计划支持地域和时段投放。

c. 方便广告主完成展示+搜索广告的一站式购买，实现搜索到展现的提升以及从展现流量到搜索流量的转化。

d. 按照 CPM 计费，更具公平性，增强上架优化明星店铺创意，提升点击率，最大化降低推广成本。

e. 开放实时报表数据监控，加强对于推广效果的监控。

f. 淘宝官方推荐，凸显品牌价值。

③ 明星店铺的计费方式

竞价 CPM 计费，同时系统会保留 PPC（点击付费）的数据，方便对比产品数据。

计价公式：CPM=CPC×CTR×1000

CPC：每次点击的费用。

CTR：点击率。

④ 推广流程

a. 申请开通明星店铺（如图 10-36、10-37、10-38、10-39 所示）。

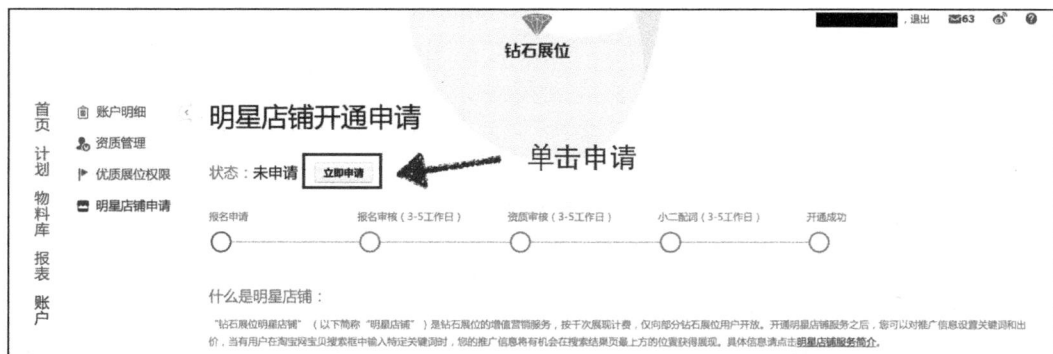

图 10-36

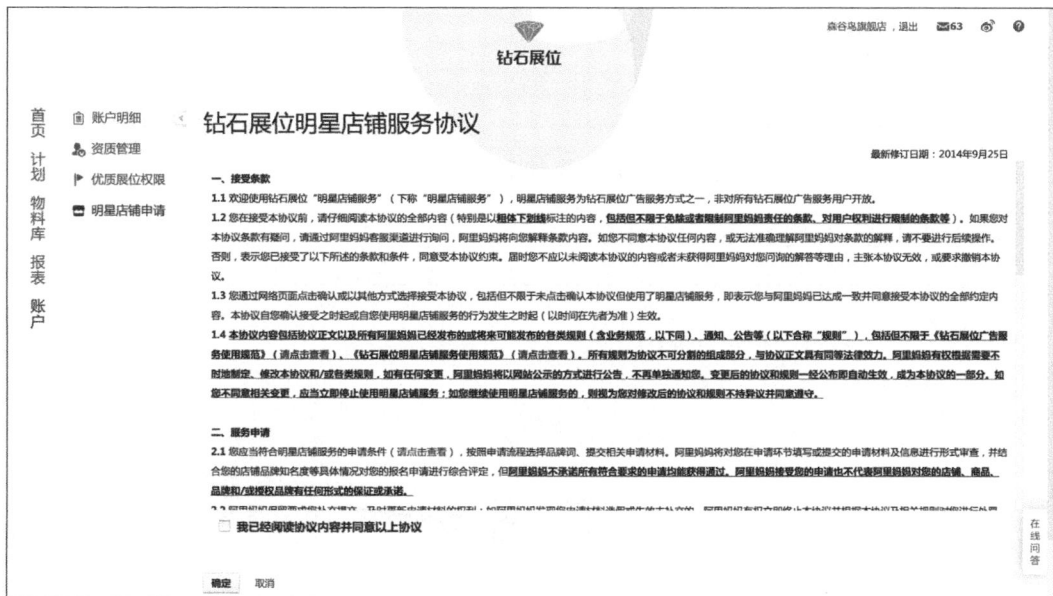

图 10-37

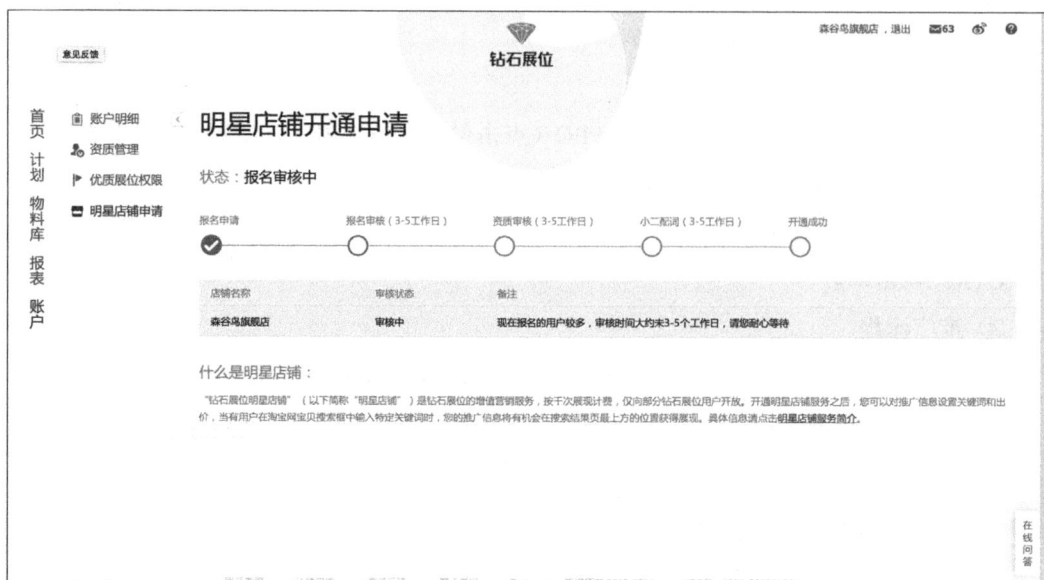

图 10-38

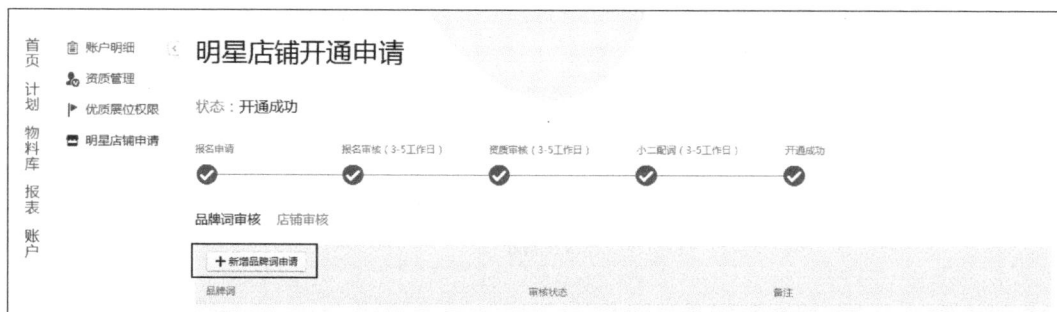

图 10-39

b. 创建计划（如图 10-40、10-41 所示）。

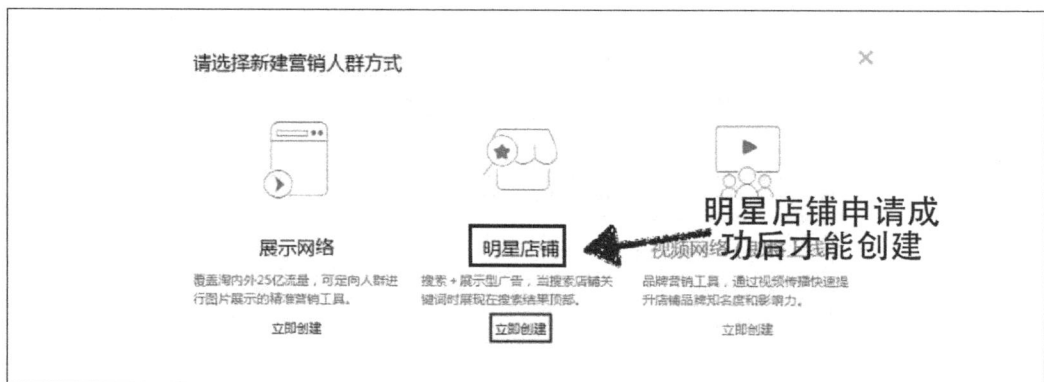

图 10-40

图 10-41

c．添加关键词，并出价，出价必须大于起拍价（如图 10-42 所示）。

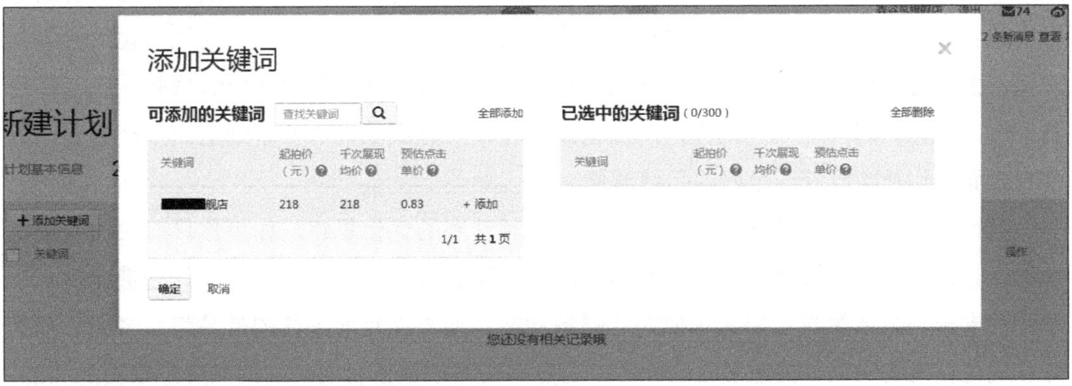

图 10-42

d．上传素材，开始推广。素材的上传，必须先将素材上传到创意库，并通过审核，才可以在这里进行调用（如图 10-43 所示）。

开通明星店铺服务之后，商家可以对推广信息设置关键词和出价，当有用户在淘宝网宝贝搜索框中输入特定关键词时，商家的推广信息将有机会在搜索结果页最上方的位置获得展现。

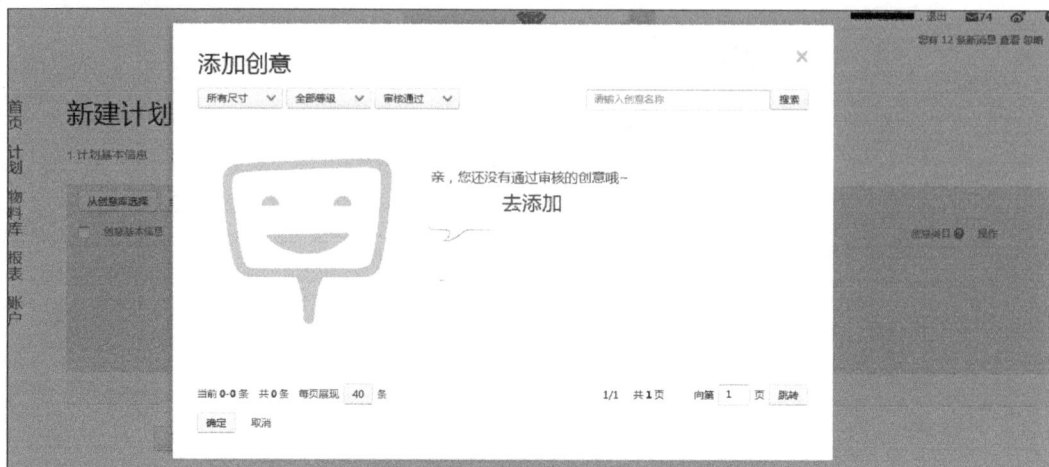

图 10-43

10.2.2 钻展推广的思路

钻石展位的投放计费方式是按千次展现收费，即不管消费者是否有点击，是否有购买行为均要支付相应的费用。所有推广工具优化的关键均为投入产出比。这里所说的投入与产出不仅仅是金钱，还包含很多。比如，投入的时候我们除了付出相应金钱外，我们还付出了很多精力、时间等等；同样，产出也是一样，一方面我们想要看到的回报是金钱，另外一方面我们是想收获一个好的品牌形象。

不管你的计算方式是什么，它都决定着你对钻展的优化思路。如果你目前关注的是资金的回收，那么你在优化的时候，关键点则在于资金的 ROI，计算每一个计划甚至每一个单元的支出与收入情况，每天都要关注财务动态。如果你目前关注的是品牌知名度，那么你在优化钻展的时候，关注展现的同时，则更需要对创意素材所传达的品牌形象更加关注。

事实上，每个商家都会遇到不同时期的钻展推广需求，因为品牌的发展有着一定过程，不同阶段的需求自然不同。在本书中，将会默认以资金的需求为主要目的进行讲解。之所以选择此目的作为钻展讲解的主要方向，首先是因为以资金回收为目的的钻展优化是 90%以上商家的需求，其次是因为如果商家掌握了以资金回收为目的的钻展需求，也就基本上掌握了钻展的关键。

既然以资金回收为目的进行优化，那么首先我们就要思考，如何才能收回资金。道理很简单，有成交。成交的前提是点击，点击的前提是展现。钻石展位的扣费原则是展现就有计费。所以，如果想要保证资金的投入低于产出，就要要求在有限的展现次数内，实现更多的点击，从而带来更多的成交。

客户为什么会点击你的广告？原因一般有两个，一是你触动了客户的需求点；二是你的创意吸引到了客户。而这两点带来转化的概率我不说你也知道，一定是有需求的点击更容易被转化成成交。所以在有需求客户面前去展现你的广告才能为你带来更多的回报。

那么，优化钻展的思路就很清晰了，倒推回来：我们需要在有需求的客户面前推广我们能够展现他们需求的广告，从而销售出出我们优质的产品服务。优化钻展我们需要做：

1．选择正确的资源位（目标客户基数大的网站）。

2．做好创意广告（广告诉求一定要精准清晰）。

3．客户定向要精准（通过定向圈定出我们的客户）。

10.3　如何优化钻展

10.3.1　钻展计划的合理规划

1．了解钻展的计划结构（如图 10-44 所示）

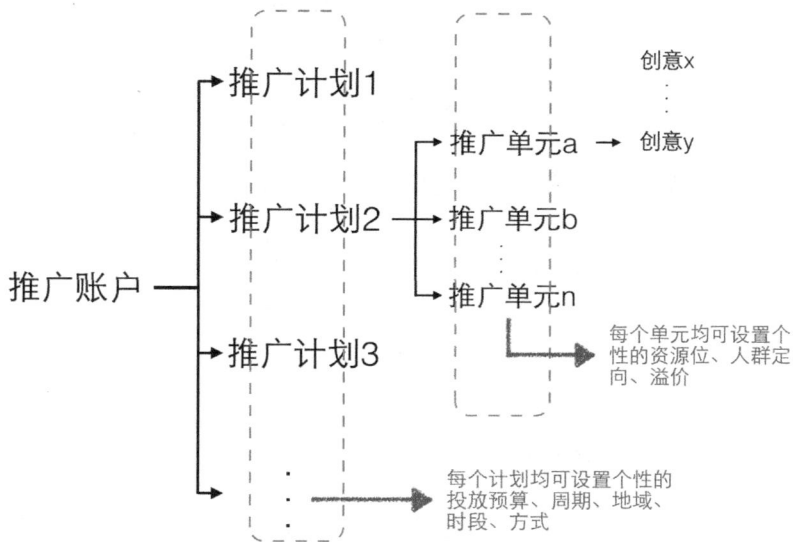

图 10-44

一个账户可以创建多个推广计划，每个计划也可以创建多个推广单元，每个单元下有多种创意。计划间可以设置不同的投放预算、投放地域、投放时段、投放方式及投放时间。单元间则可以设置不同的投放资源位、人群定向及溢价。

2. 如何合理地制定推广计划

计划的设置没有固定模式，每个商家均可根求自己的需要进行计划的合理规划。但无论采取何种计划设置方式，均应符合在正确的时间里，给正确的消费者展现正确的创意诉求的原则。同时，账户还应目标清晰、便于管理。

本书为大家推荐几种推广计划的规划方式以供大家参考。

（1）根据客户的类型来建立推广计划（如图10-45所示）。

推广计划	投放位置	创意类型
老客户	定向老客户	活动优惠
新客户	站外、站内	品牌诉求
流失客户	站外、站内	强调变化

图 10-45

（2）根据不同的主题来建立推广计划（如图10-46所示）。

推广计划	投放位置	创意类型
上新活动	站内焦点	产品创意 品牌强调
店铺促销	站外、站内	促销力度 产品诉求
其他 主题活动	符合主题的网站，比如奥运会，可以主要投放体育网站	围绕主题的产品创意

图 10-46

（3）根据不同的用途来建立推广计划（如图10-47所示）。

推广计划	投放位置	创意类型
利润计划	定向精准	感性打动
测试计划	切换测试位	切换测试创意
品牌计划	站外、站内	品牌诉求

图 10-47

10.3.2 钻石展位的“坑位”

如何选择资源位，是很多刚开始做钻展商家的共性问题。其实资源位的选择本身并不难，难的是我们对它的要求，以及自己给自己的时间。如果你总是想上来就找到一个位置，既可以花很少的钱，又可以获得很多的点击，又可以带来很多成交，又不被很多对手发现，那么，你还是放弃吧。

资源位的选择一定是需要时间积累的，经过测试和筛选才能找到更适合自己的位置。所以，给自己些时间，慢慢培养和收集。

资源位的养成流程：

1. 资源的选择

（1）考察待选资源位的展现量、点击转化率，以及出价是否能控制在自身预期出价范围内（如图 10-48 所示）。

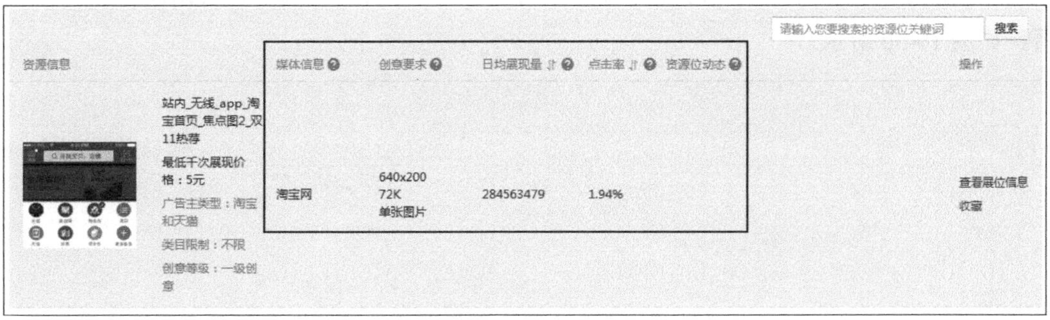

图 10-48

（2）考察展位对素材的要求，自身是否符合，是否能够实现。

（3）考察展位的性质，访问群体，是否适合自己的产品。如果不知道如何考察，只要用一段时间来查看目前展位投放的广告大多为什么类型，就可以大概判断适合投放到展位的产品。

（4）考察展位的广告位置及周边色调，看看是否适合自身产品所能作出的创意，否则，你投放了一个广告，每天有着千万级的展现，但是大家却都没有留意到你，就不值当了（如图 10-49 所示）。

图 10-49

（5）从小二的推荐展位中选取适合自己的展位（推荐展位需要到钻展论坛和帮派中查看，如图 10-50 所示）。

图 10-50

（6）通过"物料库"查看一些展位信息，除了选择那些优质展位外，还可以选择一些不被看好的展位。但并不是所有的这些展位都适合自己，而是要挑选那些适合自己的、虽然展现不是非常高、但转化不错的展位。

（7）站内资源位转化高，竞争激烈；站外资源位成本略低，但转化低。

2. 资源位的测试

很多商家一提到测试，就很头疼，一是不愿意经过很长时间去测试；二是不知道究竟该如何测试。这里笔者想告诉你，其实不管你学多少推广知识，如果你不去测试，你会发现，你依然很难有所收获。因为学习别人的东西，只能用作借鉴，真正能够帮到你的还是在你的环境下进行的测试，属于你的方法才能给你带来最大的收益。

其实测试并不是一个多么难学的技术，你只要把握一个原则就可以学会所有事情的测试方法。这个原则就是，把所有的元素全部固定，唯一留下你要测的元素是变化的。就拿资源的测试来讲，比如我们要测试某个资源位怎么样，那么我们就保证资源位的位置是可变的，而其他的是固定的就可以，也就是我们在多个单元下，保证出价相同、人群定向相同、创意素材等均相同。这样经过一段时间的比对，我们就知道哪个资源位更适合我们了。

3．资源位的取舍

通过报表数据，删掉那些不适合自己的资源位。每次的删减数据，要建立在一定周期的基础上，切勿只根据一天的数据就来断定一个资源位的优劣。同时要对特殊事件做相应排除，比如体育类的网站，再遇到特别赛事的时候就会出现阶段性的展现波动。

要养成将同水平 CPM 资源位打包投放的习惯，并要去尝试新的资源位，不要固守陈规，要不断补充新的位置进行优化。避免消耗过大或长期无消耗的位置，也要考虑实时调价。

经过一段时间的取舍，最终留下的资源位大概会划分为以下几类：

a．非常适合某一类产品的定向投放，如果你找到适合你的此类资源位可以将它作为自己长期的投放资源位。

b．展现量不高，但引流成本低，此类资源位可以作为扩张新客户的重要渠道。

c．CPM 价格低，转化率不高，可以用最少钱买到最多的曝光，此类资源位适合做品牌曝光。

d．展现、转化均高，那么此类资源位则可以作为你长期、大预算重点推广的位置。

e．展现不高、转化不高，这类资源位则可以剔除计划。

4．官方给出的资源位分类方式

（1）流量稳定转化好：钻展耳熟能详的招牌资源位，每日流量上千万高至亿，俗称"三高"展位：高 PV，高 CTR，高 ROI。

站内资源位：淘宝首页焦点图系列；焦点图右侧 Banner2；无线 APP 焦点图；旺旺每日弹窗焦点系列；首页二屏右侧大图。

站外资源位：网易首页二屏画中画；凤凰网内容页右侧画中画 04；Youku 视频播放页首屏画中画；QQLive 播放页画中画；PPStream 客户端右侧画中画；新浪微博底部通栏。

（2）高性价比，回报优：日均流量丰富稳定，低成本在淘宝首页海量展现曝光，为店铺引流不费力，丰富店铺客户结构。

站内资源位：首页二屏右侧大图；会员首页一屏轮播；淘宝首页三屏通栏和小图；收货成功页面通栏；

站外资源位：新浪微博我的首页右上画中画；网易图集右下画中画；新浪首页娱乐左侧摩天楼；PPTV 客户端播放页右下画中画。

（3）低成本，高曝光：中小卖家福利展位、低至 0.5 元的 CPM 价格和 CPC 点击成本、百元预算可收获几十万流量。

站内资源位：商业搜索结果底部；收藏夹轮播和大图；交易详情通栏和小图；旺旺每日弹窗小图；旺旺系列文字链。

站外资源位：Youku 视频网播放页通发画中画；新浪视频内页 banner；新浪微博首页右侧推荐。

5．资源位的优化思路

（1）定位优化法

直接选择类目资源推荐包上的流量资源位，价位上采取低价通投，溢价投放选择之前验证定向人群，之后在锁定目标人群集中的资源位上逐渐调价，从而获取更多优质流量。

（2）保守尝试法

选择智能出价中价格较低的流量展位进行试投，挖掘其中 CTR 较高及点击成本较低的资源位进行收藏，之后整理并进行定向溢价操作，从而找到性价比较高的流量，持续投放。

10.3.3　定向对于钻展的重要性

钻展采取的是 CPM 计费方式，也就是说，你的支出与成交无关。所以此时，点击转化就变得非常重要。而客户的定向直接决定了你的广告转化情况。如果你从来没有对定向有所研究，就盲目地投放钻展，你一定会发现，你的钱在不断流失，而真正进到你店里的客户确实少之又少。

1．店铺定向

这个定向原理比较简单，可见、可操作的店铺定向是直接选择投放的省市和时间；不可见的是店铺自身的相关性。每个店铺都有与其相关的产品和人群定向。

2．群体定向

综合消费者历史浏览、搜索、收藏、购买行为，确定消费者当前最可能点击的商品类型和价格偏向，提炼出 21 种主流商品类型，每种产品类型有高、中、低 3 种价格倾向。

简单来说，就是根据购买产品来定向出"一级类目＋价格倾向"来定向客户群体。举个例子：假如作为一个买家，你一直都很喜欢浏览或者购买连衣裙产品，而且喜欢的价位偏高，那么你在被定向的时候就会被归位于"女装＋高"的群体定向中。

3．访客定向

综合消费者历史浏览、搜索、收藏、购买行为来确定消费者与店铺的关联关系。简单点来说，你可以通过搜集竞争对手的店铺 ID 来实现让他店铺的客户及浏览过他店铺的顾客成为你的广告投放目标。

自主店铺搜集方法：

　　a．借助数据魔方搜集。

　　b．类目搜索，按销量排序，找风格最相近的店铺。

　　c．日常竞争对手搜集。

4．兴趣点定向

　　综合消费者历史浏览、搜索、收藏、购买行为，确定消费者当前感兴趣的商品类型，兴趣点定向可以精确到二级及以下类目、商品特性。此定向适合所有类目，类目越精准，流量越精准。

　　举个例子：假设现在主推女鞋单品，那么最近搜索过"女鞋"的人就是我的潜在客户。如果我在兴趣点定向设置中选择了连衣裙，那么最近搜索过连衣裙的人就能优先看到我的推广图片。

　　兴趣点设置小技巧：

　　（1）根据产品周期的不同，选择不同的兴趣点。本项适用于服装类等周期性产品。

　　（2）如果你的商品是小类目商品，可以尝试精准兴趣点投放方法。单个计划、单个创意、单个兴趣点去投放。

　　（3）如果某一个兴趣点圈定的人数太少，无法获取充足的流量，可以尝试寻找重合度高的兴趣点来确定人数。例如：高帮棉鞋对应重合度高的是雪地靴。

5．总结

　　新手在设置计划的初期，可以一个计划里三个定向都同时去做，投放成功后，通过看报表中的定向报表，看群体、访客、兴趣点的点击率消耗等数据来逐渐积累经验。

　　店铺不同、流量的需求自然也不一样，投放的策略就不同。所以，在最初店铺定向时，不要过于纠结究竟该定向哪一个，该定向多少，更不要期待有一个固定模式可以供你套用，一定要学会多去投放，多去测试，然后总结出一套适合自己的定向方式。

　　除此之外，钻石展位还有营销场景定向及 DMP 定向，这两种定向需要有一定的客户积累才能实现，目前在钻石展位后台，也是仅开放给 KA 客户及大卖家，所以本书不会讲解此部分内容。如果你是一名大卖家店铺的推广专员，需要这方面知识的探讨，可以联系笔者，进行单独分享。

10.3.4　溢价

1．出价前你需要先弄清楚的几个问题

（1）排名的计费原则。计费方式不用说了，千次展现收费。扣费原则：下一名的出价＋0.01 元，也就是说不管第一名出多少钱，他的最终扣费金额为他下一名的出价加 0.01 元。假设你出价 1000 元排在了第一位，而你下一名出价为 1 元，则你最终的扣费为 1.01 元。

（2）同一个广告资源位可以建立在多个计划中，但是遵循价高者得的原理，所以注意出价不要内耗。

（3）溢价原理：

a．定向逻辑：通投——群体定向——访客定向——兴趣点定向，逐层细化筛选。

b．溢价原理：遵循定向逻辑，逐层加价（如图 10-51 所示）。

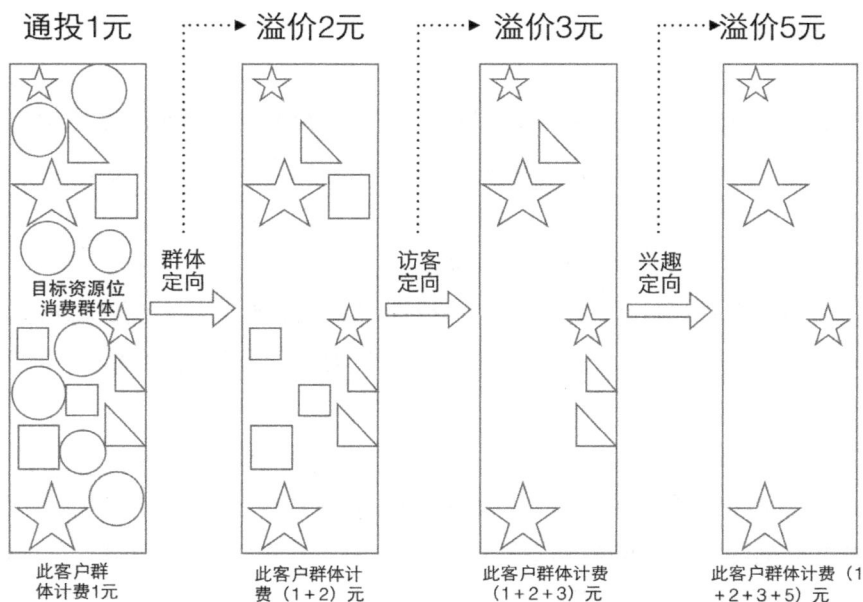

图 10-51

简单地说，如果你不设置溢价，那么你所有的广告投放则按照通投价格来计算。如果你设置了溢价，则在精准客户群群体上再次加价，依此类推。

2. 出价策略

（1）首次出价建议选择系统推荐出价。当然如果你的首次钻展投放是双 11 预热期或当天，那么所有的建议出价都低了。

（2）在选择好资源位的情况下，建议进行定向溢价，依然采取系统建议溢价金额。

（3）经过测试，观察报表及数据对出价进行加价调整。

（4）在追求合理回报的目标下，出价时，通投的价格应小于定向溢价。这样的出价方式获取的客户流量将更加精准，因为通过层层定向细分更容易找到符合你的客户群体，他们成交购买的几率则越大。而如果相反，你的通投价位很高，则会有很多非目标客户群的展现，这样也就造成了大量的浪费。

（5）设置好合理的投放预算（初期建议 500～1 000 元），以免造成不必要的损失。如果初期资金并不是很充足，建议选择自己类目的成交高峰期进行投放，也可以对一些非经常购买的地域进行去除。

10.3.5 创意

之所以说创意决定生意，是因为创意诉求决定着客户的点击，而没有点击就没有了更直接的成交可能。所以，如果在你还没有一个很强的创意设计基础时，建议不要盲目地投放钻展。那么，如何才能制作出好的创意呢？

1. 要有一个好的设计师（这不是废话嘛）。

2. 养成收集素材的好习惯，并学会分析素材，从而找到制作素材的关键点。除此之外，收集素材还可以让我们对竞争对手做到"知己知彼"，对于投放来讲，如果不了解整体情况，那么必然会有所损失。

（1）收集素材的方法：

a. 日常人工收集，看到好的素材就收集起来。收集素材你要注意一点，就是创意素材的展现是根据你的浏览习惯展现的。所以，你想收集你类目的素材，你就要保证你最近最后一次搜索浏览的是你类目的相关产品。

b. 提取创意 COOL 的优秀素材。

（2）分析素材的方法：利用表格进行关键点提炼与总结（如图 10-52 所示）。

抽取同类优秀素材进行分析		
素材	文案	视觉
	妞！该换鞋了 折扣	静态模特
	女人要更爱自己 新品折扣	产品平铺

图 10-52

3. 素材的制作

（1）了解钻展对素材及文案的要求

① 钻展创意一般审核两个方面的内容：

a. 创意图片本身是否有违规信息；

b. 链接页面和店铺是否有违规信息。

② 商家容易犯的违规：

a. 钻石展位推广信息中，严禁在素材和链接落地页面出现排他性的唯一存在，常见绝对化用语（包括但不仅限于）：

"给他最好的"、"冠军"、"独家"、"唯一"、"第一品牌"、"全网销量第一"、"全球首发"、"顶级工艺"、"最新科学"、"最新技术"、"最先进加工工艺"、"最时尚"、"最佳"、"最高"、"极品"、"顶级"、"顶尖"、"终极"、"最受欢迎 "、"王牌"、" **之王"、"冠军"、"第一（NO.1\Top1）"、"极致"、"永久"、"王牌"、"掌门人"、"领袖品牌"、"全网首发"、"独一无二"、"独家"、"绝无仅有"、"前无古人"、"史无前例"、"冠军"、"至尊"、"王者"等（如图 10-53 所示）。

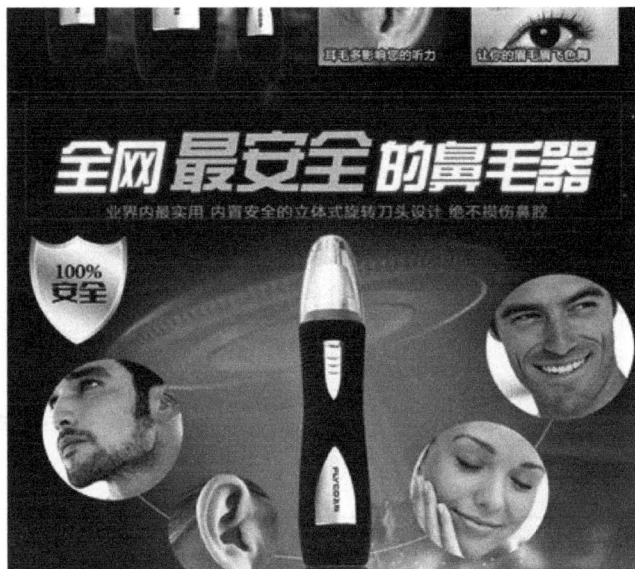

图 10-53

b. 如果想要在创意图片上使用聚划算及 logo，需要满足：产品在聚划算排期。使用的聚划算 LOGO 必须是官方公布的 9 个，文字的话只能在一整句话中使用，不能有任何凸显（包括字体、颜色、大小）的改变。

c. 不可使用官方大促 LOGO，比如"年中大促"等，但可以在一句话中使用大促的文案。

d. 素材要求并不完全通用，有些展位会有自己的特殊要求，所以在制作之前，除了了解尺寸外，还要看看要制作的展位是否还有其他特殊说明。

e. 钻展中严禁出现低俗丑陋、色情暴力等内容。更多规则可以通过 http://help.alimama.com/#!/zuanshi/faq/list?id=8307275 进行了解（如图 10-54 所示）。

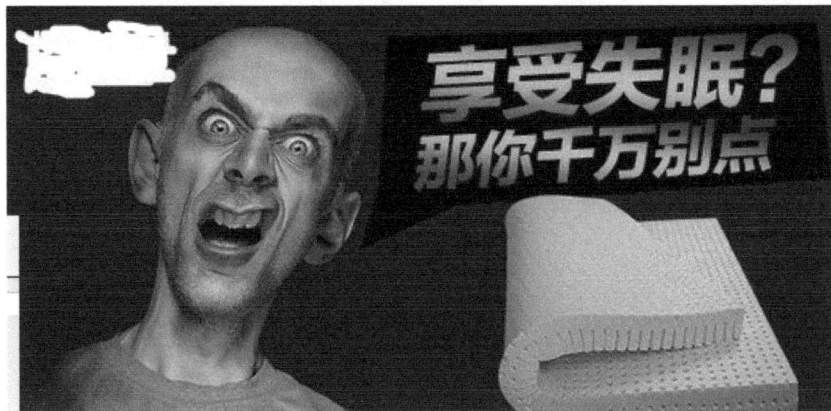

图 10-54

（2）素材的制作思路

a．创意的投放位置：

不同网站的客户群体不同，关注的话题也不同。网站不同位置的图片的凸显能力也不同，所以制作之前要先做好充分的调研，从而可以更好地展现你的创意广告（如图 10-55、10-56 所示）。

图 10-55

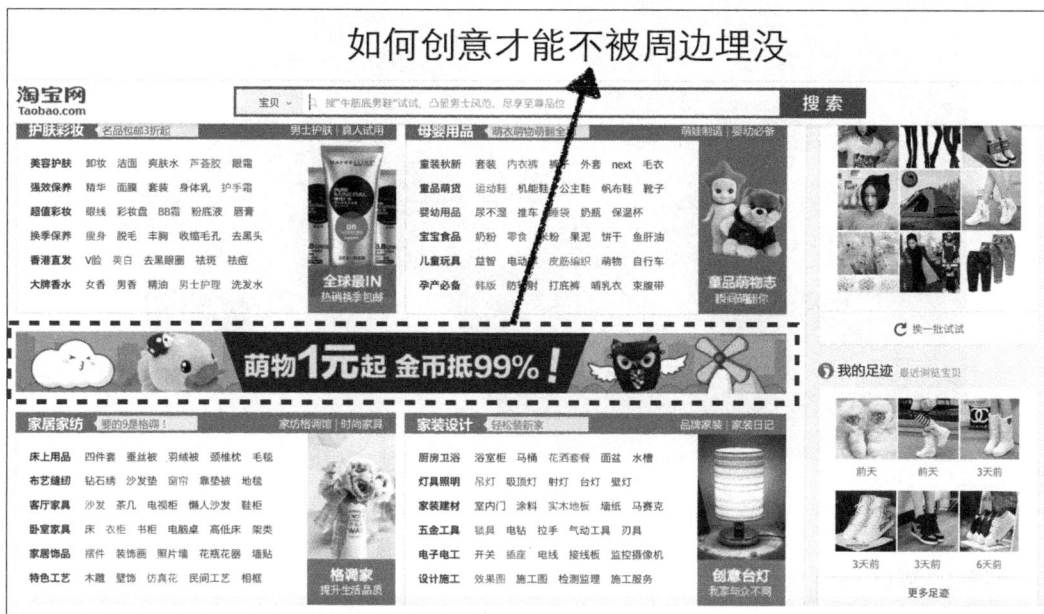

图 10-56

b．创意广告的目的：

不同的广告目的，所展现出的素材必然不同。为了打造爆款，素材就要凸显单品的优势。为了扩大品牌知名度，素材就要凸显品牌的核心诉求（如图 10-57、10-58 所示）。

图 10-57

图 10-58

4．创意的测试与优化

任何事情都很难一次尽善尽美，所以不要苛求设计人员一次成功。取而代之的应该是推广与设计的通力配合。在设计人员出了创意后，推广人员开始进行测试，测试的方法跟之前讲过的思路一样，其他项不变，只考核创意。最终筛选出最优秀的创意，再反馈给设计人员，给予设计人员创意思路（如图 10-59、10-60、10-61 所示）。

图 10-59

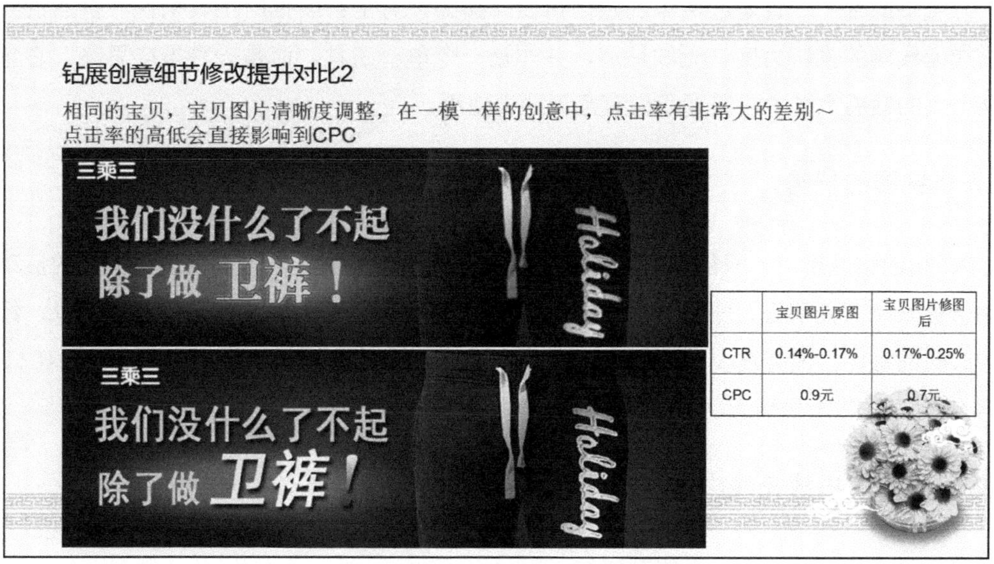

图 10-60

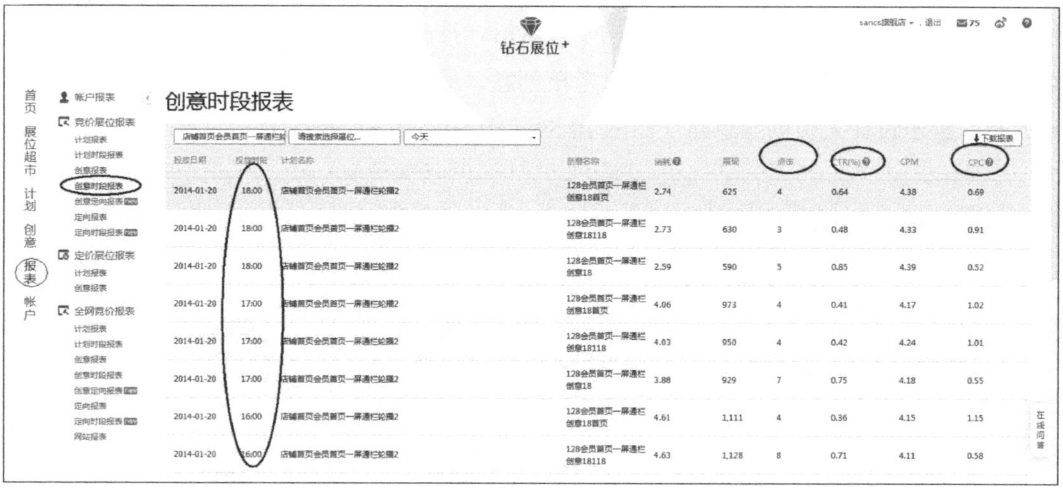

图 10-61

10.4 无线钻展

1. 了解无线钻展

无线端的推广一直是近两年的热门话题。那么，对于钻展推广工具来说，自然也会不断增加无线端的推广力度。无线钻展，并非是一个单一工具，而是一种推广思路。它包含在整个大的钻展系统中，需要我们有意识地去使用。

2. 无线钻展的优势

PC 端的钻展推广，只能展现在 PC 电脑前，既然需要电脑，你会发现，人们的活动时间就会被限制。而现在，平板电脑和手机已经几乎占据了人们的大部分时间。所以，经过一段时间的推广，你会发现，无线端的购物时间段更自由，更随心所欲。2013 年的双 11 及 2014 年的三八节无线端活动恰恰验证了无线端的魅力所在。

3. 如何用钻展投放无线广告

（1）建立计划时，选择无线端展位。

（2）添加创意链接时，填写无连链接（如图 10-62 所示）。

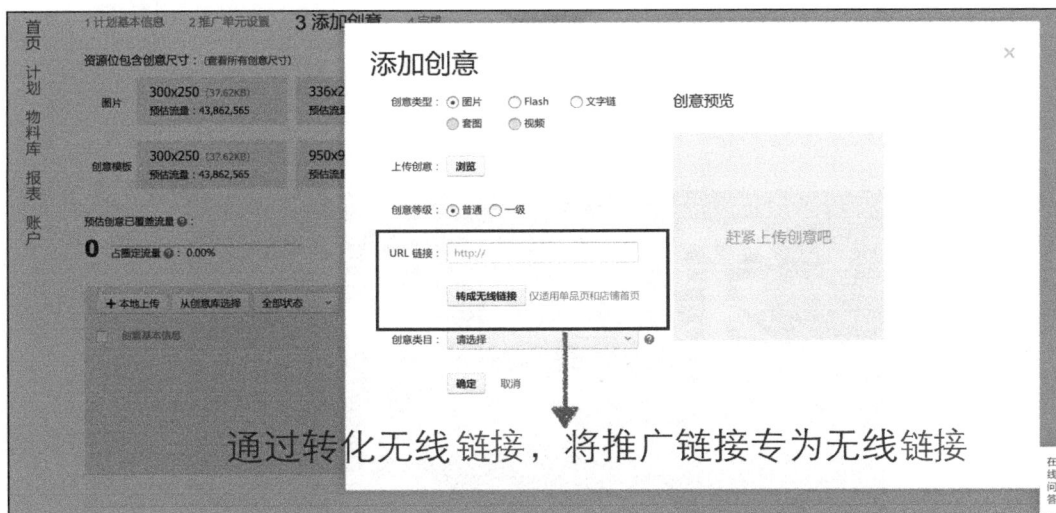

图 10-62

无线钻展的定向与优化和我们正常的 PC 端的优化原理相同。所以本书就不再做相关讲解。

其实是否要将无线钻展独立为一小节笔者也有所犹豫，因为毕竟此小节涵盖的内容量并非很大，完全可以加入到计划建立小节中去讲解。但最终，笔者还是将其作为一节来独立讲解。其实目的只有一个，就是让你意识到无线端的重要性。不要一味地去跟随，而是要学会先人一步。目前来讲无线端也没有多少先机可供你去抢占了，但是最基本不要被落得太远。所以笔者建议你此刻就开始无线钻展的推广。当然，前提是你已经为无线店铺做好装修，以及产品加上了无线描述。

第11章

聚划算

11.1 聚划算简介

聚划算（www.juhuasuan.com）成立于 2010 年，2011 年 10 月成为独立业务，是中国最大的以消费者为驱动的品质购物网站。时至今日，每天有 1200 万消费者发起品质团购，涵盖在线商品到地域性生活服务，帮助千万网友节省超过 110 亿，聚划算已经成为互联网消费者首选团购平台（如图 11-1 所示）。

图 11-1

11.1.1 聚划算

通俗店来讲，聚划算其实就是隶属于阿里巴巴的一个团购网站，因为它起源于淘宝，所以赢得了众多淘宝、天猫商家们的关注。它也是商家们谈论最多并且最想参与的官方活动之一。聚划算创造了很多单品销量奇迹，至今仍是商家眼中打造爆款产品的一个非常快速的途径。

不过近几年，随着网络销售竞争的白热化，以及聚划算策略的改版，加入聚划算的门槛在提高，成本也越来越高，所以，现在的聚划算已经不再是一个简单的活动平台，而是一个需要商家具备一定综合实力才能有所收获的营销平台。以前只要加入聚划算就一定会有销量、会赚钱的思想已经不可取。

曾经的聚划算难在报名，如今的聚划算难在筹备和优化。花了 10 多万拍个坑位，最终只卖出几十件宝贝的例子比比皆是。所以，如今对聚划算的正确认识应该是将它归结为品牌营销策略的一部分，切勿盲目乐观，品牌的综合实力才是获取一切的根本。

聚划算未来将会从简单的销售平台转变为以品牌基于限时特惠模式的体验式营销平台，品牌自身的实力将会被更加看重。

11.1.2 聚划算平台

1. 聚划算首页

在淘宝网首页点击"聚划算"或者直接输入网址：http://ju.taobao.com/ 进入聚划算首页。

聚划算首页一共分为以下几个区域：

（1）导航区

顶部导航区主要展现的是聚划算的几大活动页面导航；左侧是按商品分类进行的商品集合页面导航（如图 11-2 所示）。

图 11-2

（2）广告区

首焦为广告区（如图 11-3 所示）。

（3）品牌团专区（如图 11-4 所示）

（4）今日团产品陈列区（如图 11-5 所示）

图 11-3

图 11-4

图 11-5

（5）生活汇（如图 11-6 所示）

图 11-6

2. 商户中心

在聚划算首页单击"商户中心"进入商户中心页面，进入聚划算的卖家后台（如图 11-7 所示）。

图 11-7

后台左侧为各项服务的快捷入口，操作跟卖家中心后台类似（如图 11-8 所示）。

图 11-8

11.1.3　常见术语

1. 坑位

坑位即商品在聚划算展现的广告位置，一般一款商品一个坑位。品牌团的一个品牌 LOGO 页面为一个坑位。

2. 商家保证金

（1）商家保证金指商家按年度一次性冻结固定金额到卖家绑定的支付宝账户作为保证金。当商家冻结保证金后，一年内商家正常参加商品团的商品不需要再多次冻结"贷款冻结保证金"。

（2）商家保证金冻结的金额：50 万元。

（3）冻结时效：冻结时间自选，周期为冻结之日起 1 年。

（4）解冻条件：

a. 自冻结保证之日起一年之后方可解冻。如果到解冻日期前 1 个月内仍有参加聚划算的商品，则解冻日期顺延 30 天。

b. 若聚划算与卖家终止合同，则立即解冻并返还商家剩下的保证金。若终止协议时，商家仍有投诉或退款纠纷，聚划算有权将退还保证金日期顺延到投诉或退款纠纷结束之日。

（5）参加聚划算预售的商家必须冻结商家保证金。

（6）如果在商家冻结保证金期间，因商家问题导致保证金被扣除并低于原冻结金额80％时，商家应及时补足保证金额。若未能及时补足的，聚划算有权限制或解除卖家继续参加聚划算活动的权利。

（7）商家保证金冻结入口：登录聚划算"我的工作台"后，单击"资金管理"下的"保证金"，进入保证金页面，单击"商家保证金"，签署"商家保证金协议"，按提示进入支付宝，冻结保证金。

3. 贷款冻结保证金

（1）通俗点讲，贷款冻结保证金就是聚划算为保证参团买家的利益而让商家在每次参团时必须要冻结的一定金额的保证金。已经冻结商家保证金的商家不需要冻结此保证金。

（2）冻结方式：商品排期之后开团之前都可以选择保证金方式、冻结保证金；如果开团之后还没有选择保证金方式或没有冻结保证金，系统自动默认走贷款冻结的方式。即在商品开团后，从买家确认收款的第一笔款项开始，聚划算开始冻结相应订单款项，直到与保证金金额相同时（如图11-9所示）。

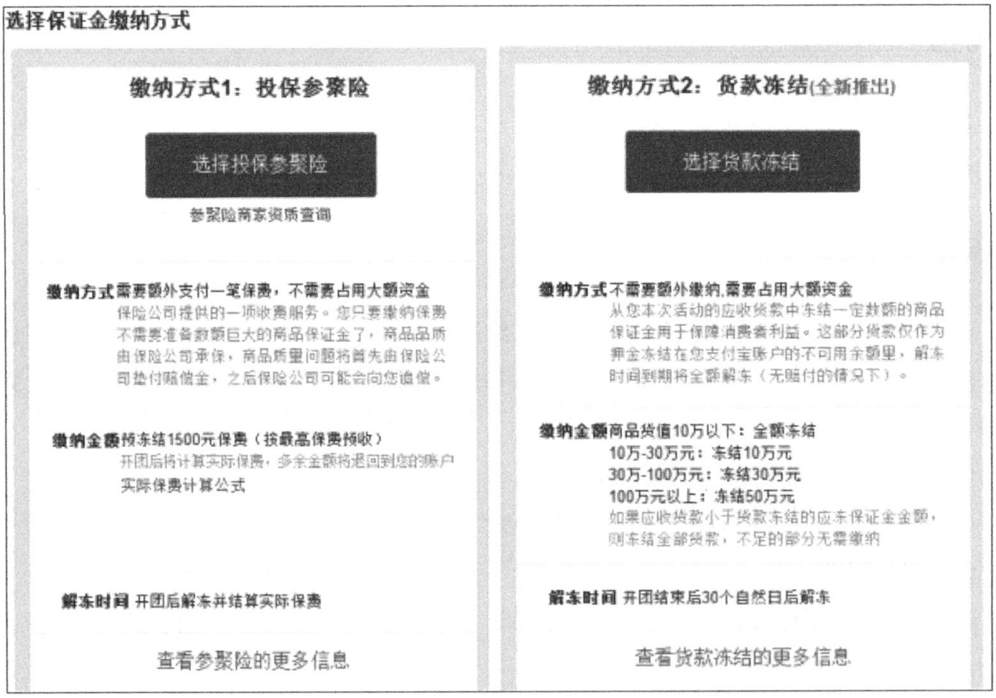

图 11-9

（3）解冻时间：

　　a．参团结束的 30 天后解冻。如果在解冻时商家有交易纠纷或退款，聚划算有权顺延解冻时间到纠纷或退款处理结束。若同一报名记录下，商品存在不同的开团时间，以最后一个商品结束时间开始进行计算。

　　b．生活团电子凭证类商品冻结至电子凭证有效期截止之日起的 7 天，若商品存在不同的电子凭证有效期时间，以最后一个商品的电子凭证有效期时间开始进行计算，为期冻结 7 天。如电子凭证有效期延期，则保证金解冻时间重新计算。

　　（4）冻结金额：按报名商品货值区间进行计算保证金冻结金额。

　　商品货值计算公式：

　　包邮商品冻结金额＝货值×数量

　　不包邮商品冻结金额＝（单价＋10）×数量

　　区间规定如下：

　　a．货值大于或等于 0 元小于 10 万元的，冻结金额等于全额保证金，即按货值冻结。

　　b．货值大于或等于 10 万元小于 30 万元的，冻结 10 万元保证金。

　　c．货值大于或等于 30 万元小于 100 万元的，冻结 30 万元保证金。

　　d．货值大于或等于 100 万元的，冻结 50 万元保证金。

　　（5）销售的货值未达到需缴纳的保证金金额的，以实际货值进行冻结。

　　（6）销售的货值超出需缴纳的保证金金额的，只冻结对应保证金金额，超出部分不作冻结。

　　（7）卖家单次参团最终应缴纳的保证金，按同一报名记录下第一个商品正式开团时所有已获得排期的商品的实际货值予以结算；卖家同一报名记录下开团时未获得排期的商品需重新冻结货款保证金。

4．参聚险

　　（1）参聚险是指根据参团货值缴纳一定金额的保费到保险公司，由保险公司就商家提供的商品或服务向消费及平台等提供权益保障。

　　（2）保费金额：按照商家货值对应的保证金金额乘以 0.3％，即为应缴纳的实际保费。并在开团前，统一冻结预结最高金额的保费 1500 元，并截至开团时按照实际应缴纳的保费进行结算，多出的保费解冻退回至商家的支付宝里。

　　（3）若商家开团前选择的是按"参聚险"缴纳保证金，但逾期未缴纳的，聚划算有权将保证金模式改为"贷款保证金"模式。

5．排期

即聚划算为参加团购的商品安排的开团日期。

6．竞拍

参加某些聚划算活动时，坑位需要通过在限定时间内，各个商家对坑位佣金出价，出价高者得坑位的方式。

7．竞拍保证金

参加坑位竞拍前需在支付宝内冻结的保证金。

8．手机（无线）聚划算

即聚划算的手机版本。

9．入仓

入仓是指良无限/物流宝为参加聚划算等大型营销活动商家提供的物流供应链解决方案；此方案需商家配合将活动商品统一送到指定仓库，仓库在接到订单 24 小时内完成发货。

10．聚划算"网站联盟"

聚划算网站联盟，又名聚淘客，是聚划算旗下的官方联盟，只要拥有网站，即可加入，通过投放广告，以 CPS 形式获得收益，是国内推广团购产品最好的联盟。

11．拼团

是指几个品牌联合共同参加聚划算品牌团，拼团由聚划算发起。

12．聚划算佣金

是指聚划算收取商家开团的佣金。收取方式有提点、竞拍坑位佣金、固定佣金等。

13．聚划算 QC

QC 是指从消费者的立场出发，会对商品的外观、功能性、使用性进行检测。如果检测结果不合格，则无法上线聚划算活动。

14. KA 商家

指跟聚划算深度合作的商家。

（1）KA 商家的入驻门槛：

a. 商家店铺第一主营品牌为国际、国内知名品牌，或知名淘品牌；

b. 纠纷退款率低于 0.1%（店铺主营一级类目近 30 天纠纷退款率）；

c. 天猫店铺开店 90 天以上；淘宝网开店 1 年以上且店铺星级需要 1 皇冠及以上；

d. 所有店铺还要符合聚划算的机审标准（除不考核商品历史销售记录外）；

e. 最近 12 个月（2012 年 7 月 1 日-2013 年 6 月 30 日）店铺成交额满足天猫、淘宝各一级类目成交排名要求：男女装 TOP 前 200，内衣 TOP 前 100，鞋包 TOP 前 50，其他类目 TOP 前 30;

f. 有效签署相关准入协议。

（2）聚名品 KA 准入条件请参照官方帮派最新修订版：http://bangpai.taobao.com/group/thread/613552-286377280.htm?spm=0.0.0.0.xr2jtB

15. 聚划算商品团的高级商家

需要通过聚划算一些高级认证的商家，简单来说，就是聚划算的合作伙伴或者 KA 商家。

16. 明日聚透（如图 11-10 所示）

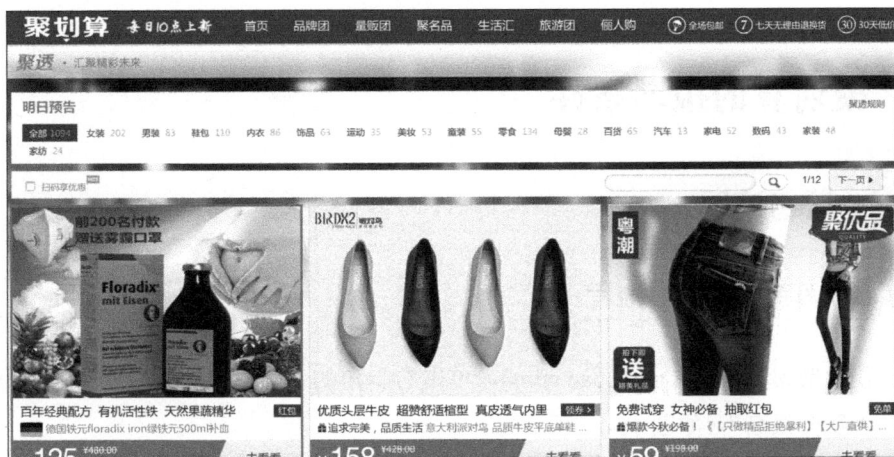

图 11-10

（1）明日聚透展现在聚划算首页导航栏上方。主要用于展现第二天聚划算即将参团的商品。

（2）什么样的商品会可以进入到明日聚透？

① 聚划算商品团，聚名品需要满足以下条件方可进入明日聚透：

a．商品后台状态为"已发布"；

b．商品是还没有正式开团的；

c．商品团的开团时间在第 2 天早上 8 点至第 3 天早上 8 点。

必须同时符合以上三个条件，商品将会进入到明日聚透里。

② 聚家装、量贩团、聚定制和聚美妆的商品需要满足以下条件方可进入明日聚透：

a．商品后台状态为"已发布"；

b．商品是还没有正式开团的；

c．商品团已到展示时间。

③ 品牌团、整点聚的商品需要满足以下条件方可进入明日聚透：

a．商品后台状态为"已发布"；

b．商品是还没有正式开团的；

c．商品团的开团时间在第 2 天早上 8 点至第 3 天早上 8 点。

④ 整点聚的商品需要满足以下条件方可进入明日聚透：

a．商品后台状态为"已发布"；

b．商品是还没有正式开团的；

c．商品团已到展示时间。

（3）商品只有到了展示时间的，才会进入到今日团购进行预热。

（4）明日聚透的排序规则：随机排序。

11.2 聚划算的报名条件

11.2.1 报名流程

1．新版聚划算商品的报名流程

（1）登录聚划算后台（ju.taobao.com），单击右上角的"商户中心"，跳转到商户中心首页，单击"我要报名"（如图 11-11 所示）。

图 11-11

（2）单击你要报名产品的类目，选择你要报名的活动。通过单击"查看活动详情"来查看活动的具体要求（如图 11-12 所示）。

图 11-12

在活动详情中你可以单击活动介绍、收费方案、保证金规则、报名要求、坑位规划、运费险规则，详细了解此活动的相关规则、费用、要求（如图 11-13、11-14 所示）。

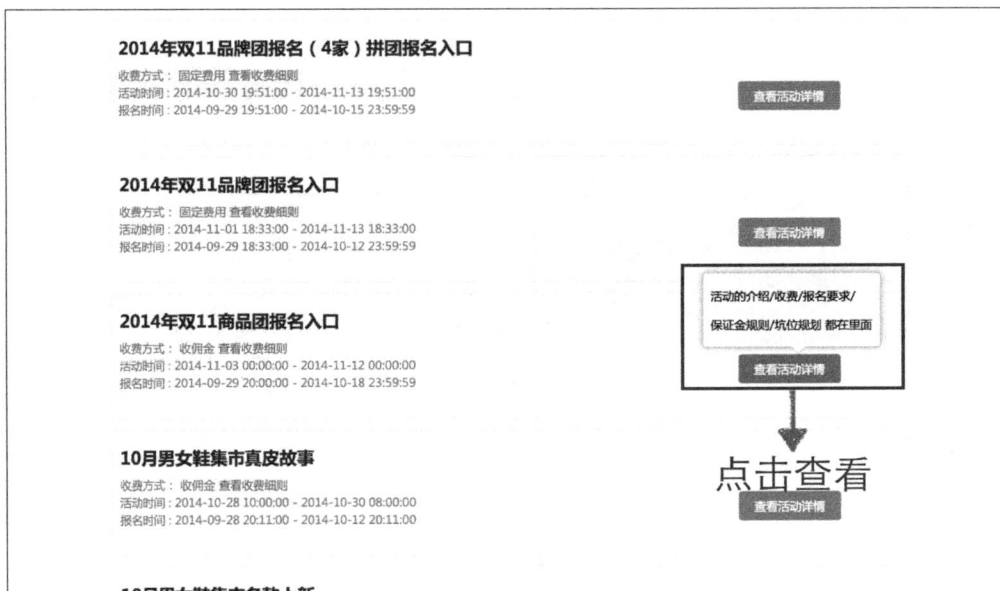

图 11-13

图 11-14

在活动列表中，如果你曾经报名过某个活动会有相应提示。

（3）单击"我要报名"，系统会给出符合报名条件的商品，找到你要报名的商品，单击"提交"（如图 11-15 所示）。

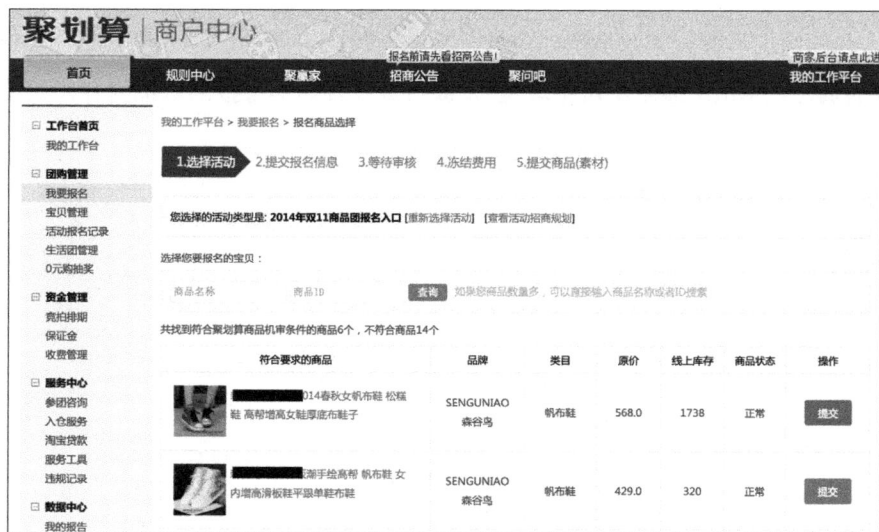

图 11-15

聚划算报名系统会区分可提交和不可提交商品。如"提交"按钮显示为灰色，则代表商品不符合聚划算商品报名条件，可以单击"查看原因"，查看商品不符合报名条件的原因。

（4）选择商品的报名坑位：

当你的商品提交成功后，系统会给出 6 周内的坑位供你选择。

a．若你的商品符合所有坑位的条件，系统将展示 6 周内所有坑位，单击"我要报名"即可（如图 11-16 所示）。

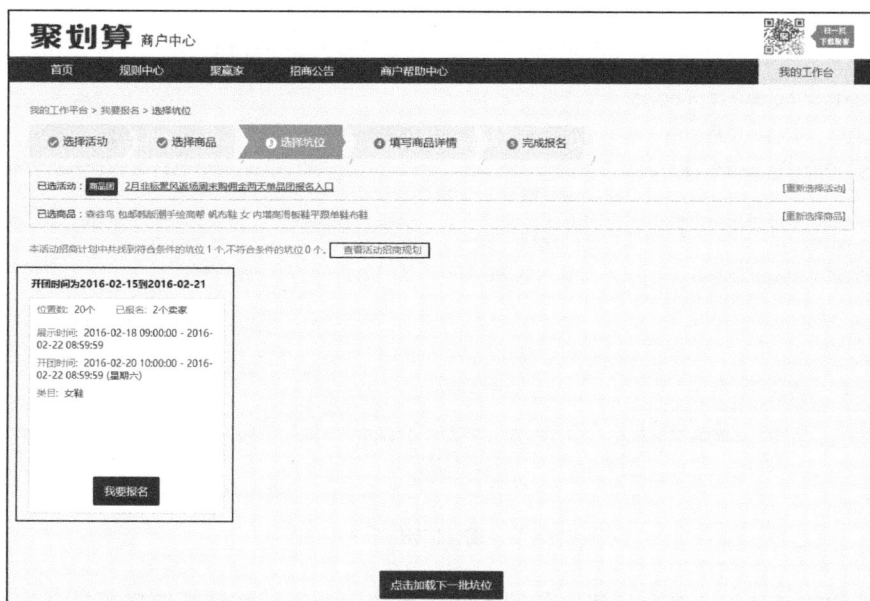

图 11-16

b．若你的商品不符合某些坑位的条件，系统会默认不展示这些坑位。此时若想查看不符合条件的坑位，单击"显示不可报坑位"，即可看到具体不可报的坑位内容（如图 11-17、11-18 所示）。

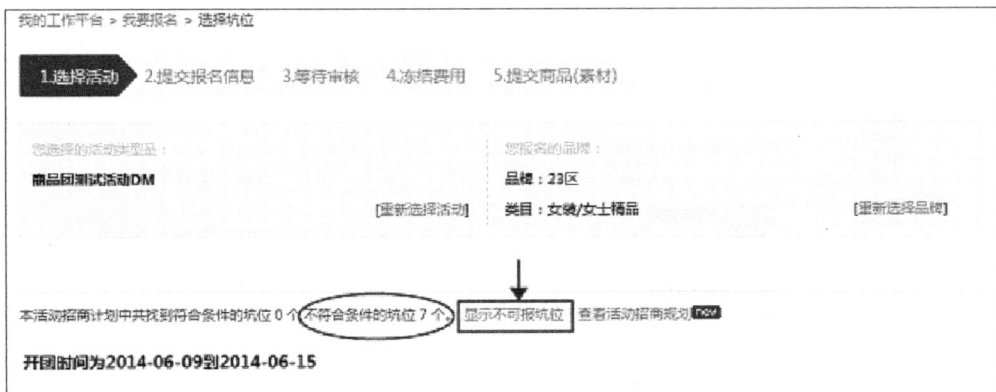

图 11-17

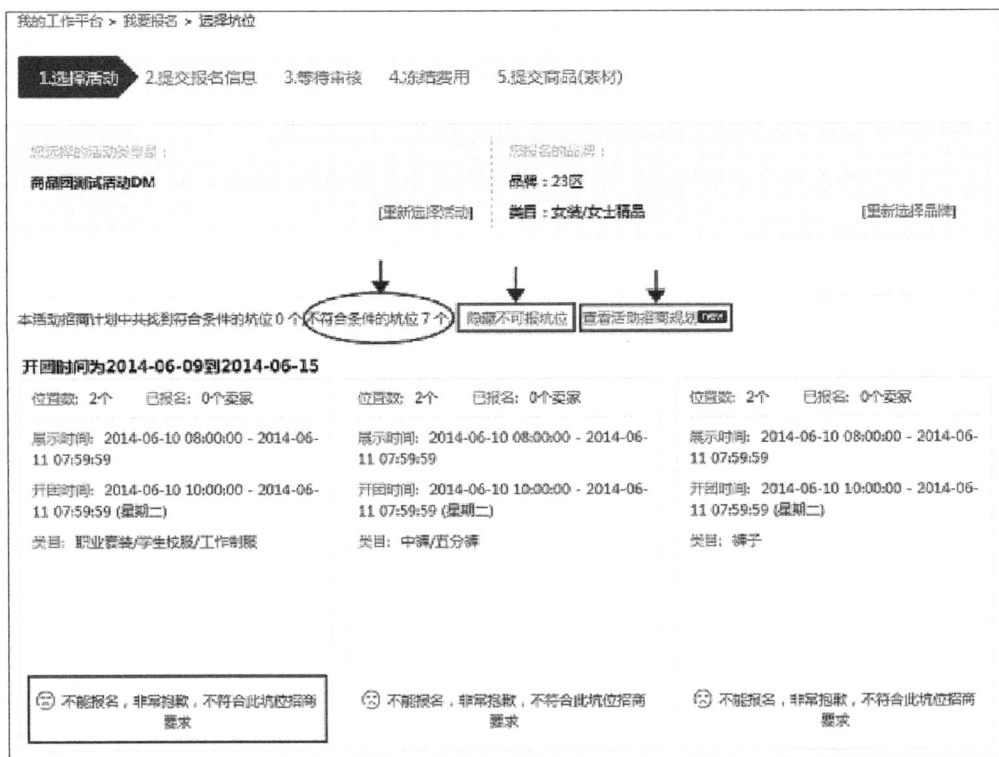

图 11-18

c．若你的商品没有符合任何坑位的条件，系统则会提示你重新选择商品（如图 11-19 所示）。

图 11-19

（5）按照提示填写报名商品信息。

商品报名页面需要填写的内容有：

基本信息：宝贝标题、卖点、团购价格、描述等。

服务信息：质检报告、是否参加直通车外投、是否参加店内优惠活动（如图 11-20、11-21、11-22 所示）。

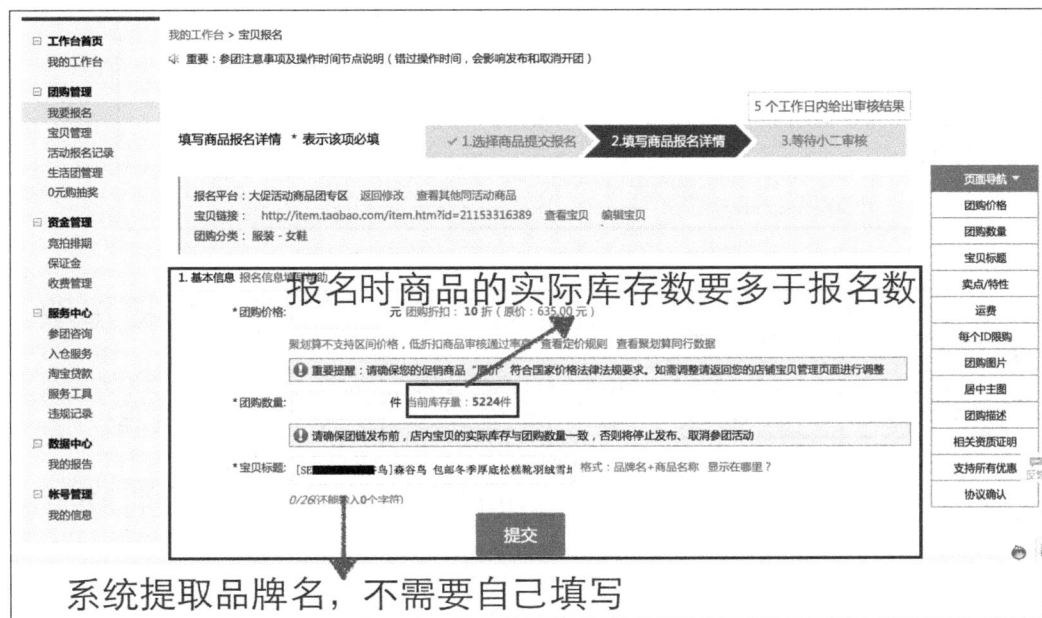

图 11-20

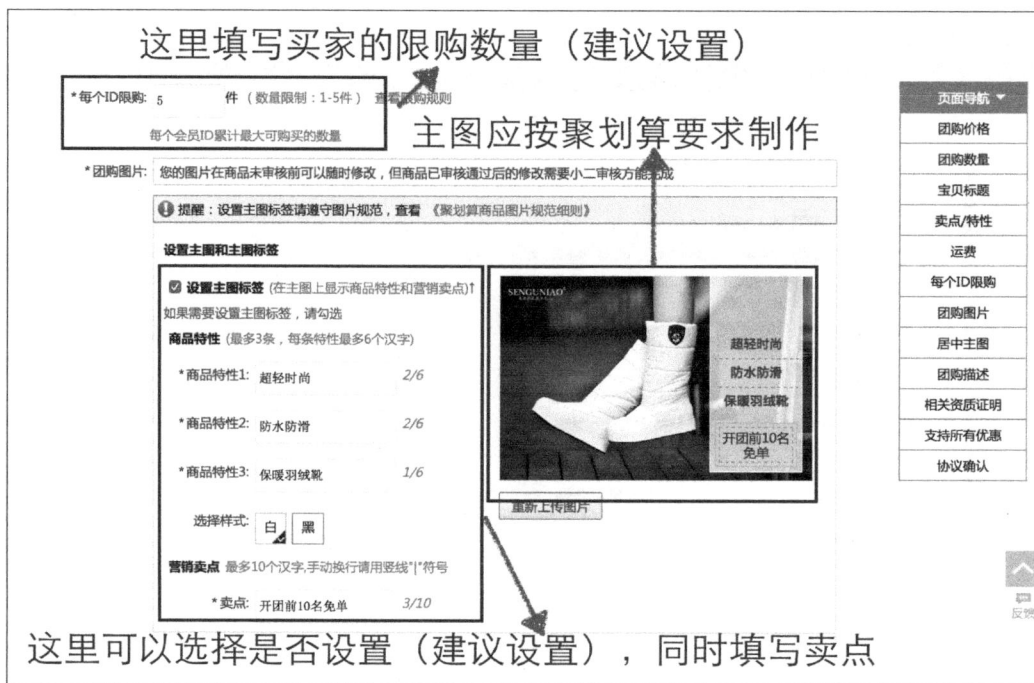

图 11-21

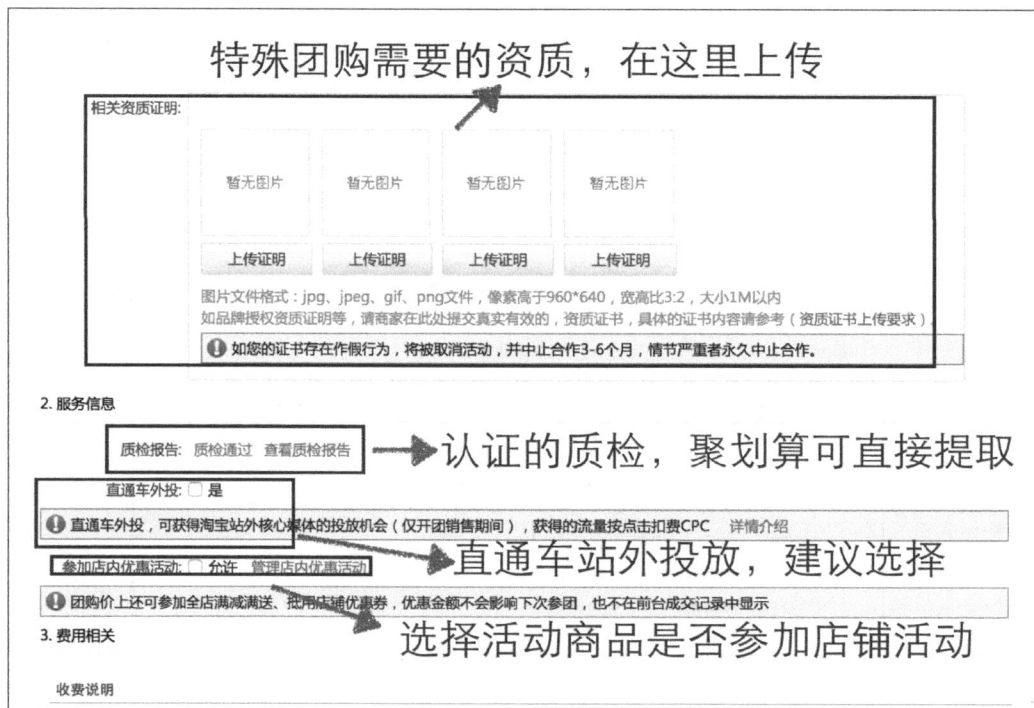

图 11-22

（6）填写完宝贝信息后，单击"提交"，等待小二审核。在此期间，你可以对报名商品进行：撤销报名、团购预览、修改商品信息等操作（如图 11-23 所示）。

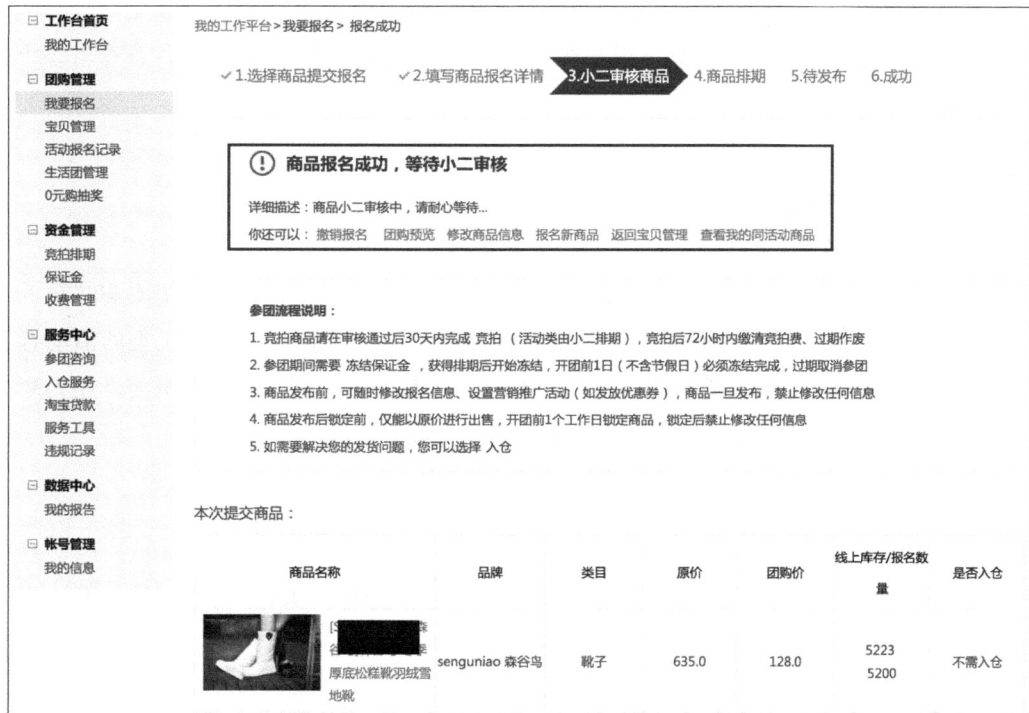

图 11-23

可以说新版的报名流程，给所有想报名聚划算的商家都带来了好处。因为新版的报名流程可以让商家更直观地了解到自己可以报名哪些活动及不能报名哪些活动。同时，因为每个招商报名都有相应的准入条件、活动费用等信息，免去了商家们查询活动要求的烦琐过程。

同时，商家可以通过"招商公告"了解到自己类目每个月的活动规划情况。

2．一般报名聚划算审核不通过的原因

（1）报名的团购价高于店铺售价。

（2）报名货值不达标。即产品的货值为达到活动的最低要求。

（3）商品描述混乱，无明确认证、商品描述，主图不符合要求。

（4）客单价低于 20 元的商品未设置好合理组合及满减。

（5）商品 DSR 评分低于 4.6 或差评数高。

（6）非店铺主营商品。

（7）店铺退款率高。

（8）店铺差评率高，运营分值低于平均。

（9）通过审核后无法保障正常备货及发货要求取消活动。

（10）不符合聚划算商品规划。报名前一定要看聚划算的活动招商公告，看看当季什么商品更适合申报。

11.2.2　聚划算活动类型介绍

聚划算，现在已经成为一个真正意义上的营销平台，早已不再只是一个团购网站了。在聚划算平台，有很多种营销活动，每种营销活动都有自己的玩法。不同类型的活动有着不同的活动侧重点及优势。活动的多样性，不但为商家提供了更多的推广机会，还为商家提供了丰富的营销玩法。目前，聚划算的主要玩法有以下几种：

1．商品团

商品团是聚划算最初的团购模式，简单来说，即单一产品通过打折参加聚划算团购，展现位置在聚划算首页的商品陈列区（如图11-24所示）。

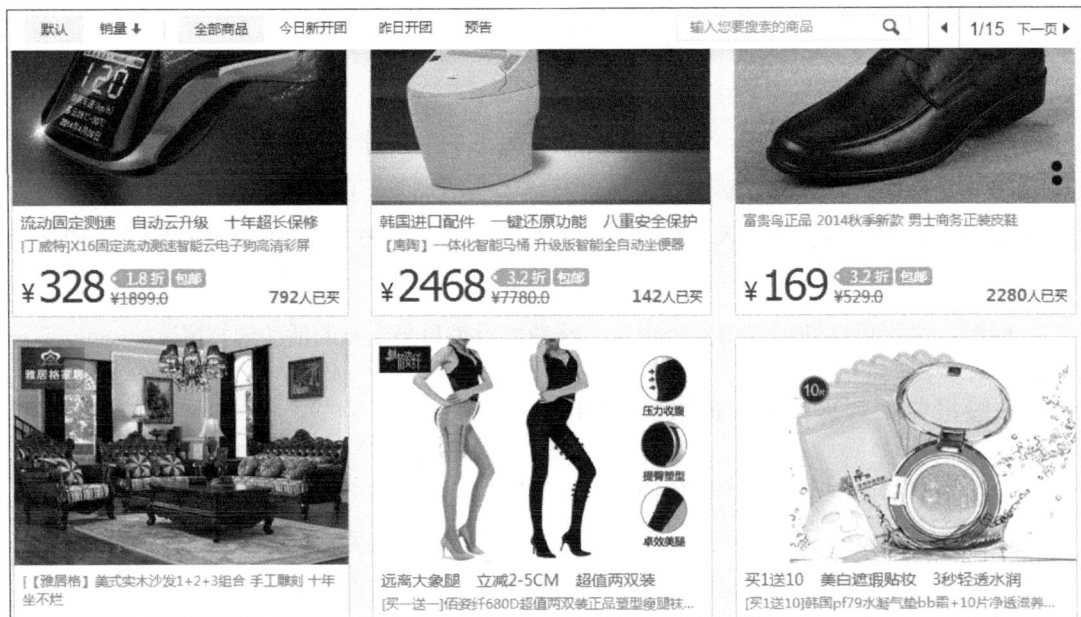

图 11-24

商品团的玩法，最简单也最直接，就是单品打折。

商品团目前也是大部分想参加聚划算活动商家的最先选择玩法。很多商家都在拿商品团来练习参团。

其实，目前商品团的活动效果已经大不如从前了，对于聚划算平台来说，商品团带来的销售额比例已经越来越低了；对于商家来说，商品团坑位竞争最为激烈，展现的商品比较多，所以曝光率相对降低，再去掉佣金（大部分类目还有竞拍坑费）等成本，可以说大部分参加商品团的商家从单次活动来看都是亏损的比较厉害的；从消费者角度来看，商品团已经越来越不划算了，因为高昂的费用，导致参加商品团的大部分商家的商品性价比极低，经常出现聚划算的价格比平时的几乎没有低多少，更有甚者比平时的真正售价还要高。

当然，任何玩法都有其优劣势，商品团并非完全不可取，商品团是聚划算为中小卖家打开的一道门，通过这道门我们才可以更好地对聚划算一探究竟。而且，如果你的商品足够优秀，再加上前期充足的准备，商品团是打造单品爆款的不二选择。

2. 品牌团（普通）

品牌团，可以说是未来聚划算重点发展的模式之一。目前品牌团要求报名的品牌应为国际、国内知名品牌（含知名淘品牌），如图 11-25 所示。

图 11-25

同时，品牌团报名时一个商家至少要 6 款商品参团，报名最多不能超过 30 款。在品牌团频道下展示，收取固定坑位费，商家自行选择排期，开团时间 2 天，备货量建议在 100 万及以上。

可以说目前品牌团的报名是有一定的门槛的，中小卖家很难有报名的机会。

（1）品牌团的详细报名条件如下表：

标　　准	淘宝卖家	天猫卖家
开店时间	90 天及以上	90 天及以上
店铺要求	仅限于护肤、彩妆一级类目的集市商家	天猫商家
消费者保障计划	七天无理由退换货服务	七天无理由退换货服务
品牌要求	各类国际、国内知名品牌（含知名淘品牌）	各类国际、国内知名品牌（含知名淘品牌）
实物交易占比	95%及以上	80%及以上
宝贝描述 DSR	4.8 分及以上	4.6 分及以上
卖家服务态度 DSR	4.8 分及以上	4.6 分及以上
卖家发货速度 DSR	4.8 分及以上	4.5 分及以上
有效动态评分（近半年）	店铺有效评价次数 5000 个及以上	店铺有效评价次数 300 个及以上
店铺 A 类扣分	扣分达 12 分时 7 天内无法报名	扣分达 12 分时 7 天内无法报名
店铺 B 类扣分	无 B 类扣分	无 B 类扣分
出售假冒商品扣分	无出售假冒商品扣分	无出售假冒商品扣分
聚划算处罚	无聚划算中止合作处罚	无聚划算中止合作处罚

（2）品牌团的展现位置：

a．聚划算首页的"精选品牌"板块。

b．聚划算首页商品团陈列区下方。

c．品牌团页面。

（3）目前大部分商家的品牌团玩法：

a．利用品牌团上新。抢在产品换季（换代）节点，提前做品牌团，打造爆款群，抢占市场先机。市场先机掌握了，也就基本掌握了同类商品淘宝、天猫的大部分搜索资源。

b．清仓。快速清货和回笼资金。

c．加大品牌占有率。

聚划算最近一次的改变，预示着平台未来发展将会更加依赖品牌。品牌自身的综合实力将会决定着一个店铺的生存。作为聚划算的品牌团活动，必然会在接下来的时间内占据更加重要的地位。

3. 聚名品

聚名品主要展现在聚名品页面，报名此类活动的商品必须为聚名品品牌库内的品牌。目前聚名品只接受天猫商家及全球购商家报名（如图 11-26 所示）。

图 11-26

品牌库查可以在聚划算帮助中心里的招商公告中寻找，也可直接输入聚名品招商公告网址（每月更新 1 次）：http://o.ju.taobao.com/tg/hpcenter/index.htm?spm=608.1000993.0.0.7yRsGx&reqType=knowledge&kId=5692825&menuId=8217682（如图 11-27 所示）。

图 11-27

聚名品的招商规则请参照：http://bangpai.taobao.com/group/thread/613552-286969324.htm

聚名品的具体准入条件可以在活动报名页面中查询。如果你手中拥有大品牌资源，建议你直接与官方小二接触，你定会有意想不到的收获。

至于聚名品的玩法，只要你有大品牌资源，可以说怎么玩都会有收效。目前，还有一些大牌，为了得到聚名品的资源，又不影响原有客户群定位，便针对网络市场推广一些非本品牌主打的廉价商品。比如阿玛尼，就会在聚名品中频繁地推广阿玛尼牌手表。

4．生活汇

生活汇主要是本地化生活参加聚划算的本地团购活动（如图 11-28 所示）。

图 11-28

聚划算生活汇仅对特定类目开放，线下运营商、品牌商采取邀约入驻形式，淘宝网/天猫卖家采取卖家自主申请形式。

（1）聚划算生活汇现面向以下类目开放：

a．餐饮美食（蛋糕甜品、地方菜系、火锅烧烤、咖啡茶吧、日韩亚系、西餐、自助餐）；

b．旅游酒店（景点门票、境内游、境外游、周边游、酒店住宿）；

c．生活服务（婚庆定制、家政服务、教育培训、配镜、汽车服务、摄影写真、体检保健、杂志订阅）；

d．粮油生鲜 （果蔬、酒类、调味品、粮油、特产干货、花卉、乳饮品、水产、禽蛋肉、熟食）；

e．休闲娱乐（电影演出、酒吧 KTV、游乐游艺、运动健身、足浴理疗、儿童亲子、瑜伽、美容 SPA、美甲、美发）；

f．其他 （通讯话费、汽车、保险理财、提货券、购物卡）。

（2）加入聚划算城市团所涉及的费用：

a．开通商城店铺会涉及到技术服务费 3 万元/年，商城保证金 1 万元，以及天猫千分之五的扣点佣金；

b. 聚划算风险保证金一线城市（北、上、广、深）为 50 万元，其他城市均为 30 万元，封顶为 200 万元；

c. 二维码信息发送及验证费目前约为 0.5 元/条，该费用为二维码提供商收取，具体价格由运营商自己直接跟二维码提供商对接洽谈。

（3）生活汇的申请加入与退出等事宜，建议直接与负责小二取得联系，联系方式如下表：

类　　目	区域或行业范围	具体工作职责	负责小二旺旺	分机/直拨号	邮　　箱
生活团	全国	城市业务运营&运营商管理&招商退出	入驻：雨仇（38731）退出：羽倩（10743）	同左边	羽倩：danny.chend@taobao.com 雨仇：yuchou@taobao.com
	餐饮、休闲娱乐	团购运营	清谣	12558	qingyao@alibaba-inc.com
	中西北、东北、江苏、西部、江西	商品管理	生活团编辑 7		wb-chenshiting@alibaba-inc.com
	华南、华中、上海、福建、安徽	商品管理	生活团编辑 6		wb-tongbotb@alibaba-inc.com
	浙江	商品管理	豁然境	73570	wb-liuhuali@taobao.com
摄影、婚庆服务	东北、华南	商家管理及合作、团购审核	晨飞	12538	chenfei@taobao.com
	华东	商家管理及合作、团购审核	楚云	12013	chuyun.wxl@taobao.com
	西部、中西北、华中	商家管理及合作、团购审核	御剑	13113	jerry.zhujq@taobao.com
汽车服务	全国	运营商管理/商品信息维护	远致	36831	Ziyu.jiang@alibaba-inc.com
金融保险	全国	保险商户的运营	疏影	77476	qiyun.zhouqy@taobao.com
卡券	全国	运营	金州	10097	xiaoqiang.zhouxq@taobao.com
电影	全国	运营	元舞	14466	Yuanwu.hyw@taobao.com
旅游团	全国	旅游团购业务运营接口&规划管理	处机	36550	chuji@taobao.com
	全国	旅游团境内游类目运营	陵轹	14919	yanping.zyp@alibaba-inc.com
	全国	旅游团境外游类目运营	温柔	13233	yx1997@alibaba-inc.com
	全国	旅游团类目运营	叶上	77901	zhe.lz@alipay.com
	全国	旅游团类目运营	飘财	39695	yinlun.zhuyl@alibaba-inc.com
教育培训	全国	商品信息管理维护，商家管理	原一	10739	qiyun.zhouqy@taobao.com
	全国	商品信息管理	灵菡	13512	linghan@taobao.com
	全国	商品信息管理，商家管理	禅寂	14702	ligang.lg@alibaba-inc.com
KTV	上海	KTV 行业运营	若灵	81137369	ruoling.fsm@alibaba-inc.com
	杭州、南京	KTV 行业运营	甘翠	36906	jing.cheng@alibaba-inc.com
	成都、武汉、广州、深圳	KTV 行业运营	灵玄	19330	lingxuan.xdd@alibaba-inc.com

续表

类 目	区域或行业范围	具体工作职责	负责小二旺旺	分机/直拨号	邮 箱
KTV	北京	KTV 行业运营	惊天	31676	shijie.xiesj@alibaba-inc.com
无线端	无线端	无线端问题反馈及活动	襟怀	81989610	kevin.lwh@alibaba-inc.com
规则	规则	规则及风控	夏灵	19352	xialing.zxj@alibaba-inc.com

5. 旅游团（如图 11-29 所示）

图 11-29

针对旅游而进行的团购，因为属于特定商家团购类型，与小二直接沟通比较容易，所以本书便不在此讲解了。

6. 量贩团

量贩团主要针对的是消费者日常生活中用到的生活必需品而进行的团购（如图 11-30 所示）。

图 11-30

量贩团生活快消品，包含了洗化、食品、母婴 、清洁、居家日用等各个品类，量贩的特征就是极具价格优势的多件组合购买。能被快速消费，且有多件购买需求的商品。知名品牌优先。

备货库存（聚价×报名数量）大于 30 万元，或报名数量超过 10000 单。

（1）量贩团目前开通的类目

一级类目	二级类目
女士内衣\男士内衣\家居服	
奶粉\辅食\营养品\零售	
尿片\洗护\喂哺\推车床	纸尿裤
尿片\洗护\喂哺\推车床	
清洁\卫浴\收纳\整理用具	
童装\童鞋\亲子装	
玩具\模型\动漫\早教\益智	
洗护清洁剂\卫生巾\纸\香薰	
洗护清洁剂\卫生巾\纸\香薰	洗发沐浴\个人清洁
床上用品/布艺软饰	
美容护肤\美体\精油\	
茶\咖啡\冲饮	
酒类	
酒类	白酒

一级类目	二级类目
零食\坚果\特产	
厨房\餐饮用具	
居家日用\婚庆\创意礼品	
粮油米面\南北干货\调味品	
粮油米面\南北干货\调味品	油\牛奶
孕妇装\孕产妇用品\营养	
彩妆\香水\美妆工具	
电子词典\电纸书\文化用品	
美发护发\假发	
OTC药品\医疗器械\隐形眼镜\计生用品	
传统滋补营养品	
保健品\膳食纤维补充剂	
家装主材	
服饰配件\皮带\裙子\围巾	

（2）量贩团的商家准入条件

a．量贩团商家，首先必须需符合聚划算商品团高级商家的准入标准。

b．符合高级商家条件外，还将选择天猫店铺、淘宝店铺的类目各 TOP 30 商家且品牌特性为国内线下区域性知名品牌、TOP 淘品牌、国内线下知名品牌、国际二线、国内一线品牌和国际一线品牌，将优先选择品牌旗舰店、专卖店或品牌方运营的集市店铺。

（3）量贩团上团节奏

a．每月月末出下一个月的品类规划，选品人员从报名商家池里，根据品牌分值、运营能力、备货深度等多个维度考核后挑选出上团的商品。

b．同一个品牌 2 次上团之间至少隔一期。（按照自然日计算）。

c．商家参与量贩团的次数计入日常参团疲劳期，每次活动开团间隔时间不低于 1 天。

d．每个商家可参与当次活动的商品数量仅限 1 个。

（4）商品报名条件

a．以报名时的活动要求为准。

b．活动商品审核均等同于日常标准外，还需要遵守以下要求：

截至聚划算审核之日，符合聚划算违规记录审核的如下要求：	1．违规计分周期内店铺无《淘宝规则》严重违规行为扣分； 2．因各种违规行为而被搜索全店屏蔽的卖家，屏蔽期已届满； 3．因虚假交易被违规扣分达 48 分及以上的，永久不得加入商品团；其他因虚假交易被违规处理的卖家及商品，自被违规处理之日起已超过 90 天； 4．淘宝网卖家因其《淘宝规则》一般违规行为扣分满 12 分或 12 分的倍数之日起已超过 7 天，天猫商家因其《淘宝规则》一般违规扣分每满 12 分之日起已超过 7 天； 5．未存在《淘宝规则》中限制参加营销活动的其他情形
营销及服务的要求：	需要支持全国包邮
商品相关规则：	1．报名商品货值（报名商品团购价×报名数量）需要达到 30 万及以上，或报名数量在 10000 单及以上； 2．品牌知名度要符合基础条件； 3．报名的商品不考核销售记录指标

（5）佣金标准

以报名活动时的"收费方案"为准。

8. 特卖汇

特卖汇全称俪人购特卖会，是聚划算新推出的团购平台，主要是针对品牌商家尾货及库存的团购活动。所以，目前的报名模式是阿里巴巴商家后台报名申请合作（如图 11-31 所示）。

聚划算"俪人购"初期会以服饰类为主，尤其是时尚休闲加体用类。

（1）特卖会目前允许加入的品类：

女装、男装、女鞋／男鞋、运动户外、箱包、内衣.

（2）特卖会的合作流程：

a．登录阿里巴巴俪人购招商页面，阅读招商标准及合作流程。

b．发邮件提交合作申请。

图 11-31

邮件地址：ladygo.bd@service.alibaba.com

合作申请表格下载链接：http://download.taobaocdn.com/freedom/28658/xls/tpl.xlsx?spm=5680.1307125.0.0.c5VNSZ&file=tpl.xlsx

c．等待工作人员审核结果。

d．签订合作合同。10 个工作日提交第一笔合作清单。

（3）特卖会招商标准（提交资料）：

企业营业执照正副本(副本中要有最近一次的年检章)；

组织机构代码证正副本；

税务登记证(地税和国税)正副本；

开户许可证；

增值税一般纳税人资格证；

法定代表人身份证；

签约代表的身份证复印件，法人给签约代表的签约授权（若非法人亲自签约）；

商标注册证；

采购渠道发票；

进口产品需要进口报关单（报关单上需能体现品牌名称）；

特殊产品资质证明文件。

若是国内分公司或代理商，要有品牌方给该公司的商标使用授权证明，要求授权公司与商标注册证上注册人相一致，否则应再出具盖章证明，证明其关系。

补充：因为本书的出版时间，正好赶上聚划算改版中期，笔者虽以通过各种渠道寻找到了最新的资料编写在本书中，但因为有很多招商规范及制度，聚划算平台本身也在摸索试运营中，所以建议读者，在阅读完本书后，如若要报名某些活动，一定要按照本书给出的链接或聚划算公告，查看最新的招商规范要求等内容，以免给您带来不必要的损失。

11.3 聚划算的优化

11.3.1 聚划算的选品

如何挑选出一款适合参加聚划算的产品？

（1）首先确保要参加聚划算的产品符合聚划算的参团条件。如果记不清，可以直接通过报名去查看（参照报名流程小节）。

一般选品参团时商家比较容易忽略的几点：

① 如果你参加的类目产品需要经过质检，首先要确定你的产品已经通过了相关质检。在开团结束前，质检文件不能过期。

② "住宅家具"、"商业/办公家具"两个类目的商品，报名聚划算必须支持"配送安装服务"。

③ 报名商品可以报多个 SKU，但只能是一口价，不能存在区间价（不支持拼款）。

④ 报名商品的团购价，理论上应低于最近 30 天成交最低价的九折。

（2）如何选择一款既容易报名又能够保证利润的款：

① 关注自己类目聚划算的品类规划，找到适合自己产品的时机去报名。聚划算每个月都会提前做下个月的品类规划，所以有意识地去留意招商公告，不是为了报名而报名，而是有目的地去报名平台需要的产品。如果商品需要质检，一定要提前做好质检准备。

关于质检：质检可以通过第三方平台对产品进行质量检测，不同的产品需要不同的质检报告。如果你完全不明白该质检些什么，可以通过聚划算帮助中心，搜索"质检"，在弹出页面找到"各类质检标准是什么"，点击进去，下载各类目质检标准即可（如图 11-32 所示）。

还可以直接选择淘宝卖家服务中的聚划算认证的质检机构进行质检，他们会告诉你需要质检的内容，帮你做详细的聚划算质检工作，同时还有一个好处，就是经由他们做完质检的商品，在报名活动时，聚划算可以直接调取，不需要再一一进行质检报告上传（如图

11-33、11-34 所示）。

图 11-32

图 11-33

图 11-34

② 查看要报名的商品数据，找到商品生命周期的最佳节点进行报名。可通过查询淘宝指数（http://shu.taobao.com/），进行查看与对比。也可以根据自己店铺历年来的数据经验总结来确定投放的最佳时间。

如果你要报名商品的时间是一个新季度（周期）的开始阶段，一般聚划算从准备到报名排期半个月时间就可以完成，此时，你的产品正属于当季商品，那么数据魔方的"行业分析"及"自有店铺分析"的"飙升宝贝排行"数据也可以为你的选品提供有利的参考（如图 11-35、11-36 所示）。

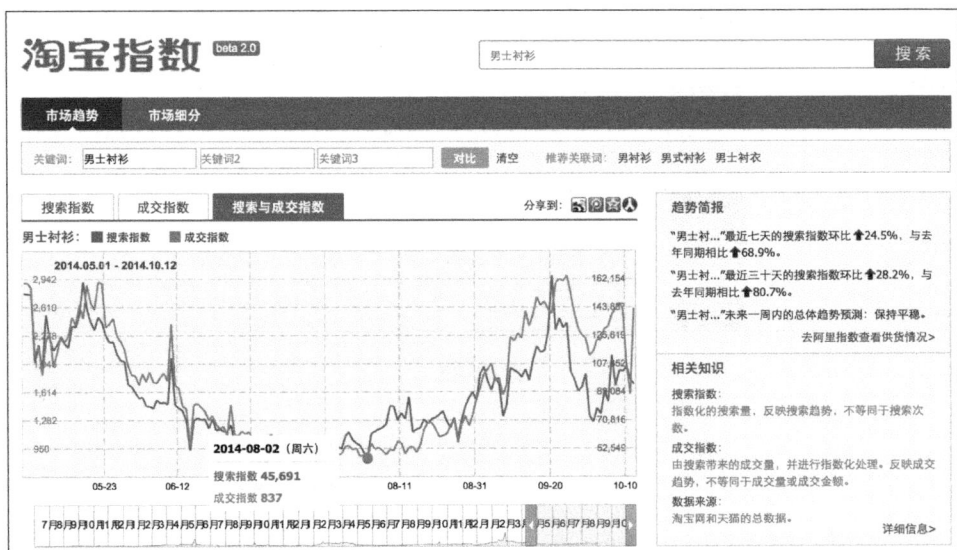

图 11-35

图 11-36

③ 找到报名时段商品子类目及属性的最热销组合商品。寻找方法，可通过数据魔方的属性分析来实现，具体操作请参照数据魔方章节（如图 11-37 所示）。

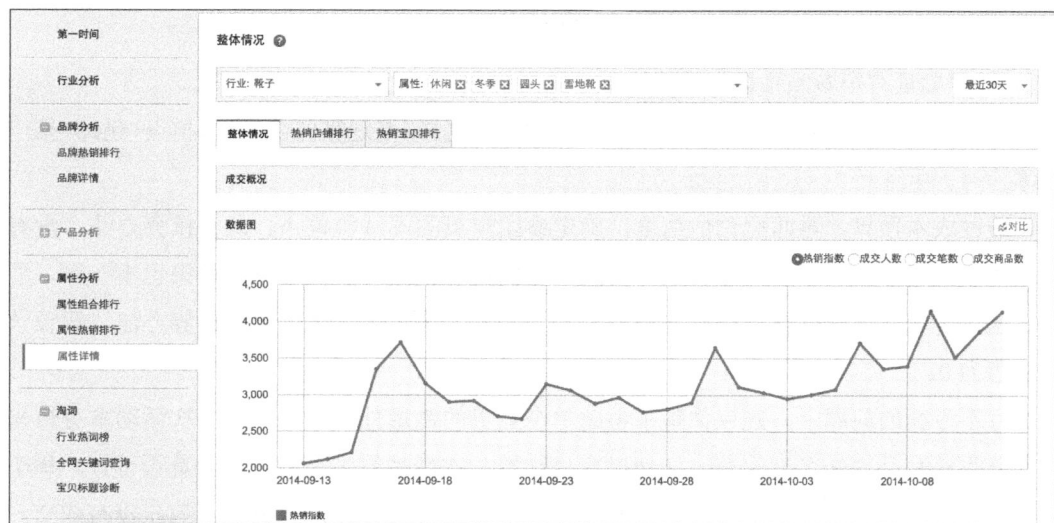

图 11-37

④ 了解同行业已经参加聚划算的竞争对手的类似商品的价格及销售情况，为自己做个成本核算参考。了解办法，一方面是通过自己平时的积累和纪录，另一方面可以通过第三方软件"聚数据"去查看往期聚划算的数据（如图 11-38 所示）。

图片	参团标题	参团时间 ↑	结束时间	类目	原价	参团价	成交金额 ↑	成交件数 ↑	基本操作
	包邮 [厂家直供] 青花羊春夏新品针织开衫外套空调衫 披肩（每个...	2014-04-01	2014-04-04	女装/女士精品>毛针织衫	288.00	57.00	2,719,869	47,717	查看详情
	包邮 【热款推荐】伊蓓思2014夏新款 100%纯棉休闲短裤（每个ID限...	2014-04-16	2014-04-17	女装/女士精品>裤子>休闲裤	199.00	28.90	1,315,412	45,516	查看详情
	包邮 春游季[厂家直供] 艾路丝婷夏装新款韩版短袖T恤（每个ID限购...	2014-04-14	2014-04-17	女装/女士精品>T恤	138.00	49.00	1,819,860	37,140	查看详情
	包邮 【棉殿】2014性感钉珠雕花短袖蕾丝衫时尚网纱打底衫（每个I...	2014-04-09	2014-04-10	女装/女士精品>T恤	129.00	48.00	1,345,728	28,036	查看详情
	包邮 [美依黛堂]夏季新款 高端钩花 弹力蕾丝修身显瘦长裤（每个I...	2014-04-16	2014-04-18	女装/女士精品>裤子>休闲裤	289.00	39.80	1,105,684	27,781	查看详情
	包邮 2014春装新款韩版上衣 长袖打底衫（每个ID限购5件）2014春装...	2014-04-08	2014-04-09	女装/女士精品>T恤	368.00	49.50	1,335,064	26,971	查看详情
	[包邮]2014夏装新品首发1、精选新疆顶级棉	2014-04-21	2014-04-23	女装/女士精品	138.00	38.00	1,017,602	26,779	查看详情

图 11-38

⑤ 对销量有个参照预估，核算成本，确定价位。

一般情况下的商品团聚划算成本=货品成本+坑位费+聚划算佣金+商城扣点+包邮+推广成本.

通过成本预算，再匹配预估销量，确定参团宝贝的不亏价位点。此种核算办法，没有连带关联销售，所以属于保守算法。关联销售的情况根据产品的不同，效果也不一样，所以，这里你需要根据你自身的情况进行预判。当然，你也可以采取保守计算办法，假设关联销售为 0。

亏不亏损的问题上，建议你除了考虑单个宝贝的销量外，还要考虑一次活动本身带来的流量收获和品牌知名度收获，切勿以盲目计算一次产品得失来衡量活动是否可行。举个例子，如果一次聚划算给你带来了 2 万次点击，有 1 万次成交，而另外 1 万次没有成交，那么你可以核算下，这没有成交的 1 万次精准流量，如果放到直通车中，你需要多少钱才能买到，而这笔推广费用，就算是你赚到的。

（3）被选款自身应具备的要点：

① 性价比要高：便宜未必就是好，那些价格敏感度越高的产品越能吸引人。比如 iPhone6，大家都对该商品有价格预估，此刻你打起折来，事半功倍，不需要说太多，大家自然明白。如果很不幸，你的产品恰恰是那种价格敏感度非常低的商品，那么你就需要在商品图片、文案等描述中下足工夫了。

② 商品受众面越广越好：受众面越广，潜在客户群体越大，越容易带来高销量。如果

你的商品受众只有 1 千人，那么，不管你多么努力，你的销量也就 1 千多。

③ 口碑好：消费者相信自己比相信你要多，如果你的商品动态评分或评价非常差，那么你别指望凭借你的口才来说服更多的人来购买你的商品，他们更愿意相信跟自己一样的人。

④ 质量一定要好：这条没什么可说的，如果你的质量不过关，那么聚划算结束以后，你的麻烦时刻也就到来了。

⑤ 商品外包装一定要过硬，往往决定消费者评价好坏的关键因素，不是商品本身，而是他是否认为你的商品好。包装作为第一印象非常重要。

有了以上这些准备，确定好款式以后，那么接下来，你可以进入商品的视觉文案优化阶段了。

11.3.2　成交的关键——商品优化

1. 报名时，聚划算会要求报名商品的主图按统一格式制作。这个没什么说的，必须要按照你所在目录的官方模版要求制作，否则报名不会通过审核（如图 11-39 所示）。

图 11-39

可以说主图是聚划算中，买家看到的第一张图片，主图的重要性，相信不需要多说，你也很清楚。所以，主图的制作一定要认真，在展现宝贝的同时，一定要有足够的视觉冲击力，这样才能让买家有接下来的操作。

主图测试：商品主图是否能够达到我们想要的视觉冲击力，我们可以通过测试来进行甄选。主图的甄选一共有三种测试办法，分别是：

（1）把备选的商品主图并列地放在首页或者某个商品的描述页面中，通过量子恒道统计里的装修热力图，便可以知道，买家更喜欢点击哪一个商品主图。

（2）通过直通车测试主图的办法，来测试哪个主图更具优势。

（3）通过钻石展位测试创意的办法进行测试。

2．在报名时，填写的商品标题、商品卖点及主标签是整款商品的第一次文案展现。标题优化不多说，商品卖点及主标签一定要简单扼要且直击主题，在有限的文字内说出商品最吸引人的特点。主标签还可以加入店铺的活动如"前 50 名免单"、"前 50 名送礼物"等等吸引客户的卖点文案（如图 11-40 所示）。

图 11-40

3．全店视觉营造紧迫感。让消费者时刻觉得，再不买就没有了（如图 11-41 所示）。

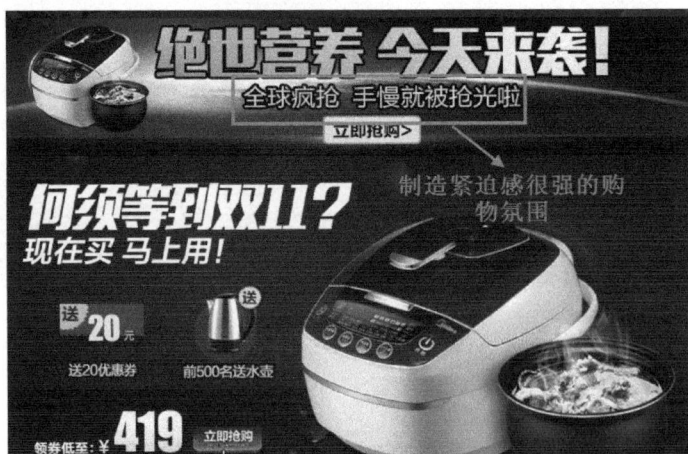

图 11-41

（1）利用页面侧栏，在侧栏加入其他关联的主推商品，以及商品即将售罄元素。完全可以在侧栏加入几款已经售罄的商品图，做上售罄标志，以展现店铺商品脱销情况，制造紧迫感。

（2）商品描述一屏可以加入"已紧急补货 XXX，售完不再追加"的字样，造成商品很快脱销的假象。

（3）价格波动图。因为是聚划算，所以买家第一反应就是低于日常售价，此时再来个价格波动图来体现打折力度，会让买家更加确信此时是购买的最佳时机（如图 11-42 所示）。

图 11-42

4．加入关联宝贝。一定要做推荐，同时要展现出关联宝贝也有大幅度降价，关联宝贝与聚划算商品一起购买还有更优惠政策，关联销售的效果会更加明显。除此之外，可以在聚划算商品页面加入店铺优惠券，以鼓励买家购买其他商品（如图 11-3-2-5 所示）。

图 11-43

5．如果聚划算当天正值店庆等店铺大型活动进行时，关联销售更明显。所以在商品参加聚划算时，一定要做自己的店铺活动。其实，目前聚划算的大部分销量还是由品牌的老客户带来的，自己喜欢的品牌的店铺活动对于老客户来说，是再好不过的活动了。

6．如果你的描述页能够把买家带到店铺首页，那么你的关联销售也就成功一半了。

11.3.3 聚划算开团前的预热

聚划算销量多少的关键往往在于开团的前 60 分钟，可以说，这个时间段的销量基础基本决定了本次团购的成败。一般来讲，这 1 个小时的销量会占到全天销量的 40%。所以，聚划算真正的销量并非都是来自于上线当天新引进的流量，而是来自于之前聚划算前期的预热。

预热决定了开团的前 30 分钟，也决定了聚划算商品的销量。

聚划算常见的预热方式：

1．优惠券。提前发放聚划算当天的商品优惠券。

2．老客户营销。通过短信、旺旺、群、微信、微淘等一切可使用的方式尽可能地让店铺的所有客户都知道聚划算的消息。

3．通过钻石展位、淘宝客、直通车等推广方式进行推广。

4．如果有可能，可以在聚划算之前，提前上些如试用中心、淘宝清仓等商品活动，来最大限度地增加客户访问量。

5．每一种聚划算团购都有相应的预热时间，在聚划算的预热期间，应将所有推广力度加到最大。

6．为了刺激买家可以提前收藏团购商品，并可以在第一个小时成交，可以采取前多少名免单，或者送礼物的方式来鼓励大家早早地过来购买。

11.3.4 聚划算开团前还应准备些什么

一般对于一个第一次参加聚划算的店铺来讲，聚划算是一次非常好的团队磨炼机会。准备聚划算，可以为团队应对大促带来非常好的经验积累。

准备聚划算我们到底应该做些什么？

1．团队培训。针对此次聚划算活动的详细情况，给所有成员进行讲解并合理分工，让全员参与进来。

2．库存备货。提前与供应商做好相关沟通，切勿出现排期通过却无货可卖的情况。

3．准备好当天购物的礼物及包装中的各种配件。

4．对商品进行预打包或半打包。

5．对所有设备检修，尤其是快递单打印设备。

6．提前与快递做好当天发货量增加的沟通。

7．客服部门提前制定好快捷短语等服务信息，并进行相关培训。

8．如果有 KPI 考核，提前考虑当天 KPI 是否需要相应的变动或另行处理。

9．一般聚划算开团前半个小时的咨询量会剧增，所以，在安排客服值班的时候，切勿只增加开团后的客服人员，开团前 2 个小时就要开始增加人手。

10．做好好评返现的宣传。一般一场聚划算下来，如果不做好鼓励客户好评的行为，必然会导致店铺评分的急剧下滑。所以提前做好返现宣传，至关重要。

11.3.5　开团后的维护

因为聚划算带来销量突然的剧增，必然会导致售后问题的增加。处理聚划算售后的时候要严格按照商家规定去处理，并且要更加小心地去避免聚划算的纠纷与投诉。有时要做好为了解决一个售后，而亏一笔的准备。

一般聚划算结束的第二天，还会有客户过来，要求聚划算价格成交，此时切勿直接改价或通过优惠券交易。要跟客户沟通好，以好评返差价的形式进行。还有一定不要客户一提出以聚划算价格交易就立刻同意，要知道，凡事来得太过容易，客户是不会珍惜的。

至于该如何处理售后，本章就介绍到这里了。下面列出几个商家容易忽略的聚划算规则：

1．商品团需在买家订单付款的 72 小时内完成发货，定制、预售类等特殊商品除外，此类商品除与买家特殊约定外，则按系统的默认发货规则发货，即在买家付款的 15 天后发货。

2．聚划算的用图不可盗用他人图片。

3．聚划算商品不可"聚后再折"。

聚后再折是指商家在参加聚划算活动期间和活动结束后 30 日内，商家店铺内的参加聚划算的商品的实际成交价格（指"一口价"）低于或等于其参加聚划算时的活动价格的行为。